FACULTÉ DE DROIT DE PARIS

DE

# L'EXPROPRIATION

## POUR CAUSE D'UTILITÉ PUBLIQUE

ET

## DE LA CONFISCATION EN DROIT ROMAIN

## DU JUGEMENT D'EXPROPRIATION

**Et de la fixation de l'indemnité d'après la loi du 3 mai 1841.**

## EN DROIT FRANÇAIS

## THÈSE POUR LE DOCTORAT

L'ACTE PUBLIC SUR LES MATIÈRES CI-APRÈS
*Sera soutenu le jeudi 17 juin 1886. à midi.*

PAR

**ADRIEN MIGNOT**

*Président :* M. VUATRIN

*Suffragants :* MM. GLASSON, professeur
MICHEL, Henry, agrégé
ESMEIN, id.



PARIS
IMPRIMERIE DES ÉCOLES
HENRI JOUVE
23, rue Racine, 23
1886

# DROIT ROMAIN

# DE L'EXPROPRIATION
## POUR CAUSE D'UTILITÉ PUBLIQUE
## ET DE LA CONFISCATION

### INTRODUCTION

En dehors de l'effet des contrats de droit commun dans lesquels il agit comme un simple particulier, sauf la jouissance de quelques privilèges qui n'altèrent pas la nature de la convention, l'Etat peut, en vertu de sa puissance propre, se rendre maître des propriétés privées de deux façons :

Ou bien il s'en empare purement et simplement sans admettre aucune réclamation des intéressés, parce que le salut de la république l'exige, et qu'il n'y a rien à opposer à cette nécessité. C'est une expropriation brutale et sans formes, par raison d'Etat.

Ou bien il reconnaît la possibilité de s'approprier les choses indispensables à l'intérêt public, dans des cas spécialement déterminés, tout en tenant compte des droits des particuliers, et il arrive à ce que nous avons nommé : l'expropriation pour cause d'utilité publique.

On sent immédiatement que le second mode est beaucoup plus compliqué que le premier, et il est facile d'en conclure qu'il n'a paru que plus tard, et comme un fruit que la civilisation a porté à son heure, dans chaque société.

Nous aurons à voir dans le cours de notre travail, si cette réflexion s'applique à la société romaine.

Mais à côté de ces deux modes spéciaux d'acquisition de la propriété, il s'en place un troisième beaucoup plus longuement traité par les jurisconsultes romains. Nous voulons parler de la confiscation pénale que l'on peut définir : l'acquisition au profit de l'Etat, de tout ou partie des biens d'un condamné par suite de sa condamnation. Nous nous demanderons si ce fait juridique n'est pas complètement distinct de l'expropriation par sa nature et par son origine.

Le mot d'indemnité ne figure pas dans les essais de définitions qui précèdent. Une partie de nos recherches aura pour but de voir l'importance que les Romains ont attachée à l'indemnité en matière d'expropriation.

Cette thèse sera divisée en trois parties :

La première comprendra l'étude de l'expropriation par raison d'Etat ou pour cause d'utilité publique.

La deuxième traitera de la confiscation pénale.

Enfin sous la troisième, seront réunies les conclusions, et la comparaison des droits de l'Etat dans chacune de ces matières.

# PREMIÈRE PARTIE

## DE L'EXPROPRIATION

## CHAPITRE Ier

### GÉNÉRALITÉS

#### Section I. — *Droit public.*

Le droit public des Romains admettait-il que l'Etat pût exproprier un citoyen ? En fait, y a-t-il eu à Rome des exemples d'expropriation légale ?

Ces deux questions doivent être distinguées.

En les confondant on courrait le risque de n'en étudier qu'une et d'imposer à la seconde la solution trouvée pour la première. En effet, à part la constitution des pouvoirs publics et leurs rapports réciproques, le droit public romain ne présentait aucune garantie de stabilité, et les droits des particuliers vis-à-vis de l'Etat étaient plutôt basés sur des principes de droit naturel et de haute morale que sur des textes. En supposant donc que l'on fût d'accord sur ces principes et sur le moyen de concilier ceux qui sont contradictoires, il resterait encore, pour le cas qui nous occupe, à voir s'ils ont toujours dû être respectés, ou si au contraire les nécessités de la pratique n'ont pas forcé les magistrats de créer un droit nouveau, qui aurait été légitimé au bout d'un certain temps par la coutume.

La théorie de Proud'hon (1), d'après laquelle l'expropriation n'a jamais pu exister à Rome a été acceptée et défendue par MM. Fustel de Coulanges (2), Dumay (3), Laboulaye (4) et de Récy (5).

Suivant ces auteurs, le principe de l'expropriation était inconnu aux Romains ; il était de plus incompatible avec leur droit public et leur religion. Tous les exemples particuliers qu'on en pourrait produire ne sont que des abus de pouvoir.

M. de Fresquet, dans une fort savante monographie publiée par la *Revue historique de droit français et étranger* en 1860 (6) et M. Garbouleau, dans une thèse de doctorat reçue par la Faculté de droit de Paris en 1859 et qui a eu l'honneur d'être citée dans le *Traité de droit public et administratif* de M. le professeur Batbie, ont présenté un autre système.

1. Proud'hon. Traité du domaine public, II, 198.
2. Fustel de Coulanges. La cité antique.
3. Dumay. Commentaire sur les chemins vicinaux, I, 194.
4. Laboulaye. Histoire du droit de propriété, II, I.
5. Revue de législation (1870-1871). Tome I, page 355.
6. Revue historique de droit français et étranger; Tome VI.

Ils se sont attachés à démontrer que l'expropriation s'est pratiquée régulièrement à Rome, à toutes les époques ; et, poursuivant plus loin leurs recherches, ils ont tenu à donner une vue d'ensemble sur le mécanisme et le mode de fonctionnement de cette institution.

Dans le tableau que MM. de Fresquet et Garbouleau font de la procédure romaine en cette matière, on trouve à peu près la même suite de formalités que dans notre droit français actuel : déclaration d'utilité publique précédée d'une enquête, sentence d'expropriation, fixation d'une indemnité par des arbitres ou des juges spécialement désignés, payement préalable de cette indemnité avant la dépossession.

Pour compléter ce court exposé de doctrine, il reste à faire connaître l'opinion, différente des deux précédentes à laquelle s'est arrêté M. Serrigny, et qu'il résume de la façon suivante dans son *Traité de droit administratif romain* :
« Nous admettons, dit-il, comme un point incontestable que « le principe d'expropriation pour cause d'utilité existait « dans le droit romain, mais en même temps nous pensons « que ce principe, non réglé par la constitution et les lois, « s'exerçait arbitrairement, discrétionnairement, le plus « souvent avec indemnité dans les grandes villes, comme à « Rome et à Constantinople, considérée comme une deuxième « Rome ayant les mêmes privilèges que l'ancienne ; qu'il « n'est pas certain qu'il en fût de même dans les provinces ; « qu'en aucun cas il n'y avait de procès sur la fixation et le « montant de l'indemnité, et que la nécessité du paiement

« préalable était chose inconnue aux temps dont nous nous « occupons. (1). »

C'est cette dernière opinion que nous avons adoptée et nous allons essayer de prouver avec M. Serrigny, contre les partisans de la théorie de Proud'hon, que l'expropriation existait en droit romain ; et contre MM. de Fresquet et Garbouleau, que cette institution n'était pas pourvue de formes spéciales et ne présentait pas de garanties comparables à celles de notre droit actuel, au moins dans la plupart des cas.

Aucun texte général sur la matière n'a été conservé, il est même fort probable qu'il n'y en a jamais eu.

La discussion doit donc porter d'abord sur les principes généraux de la constitution romaine.

Les partisans de l'inviolabilité absolue de la propriété voient dans le *pater familias* (le seul citoyen romain qui puisse être pleinement propriétaire) le maître tout puissant des personnes et des choses sur lesquelles il a la *potestas* ou le *dominium*. Chaque famille est un petit État dont le chef est en même temps pontife et joint à son autorité celle des dieux. On admire en lisant le beau livre de M. Fustel de Coulanges (2), la force de cette organisation despotique dont les Romains étaient si fiers. On entre avec lui dans la vie privée des anciens maîtres du monde, on les suit auprès du foyer sacré et des dieux lares, quand ils vont célébrer

1. Serrigny. Traité de droit administratif romain (du IVe au VIe siècle, c'est-à-dire de Constantin à Justinien), Tome II, page 257.

2. La cité antique.

leurs sacrifices particuliers ou exercer leur juridiction domestique. On voit le respect et la crainte qu'ils inspirent à leurs enfants, à leurs clients et à leurs esclaves.

Mais demandons-nous ce qu'il advient de toute cette puissance du *pater familias* dans les rapports de la vie publique. Le titre seul de chef de famille ne lui donne aucune supériorité politique sur ceux de ses concitoyens qui ne sont pas encore *sui juris*, ni même sur ses propres fils. Après l'institution du cens par Servius Tullius, la façon de compter les votes dans les comices par centuries assurait bien la prépondérance aux citoyens des classes les plus élevées, c'est-à-dire les plus riches, et parmi ceux-ci aux plus âgés ; mais la loi Valeria Horatia (305) reconnaissant la force obligatoire des plébiscites rendus par les comices par tribus, rendit ce privilège inutile.

Ces nouvelles assemblées du peuple où les votes de chaque citoyen de la même tribu ont la même valeur deviennent de plus en plus fréquentes pour finir par remplacer à peu près complètement les anciennes. Avant même que leur autorité fut complètement affermie et mise hors de conteste sur tous les points par les lois Publilia (405) et Hortensia (467) elles ne craignaient pas de modifier, quand elles le jugeaient à propos, les droits privés reconnus comme les plus solides, Nous citerons l'exemple de la loi Licinia qui fut rendue en l'an 387 de Rome sur la proposition des tribuns C. Licinius Stolo et L. Sextius.

Voici ce que dit Tite-Live à ce sujet : « Creati que tribuni

« C. Licinius et L. Sextius promulgavere leges omnes ad-
« versus opes patriciorum et pro commodis plebis : unam de
« ære alieno, ut deducto eo de capite, quod usuris pernu-
« meratum esset, id quod superesset, triennio æquis portio-
« nibus persolveretur, alteram de modo agrorum, ne quis
« plus quingenta jugera agri possideret » (1).

On peut prétendre que la loi Licinia *de modo agrorum* était une loi agraire relative seulement à l'*ager publicus*, mais si celle-ci ne portait pas atteinte à la propriété quiritaire, il est indéniable que la loi Licinia *de œre alieno* dépouillait le créancier d'une partie de sa fortune ; et le droit qu'elle brisait, résultat du nexum avait été constitué aussi fortement par la loi des douze tables que le *dominium* lui-même.

Nous sommes donc autorisé à penser que le pouvoir législatif qui n'avait pas respecté l'un, ne pouvait pas être arrêté par l'autre.

Ce qui explique que dans les lois agraires proprement dites, il n'ait pas été question de toucher à la propriété quiritaire, c'est que l'*ager publicus* était assez vaste pour satisfaire les besoins de la plèbe.

Il n'est donc pas besoin de faire intervenir l'idée d'une garantie constitutionnelle.

Les lois qui régissent la propriété sont de pur droit civil, uniquement destinées à régler les rapports des citoyens entre

1. Tite-Live, Annales VI, 35.

eux, et ne peuvent être transportées dans le droit public. Elles ne sont applicables à l'État que quand il joue lui-même le rôle d'un simple particulier. Or il n'accepte ce rôle que quand il lui plaît. Il est difficile d'admettre qu'un citoyen puisse le forcer sur quelque point que ce soit de traiter avec lui d'égal à égal.

Pour voir de quelle façon étaient compris les rapports de l'État avec les particuliers, on a dû chercher, non pas les règles elles-mêmes, mais des analogies dans le droit privé. En procédant du petit au grand, on a été amené à considérer la République romaine comme une grande famille gouvernée par des institutions se rapprochant de celles de la famille ordinaire, et le peuple romain formant une personne morale unique, comme le *pater familias*, jouissant d'une autorité illimitée sur les personnes et les biens de tous ses membres.

Dans ce système, le patrimoine du citoyen n'est pas plus garanti contre les entreprises de l'Etat, que le pécule ordinaire du fils de famille ou de l'esclave contre les caprices du *pater-familias* dont ils dépendent.

Cette conception de la république romaine n'a pas été présentée pour les besoins de la cause que nous défendons. Elle est le résultat d'études générales sur la civilisation et la politique des anciens. D'après Benjamin Constant, il y avait assujettissement de l'individu à l'autorité de l'ensemble ; l'individu, souverain dans les affaires publiques, était esclave dans tous les rapports privés (1).

1. Benjamin Constant, Cours de politique constitutionnelle, 2e volume : De la liberté des anciens comparée avec celle des modernes.

Cicéron avait déjà dit : « *Salus populi, suprema lex esto.* » (1).

Ajoutons que la *lex regia* qui investissait chaque empereur des droits qui avaient appartenu au peuple et que celui-ci était censé lui déléguer, comprenait le pouvoir de disposer à son gré des propriétés privées.

## Section II. — *Influence de la religion.*

Ainsi la puissance publique n'était pas obligée de respecter le *dominium* appartenant aux particuliers. Mais pour que l'expropriation pût porter même sur les immeubles, il fallait qu'elle ne fût pas empêchée par la religion. Or, on sait que le dieu Terme gardait la terre de chaque citoyen. Le bornage était accompagné de cérémonies religieuses ; on laissait de chaque côté du champ une bande de terrain qui devenait sacrée et servait de séparation entre les propriétés voisines. Quiconque violait les limites ainsi fixées commettait un sacrilège et attirait sur lui la colère des dieux. Nous remarquons d'abord que ce qui était ainsi prévu et puni par la loi divine ne pouvait être qu'une violation matérielle d'une chose sacrée, telle que le déplacement ou la destruction des Termes, le fait de labourer la partie du champ laissée en bordure, ou même de la franchir sans motif légitime. La religion défend le sol contre une prise de possession violente, analo-

1. Cicéron, De legibus III, 3.

gue à la *contrectatio rei fraudulosa* qui constitue le *furtum* des choses mobilières, et cela au profit de tous ceux qui peuvent successivement avoir des droits à la possession ou à la propriété. Mais elle ne s'oppose pas au transfert de ces droits eux-mêmes, qui peut s'opérer par la volonté du dernier titulaire, comme en cas de vente ou de disposition par testament ; par l'effet d'une loi, comme celle qui autorise une adrogation, ou par une sentence judiciaire, comme dans le cas de l'action *finium regundorum*.

La *rei vindicatio* est une action purement civile dans laquelle le juge ne donne pas gain de cause à celui qui a planté les bornes ou les a consacrés, mais à celui qui justifie d'un titre d'acquisition valable. La *bonorum possessio*, que le préteur accorde, contre la volonté du testateur aux héritiers, ou contre la volonté du débiteur aux créanciers, suffit pour permettre à ceux qui l'ont obtenue, de se saisir des immeubles de la succession ou du débiteur sans commettre de sacrilège. La *sectio bonorum* autorisée à défaut de paiement des dettes peut dépouiller malgré lui un propriétaire de tous ses immeubles sans aucune formalité religieuse.

Il serait étrange que la divinité qui permet l'expropriation pour cause d'utilité privée ne pût souffrir aucun cas d'expropriation pour cause d'utilité publique.

Jusqu'ici nous avons surtout prévu le cas de la dépossession totale d'un immeuble. Mais il peut arriver que l'Etat n'ait besoin d'exproprier qu'une partie du champ délimité et borné selon les rites.

Si le travail à exécuter, tel qu'un grenier public ou tout autre bâtiment peut se faire à l'intérieur des limites, il n'y a aucune difficulté nouvelle. Le dieu Terme est respecté, et l'Etat, une fois saisi, peut exercer ses droits comme un propriétaire ordinaire. On peut supposer qu'il en serait autrement s'il s'agissait de la construction d'une route ou d'un aqueduc, obligeant à traverser un grand nombre de propriétés, à détruire des autels, à arracher des bornes, à défoncer les bandes de terrain sacré qui entouraient les champs, quelquefois sans avoir besoin de pénétrer dans ces champs eux-mêmes. Dans ce cas particulier de l'expropriation, qui a dû se présenter souvent, il y avait sans doute des précautions à prendre pour éviter la colère des dieux dont on bouleversait le domaine, et rendre profanes les lieux sacrés compris dans le périmètre des travaux.

Au sujet de la possibilité d'une pareille désaffectation voici comment s'exprime M. Giraud : « Il est bien connu et prouvé « par une multitude de textes anciens que le terrain augural « pouvait perdre sa qualité religieuse par un rite contraire « par une *exauguratio*.... Nul doute que dans les cas où il y « avait lieu à *l'herciscunda familia* et dans tous ceux où il y « avait transport partiel mais solennel d'une propriété, il n'y « eût lieu aussi à une nouvelle limitation régulière. » (1)

On ne peut voir dans l'obligation de recourir à des formalités religieuses une garantie pour le droit de pro-

1. Giraud, Histoire de la propriété, page 130.

priété : « Il faut se garder de croire, dit M. Mispoulet, que « la religion romaine ait dominé la politique... La religion « était l'alliée et non la rivale de la puissance politique... « Jamais à aucune époque elle n'a eu une puissance pro- « pre indépendante de la puissance politique qu'elle entou- « rait de son prestige ». (1) Le même auteur ajoute quelques pages plus loin : « Les biens affectés au culte peuvent « être déclarés profanes, ou bien en vertu du statut qui éta- « blit le culte, ou bien par la suite d'une *exauguratio* posté- « rieure ». (2) Et ailleurs parlant de la compétence exclusive du Sénat en matière de culte : « Les collèges sacerdotaux lui sont entièrement subordonnés ». (3)

Plutarque fait dire à Tiberius Gracchus cherchant à justifier la déposition de son collègue Octavius : « Il n'y a rien « de si saint et de si inviolable que les choses qui ont été « consacrées aux dieux, cependant jamais personne n'a « empêché le peuple de s'en servir, de les changer de place, « et de les transporter à son gré. Il lui est donc permis de « regarder le tribunat comme une de ces choses consacrées « et de le transférer à qui il veut. » (4) On ne peut reconnaître plus explicitement que la religion était impuissante à limiter les droits de l'État.

Après avoir montré par ces considérations générales que

1. Mispoulet, Institutions politiques des Romains, tome II, page 383.
2. Opere citato, tome II, page 393.
3. Op. cit., tome I, page 175.
4. Plutarque, Tiberius Gracchus, 22 (traduction Dacier).

l'expropriation était admise en principe par la constitution romaine, nous allons tâcher de prouver par l'étude des textes, qu'il en a été fait des applications légales, mais variables suivant les circonstances, faute d'une réglementation générale à laquelle on pût recourir dans tous les cas.

## CHAPITRE II

### EXAMEN DE QUELQUES TEXTES CONTROVERSÉS

Deux faits sur lesquels tout le monde est d'accod peuvent servir à expliquer pourquoi l'expropriotion n'a pas été aussi fréquente chez les Romains que dans nos sociétés modernes, et par suite, pourquoi les législateurs et les jurisconsultes se sont si peu occupés d'en prévoir les détails d'exécution et les conséquences.

En premier lieu, l'*ager publicus*, dont la propriété appartenait au peuple romain et non aux particuliers, était si vaste qu'il n'était pas difficile d'y trouver les emplacements nécessaires pour la plupart des travaux publics. Tous les territoires sur lesquels Rome étendit sa domination, tant en Italie que dans les provinces, furent réunis à cet *ager* par droit de conquête. Il est vrai qu'après la guerre terminée, une partie de ces terres était vendue ou concédée à la charge d'une redevance, mais l'autre partie était simplement ajoutée au domaine de la république (1) Celles mêmes dont les particuliers obtenaient ou conservaient la possession ne

1. Plutarque. Tiberius Gracchus, 10.

leur appartenaient pas en toute propriété. Le peuple romain conserva sur elles un domaine éminent, pour les fonds italiques jusqu'à la guerre sociale, (1) et pour les fonds provinciaux, au moins en théorie, jusqu'à Justinien (2).

En second lieu il n'était pas rare de voir des hommes riches qui briguaient la faveur du peuple, entreprendre à leurs frais des travaux publics fort importants. (3)

On comprend qu'agissant dans un but de libéralité et en qualité de simples particuliers, ils n'avaient pas la faculté de requérir des expropriations. Rien ne pouvait forcer leurs concitoyens à sacrifier leurs droits pour les favoriser dans ces sortes d'entreprises.

Il faut donc écarter de la discussion sur le droit d'expropropriation tous les testes relatifs à des travaux publics exécutés ou sur des terrains appartenant à l'État, ou par des particuliers. On peut faire entrer dans cette dernière catégorie notamment deux passages souvent cités de Cicéron et de Suétone.

Cicéron parle en termes pompeux à Atticus des grandès dépenses qu'il a faites lui-même pour l'agrandissement d'une place, et il en donne la raison : « *Cum privatis non poterat transigi minore pecunia.* » (4) Comment Cicéron se vante-

1. Accarias. Pracis de droit romain, tome I, nº 207.
2. Code livre VII, titre 25. De nudo jure quiritium tollendo, loi unique.
3. Dig. livre, L. titre 10. De operibus publicis, loi 3.
Même livre, titre 12. De pollicitationibus, lois 1, 7, 8, 13, 14.
Code livre VIII, titre 13. De ratiociniis operum publicorum, loi unique.
4. Cicéron, ad Atticum, IV. 16.

rait-il de sa générosité à ce sujet, s'il avait agi comme magistrat, et n'avait dépensé que les deniers de la République?

Suétone rapporte qu'Auguste ayant décidé de construire un marché n'exécuta pas son projet aussi grandement qu'il l'avait conçu à cause du refus fait par certains propriétaires de vendre leurs immeubles : « *forum angustius fecit, non ausus* « *extorquere possessoribus proximas domos* » (1) La place qu'occupe ce passage indique que l'auteur cite comme un acte méritoire la modération dont il fit preuve en laissant son œuvre inachevée plutôt que d'expulser les propriétaires. Auguste mériterait il qu'on le loue s'il n'avait fait que s'arrêter devant une impossibilité légale d'agir et se refuser à commettre un crime? Nous aimons mieux croire qu'il se distingua en cette circonstance en s'abstenant de mettre au service des magnificences de l'homme privé sa puissance de magistrat, et en renonçant volontairement à poursuivre l'expropriation qu'il lui aurait été facile de prononcer ou d'obtenir. Il a pu tenir à honneur de ne pas user de tout son droit sans autoriser la négation du droit lui-même.

On connaît la toute-puissance dont les généraux étaient investis par l'*imperium*. Caton d'Utique nous donne un bel exemple de la discrétion qu'ils pouvaient mettre à s'en servir, alors que, quelqu'un ayant proposé qu'on fît un décret pour donner la liberté aux esclaves, et *la plupart approu-*

1. Suétone. Vie d'Auguste, 56,

*vant cet avis,* il dit qu'il ne le ferait jamais, parce que cela n'était ni juste ni raisonnable (1).

Il était plus facile à Auguste de céder à des considérations d'opportunité et d'équité quand il ne songeait qu'à augmenter la gloire de son nom en embellissant Rome, qu'il ne le fut à Caton dans la circonstance que nous venons de rappeler, car ce dernier, au milieu de la mauvaise fortune qui l'accablait, gardait la responsabilité du salut de ses troupes et des habitants d'Utique.

On a mis aussi en avant quelques textes tellement généraux qu'il est difficile de prétendre qu'ils puissent s'appliquer à notre sujet. On cite par exemple Cicéron se moquant de Rullus : « Cavet enim vir optimus ne emat ab invito. « Quasi vero non intelligamus ab invito emere injuriosum « esse (2) », ou recommandant l'impartialité aux fonctionnaires publics : « In primis autem videndum erit ei qui rem « publicam administrabit, ut suum quisque teneat neque de « bonis privatorum publice deminutio fiat (3) ». Voila deux préceptes qui ne seraient certes pas déplacés parmi nous et dans une societé où l'expropriation est réglée dans ses moindres détails. On ne s'étonnerait pas de les voir reprendre par un juriste français dans le sens général que nous leur attribuons. On peut donc leur opposer la règle : « *Generalia specialibus non derogant.* »

1. Plutarque. Caton d'Utique (traduction 78 Dacier).
2. Cicéron. De lege agraria, I, 5.
3. Cicéron. De officiis, II, 1.

Les faits particuliers par lesquels on a voulu montrer que l'expropriation légale était impossible ne sont pas concluants. Si Tite-Live nous apprend que l'opposition de Licinius Crassus empêcha l'exécution d'un travail public (1), il ne nous dit pas de quelle sorte était cette opposition ; et nous avons le droit de supposer que Crassus usa plutôt d'influences politiques que d'une résistance autorisée et sanctionnée par les lois.

Si le peuple romain renonça à détourner les eaux qui grossisaient périodiquement le Tibre, après avoir entendu les plaintes des intéressés, il ne s'ensuit pas qu'il y fût obligé. On peut voir dans Tacite le concours de circonstances qui fit échouer ce vaste projet : « Actum deinde in senatu ab « Arruntio et Ateio, an ob moderandas Tiberis exundatio- « nes, verterentur flumina et lacus per quos augescit. Au- « ditæque municipiorum et coloniarum legationes : Oran- « tibus Florentinis ne..... idque ipsis perniciem afferret. « Congruentia his Interamnates disseruere : pessum ituros « fecundissimos Italiæ campos. Nec Reatini silebant.... spec- « tandas etiam religiones sociorum qui sacra et lucros et « aras patriis amnibus dicaverint... Seu preces coloniarum, « seu difficultas operum, sive superstitio valuit, ut in sen- « tentiam Pisonis concederetur qui nil mutandum censue- « rat (2) ». Ces prières des Latins, le secours qu'ils cherchent dans le respect que Rome professe pour leur religion,

1. Tite-Live, Annales, XL, 51.
2. Tacite. Annales, I, 79.

sont la reconnaissance d'un pouvoir supérieur de l'Etat auquel ils ne peuvent faire obstacle par les moyens ordinaires du droit. Et si on ne repoussa pas leur demande, c'est peut-être simplement parce que le Sénat était effrayé de la difficulté des travaux à accomplir.

## CHAPITRE III

### DES EXPROPRIATIONS MOBILIÈRES

Un point sur lequel on trouve assez peu de développements dans les auteurs qui nient le droit d'expropriation pour les immeubles, c'est l'application de ce droit aux choses mobilières. On a pu considérer les réquisitions de denrées avec ou sans indemnité, comme une sorte de tribut imposé aux alliés ou aux provinciaux, en vertu de l'*imperium* des chefs d'armée ou des gouverneurs de province, et que des conditions variables de généralité et de durée rattachaient plutôt au droit militaire qu'au droit civil.

Dans tous les cas où il y avait obligation de transporter et de vendre sur un marché déterminé et pour un prix fixé d'avance du blé ou d'autres objets de première nécessité, on a fait remarquer que ceux qui étaient soumis à cette obligation consentaient de véritables ventes, quoique ne pouvant faire autrement, et en touchaient le prix comme vendeurs. Le même raisonnement a été appliqué à la vente forcée des esclaves trop durement traités par leurs maîtres, ordonnée par une constitution d'Antonin le Pieux, dont Justinien parle dans ses Institutes (1). C'était du reste une sorte de peine infligée à celui qui avait nui à la République en faisant un mauvais usage de sa chose.

Mais il serait substil de distinguer, au point de vue spécial du respect de la propriété, entre la vente forcée et l'expropriation avec indemnité. Quelle garantie trouverait-on en effet contre des pouvoirs publics libres d'imposer la première sans pouvoir aller jusqu'à la seconde?

Nous croyons que si on avait tenté de donner une limitation si savante aux droits de l'Etat, elle aurait été inutile dès le premier jour, et n'aurait pas tardé à disparaître.

L'expression « *cogi vendere* » dont se sert Justinien dans le texte que nous venons de citer a été reprise par Dumoulin « *Religionis favore cogitur quis vendere* (2), » et transportée en français par Domat : « Si une maison ou autre héri- « tage se trouve nécessaire pour un usage public.... le pro- « priétaire est contraint par la justice de vendre ce fonds à « un juste prix (3), » dans des cas où il s'agissait bien d'expropriation proprement dite.

Nous allons trouver dans plusieurs lois du Digeste et du Code, l'idée d'expropriation rendue par d'autres termes ne laissant place à aucune ambiguïté.

1. Institutes, livre I, titre 8, De his qui sui vel alieni juris sunt. § 2. Dig. liv. I, tit. 16, hoc titulo loi 2.

2. Dumoulin, Commentaire de la coutume de Paris, § 55 de la coutume, n° 98.

3. Domat. Lois civiles. Livre I, titre 2, Section 13.

### Section I. — *Expropriation des denrées.*

Il n'est pas douteux que les Romains aient eu souvent recours aux réquisitions pour l'entretien de leurs armées.

Nous n'en tirons aucun argument pour ne pas encourir le reproche de chercher les règles du droit civil dans des cas où il pourrait être forcé de céder devant des nécessités d'ordre militaire.

Mais ce n'était pas seulement pour nourrir et habiller les soldats qu'on pouvait imposer aux provinciaux et même aux citoyens romains, soit simplement un tarif maximum pour la vente de certains objets de consommation, soit l'obligation de vendre à un prix déterminé toutes les denrées qu'ils possédaient et qui n'étaient pas nécessaires à leurs besoins.

C'est ainsi que Tibère put fixer le prix du blé sans soulever d'opposition : « *Sævitiam annonæ incusante plebe, statuit frumento pretium, quod emptor penderet.* (1) » Et que les empereurs en arrivèrent, comme on le voit par un édit de Dioclétien, (2) à réglementer la valeur de presque tous les objets de consommation usuelle, et le taux des salaires des ouvriers.

Il semble que les décurions des cités, tantôt se virent contraints de fournir du blé au-dessous du cours, tantôt voulu-

1. Tacite. Annales II, 87.
2. Giraud. La propriété chez les Romains, pièces justificatives, p. 32.

rent établir de leur propre autorité, des tarifs obligatoires.

Plusieurs lois eurent pour but de réformer ces pratiques (1). Mais ce qui était défendu aux magistrats municipaux pouvait être ordonné par l'empereur ou par ses délégués (2). Quant au droit plus étendu d'exproprier les habitants d'un pays du superflu de leurs récoltes au profit de leurs voisins ou pour les besoins généraux de l'Etat, il fut réservé aux empereurs. Personne ne pouvait être dispensé de l'exécution d'une pareille mesure (3). La loi 2 au Code de Justinien, livre X, titre 27, contient un règlement à peu près complet sur cette matière : « Civitatum incolæ vel qui « in eis aliquid possident, non cogantur in aliam civitatem, « vel metropolim species conferre. Sed et si inevitabilis « quædam causa id fieri exigat, justis pretiis, quæ in ea « civitate obtinent ex qua præbentur species, eas indigenti- « bus vendant. Compensentur autem venditoribus pretia « cum aurarià collatione.... Nullus vero cogatur vendere « omne id quod sui usas gratia comparaverit, sed superflua « tantum.... Nulla unquam citra ingentem necessitatem *jus-* « *sionem que principis* possessoribus coemptio indicatur, « nec aliter quam ut coemptionis aurum, ex auri collatione « a possessoribus debita, siquidem ea omnimodo ad coemp- « tionem sufficiat, retineatur. Quod si nihil fisco debeant in

1. Digeste, livre 48, titre 12. De lege Julia de annona, loi 3; livre 50, titre 1. Ad municipalem et de incolis, loi 8.

2. Dicta lege 3. Dig. livre 50, titre 1, loi 26.

3. Code, livre 10, titre 27. Ut nemini liceat in emptione specierum se excusare.

« quibus coemptio indicatur, aut partem tantum; *prius* in « nummis ponderis probi aurum accipiant, *quam* ab eis « species indigantur. » Cette loi est aussi générale que pos- « sible. Elle est surtout à remarquer par les dispositions « entièrement rapportées ci-dessus qui ordonnent le paie- « ment préalable de l'indemnité.

Il est regrettable qu'une règle aussi sage n'ait pas été étendue à tous les cas d'expropriation, et que même pour les objets auxquels elle s'est appliquée, elle ait été si longtemps méconnue, notamment par la loi 2 au code théodosien livre XI titre 15. *De publica comparatione.*

## SECTION II. — *Expropriation des esclaves.*

L'expropriation des esclaves présente à notre point de vue une bien plus grande importance que la précédente. C'est celle sur laquelle nous avons le plus de détails et de textes non controversés. Elle frappe chaque fois sur une chose spécialement déterminée. Le citoyen romain se trouve par elle dépouillé d'un droit des plus rigoureux, du *jus dominii*, qui est un véritable droit civil. De plus l'esclave est chose *mancipi*. Enfin il fait partie de la famille de son maître; il participe à un certain degré à ses sacrifices privés, et la religion n'est pas étrangère aux liens qui l'unissent à lui. Autre considération : si les empereurs multiplièrent les cas d'expropriation de ce genre, on ne peut les accuser de l'avoir créée de toutes pièces.

§ I. *Des esclaves qui doivent être soumis à la torture.*

Tibère est blâmé par Tacite d'avoir forcé Libon à vendre ses esclaves pour les faire soumettre à la torture ; mais simplement parce qu'il s'agissait de les interroger contre Libon lui-même : « Et quia vetere senatus consulto quæstio in « caput domini prohibebatur, callidus et novi juris repertor « Tiberius mancipari singulos actori publico jubet : scilicet « ut in Libonem ex servis salvo senatus consulto quærere- « tur. » (1) Le sénatus-consulte dont parle Tacite, déjà ancien au temps de Tibère, devait déterminer les moyens de se procurer les esclaves que l'on voulait questionner, pourvu que ce ne fût pas contre leurs maîtres.

Modestin nous donne comme universellement admis, sans citer aucun texte législatif, qu'il suffisait de faire estimer l'esclave et de promettre d'en payer le prix : « Certo pretio « servum æstimatum in quæstionem dari, interposita stipu- « latione, receptum est » (2).

Telle était la règle pour les procès criminels. Mais le même moyen pouvait être employé dans les procès purement pécuniaires s'il n'y avait pas d'autre preuve possible (3).

Dans le cas spécial d'adultère, d'après la loi Julia *de adulteriis* portée par Auguste, si le principal accusé était un esclave, les juges le faisaient estimer et ordonnaient à

1. Tacite. Annales II. 30.
2. Dig. liv. 48, tit. 18. De quæstionibus, loi 13.
3. Digeste, livre 48, titre 18. De quæstionibus, loi 9.

l'accusateur de donner le *double* du montant de l'estimation à l'intéressé (1) ; « *ei ad quem res pertinet* » dit Ulpien, et il donne la nomenclature des ayants droit auxquels cette indemnité... : «*ista pœna*», devra être payée (2) : l'acheteur de bonne foi de l'esclave, même l'ayant acquis d'un non propriétaire, le créancier gagiste (3). Quant à l'usufruitier il partagera la somme avec le nu-propriétaire (4). Et si c'est un homme libre qu'on torture par erreur, on lui donnera à lui-même une action utile en dédommagement (5).

La même loi ordonnait de soumettre à la question les esclaves employés au service des accusés d'adultère, soit qu'ils appartinssent à ces accusés eux-mêmes ou à leurs parents. L'empereur Adrien déclara qu'il en serait de même s'ils appartenaient à un étranger (6). Il est à remarquer que dans ce cas il ne s'agissait pas d'autoriser l'expropriation mais de la rendre obligatoire. Cette disposition s'appliqua même au *statu liber* (7) qui fut ainsi privé d'un droit acquis sur sa propre personne.

Quel était le sort des esclaves survivant à la torture dans le système établi par la loi Julia, après que le procès d'adul-

1. Digeste, livre 48, titre 5. Ad legem Juliam de adulteriis coercendis lois 1 et 27.
2. Dicta lege, 27, § 1.
3. § 2.
4. § 3.
5. § 5.
6. § 6.
7. § 10.

tère avait été jugé ? Pour les étrangers, c'est-à-dire ceux qui n'appartenaient ni à l'accusateur, ni aux accusés ou à leurs parents, ils restaient la propriété de leur maître suivant le droit commun. Cela nous semble suffisamment établi par le passage suivant d'Ulpien : « *Alienum servum utique* « *non publicabimus* » (1) justifié par ces mots du même jurisconsulte « *Extranei vero non habent cui gratificentur* (2). La stipulation intervenue entre l'accusateur et le possesseur de l'esclave devait avoir prévu ce cas au moins implicitement et il est probable que l'indemnité à payer se réglait à nouveau suivant la dépréciation subie. On se trouve en effet dans le cas de la loi 13 ci-dessus, d'après laquelle on procédait par stipulation. Si au contraire il y avait eu une vente forcée ou non, le vendeur aurait perdu la propriété dès le moment de la livraison, au profit de celle des parties qui aurait payé le prix, et on rentrerait dans un des cas suivants.

Pour ceux de l'accusateur ou des accusés, une opinion très accréditée est qu'ils devaient être vendus au profit du fisc (3), et que par suite, ce dernier devait payer dans tous les cas des indemnités aux propriétaires.

Cependant, les textes ci-après, ordinairement cités en cette matière, nous paraissent pouvoir être interprétés d'une façon différente :

Loi 27 d'Ulpien, au Digeste livre 48, titre 5, *ad legem Ju-*

1. § 11.
2. § 14.
3. De Fresquet, loco citato, page 106.

« *liam de adulteriis coercendis*... § 11. « Jubet lex eos homi-« nes, de quibus quæstio ita habita est, *publicos esse*, pro-« inde in communi partem publicamus, in proprio cui usus « fructus alienus est, nudam proprietatem ; in quo tantum « usumfructum habuit reus, magis est ut perceptio usus-« fructus ad publicum incipiat pertinere. Alienum servum « utique non publicabimus. Ratio autem publicandorum « servorum ea est ut sine ullo metu verum dicant, et ne, « dum timeant se in reorum potestatem regressuros, obdu-« rent in quæstione. »

§ 12. « Non tamen prius publicantur quam quæstio de illis « habita fuerit. »

§ 13. « Sed etsi negaverint, nihilominus publicantur : ratio « enim eadem est, ne dum hi sperant se in potestatem do-« minorum reversuros, si negaverint, spe meriti collocandi « in mendacio perseverent. »

§ 14. « Sed et servi accusatoris, si de his quæstio habita « sit, publicentur. Ejus enim servi, ne mentiantur, merito a « dominio ejus recedunt. Extranei vero non habent cui gra-« tificentur. »

§ 15. « Si reus vel rea absoluti fuerint, æstimari per ju-« dices lex damnum voluit, sive mortui fuerint, quantæ « pecuniæ ante quæstionem fuerint ; sive vivent, quantæ « pecuniæ in his damnum datum fuerit, factum ve esset. »

§ 16. « Notandum est quod capite nono cavetur, si servus « adulterii accusetur, et accusator quæstionem in eo haberi « velit, duplum pretium domino præstari (lex jubet), at hic « simplum. »

Loi 28, *Dicto titulo. Marcien.* « Quod ex his causis debe-« tur, per condictionem quæ ex lege descendit, petitur. »

Loi 6 de Papinien au Digeste, livre 48, tit. 18, *de quæstionibus.* « Patre vel marito de adulterio agente, et postulanti-« bus de servis rei ut quæstio habeatur, si (vere) causa pero-« rata, testibus prolatis, absolutio secuta fuerit, mancipiorum « quæ mortua sunt æstimatio habetur ; secuta vero damna-« tione, quæ supersunt publicantur. »

Nous croyons que ces esclaves devaient simplement passer à l'état d'esclaves publics, c'est-à-dire cesser d'appartenir à leur ancien maître pour devenir la propriété du peuple romain, savoir : ceux de l'accusateur dans tous les cas, et ceux de l'accusé, au cas seulement où il était condamné.

Que cette mutation de propriété s'opérait sans que le fisc eût à payer d'indemnité à aucune des parties.

Que si l'accusé était absous, il rentrait en possession de ceux de ses esclaves qui avaient survécu à la torture, et pouvait réclamer, contre l'accusateur, l'estimation du dommage à lui causé par la dépréciation de ceux-ci et la mort des autres.

Et qu'il devait agir dans ce cas par la *condictio ex lege*, parce que la mise à la question de ses esclaves étant ordonnée par la loi, il n'avait pu obliger l'accusateur à contracter avec lui une stipulation à ce sujet.

Le système que nous présentons a l'avantage de se rapprocher autant que possible du sens littéral des textes. Le verbe *publicare*, que nous venons de voir répété jusqu'à six fois en quelques lignes signifie proprement rendre public et par suite exproprier, confisquer, c'est-à-dire faire passer une chose du domaine d'un particulier dans le domaine de l'État (1), effet justement opposé à celui que produirait la vente faite par les agents du fisc. Ulpien lui-même nous en donne le sens : ayant à revenir souvent sur la même idée, il finit par employer toujours le même mot, le plus bref et le plus usité, mais ce n'est qu'après s'être servi en premier lieu et comme entrée en matière de la locution juste : « *Jubet lex eos homines publicos esse.* » La règle générale une fois posée en ces termes, il ne devait pas redouter l'amphibologie.

Le paragraphe qui commence ainsi a trait aux esclaves de l'accusé. Lors même que celui-ci n'aurait que la nue-propriété ou une part indivise de l'esclave, ses droits sont transférés tels quels au peuple romain. Pour l'usufruit, une périphrase est nécessaire : « *magis est ut perceptio ususfructus ad publicum incipiat pertinere.* » Les mots « *magis est* » selon nous, n'indiquent pas une opposition d'où on puisse conclure que dans les cas précédemment énoncés, il y avait vente. On ne s'expliquerait pas la raison de cette différence, et pourquoi le droit aux services de l'esclave jusqu'à la mort du *reus* ne pourrait pas être vendu, aussi bien que les autres droits réels. Ces mots s'expliquent par la nature spéciale du droit d'usufruit attaché à la personne et dont l'exercice seul est transmissible. Ils répondent à la question de savoir si on

1. M. Serrigny, Droit administratif romain, tome I, page 107, traduit ainsi le mot *publicare* : faire entrer une chose dans le domaine du peuple.

n'aurait pas pu considérer l'usufruit comme éteint faute par le titulaire de pouvoir en user, puisque l'esclave ne doit plus jamais rentrer sous sa puissance, et faute par l'état de pouvoir l'acquérir à cause de son intransmissibilité.

Le paragraphe suivant, d'après lequel les esclaves ne sont *publicati* qu'après avoir été soumis à la question, est très utile s'il a pour but de nous renseigner sur le moment où le *reus* cesse d'être propriétaire. Il est évident qu'on ne pouvait ordonner une vente dont l'objet aurait été la chance d'avoir des esclaves morts ou considérablement détériorés.

Reste la partie la plus difficile à soutenir de notre argumentation. Nous reconnaissons que les esclaves de l'accusateur ne lui sont jamais rendus quelle que soit la terminaison du procès, et cependant nous n'admettons pas la même solution pour ceux du *reus*, malgré l'apparente généralité du paragraphe onzième de la loi que nous venons de citer. Cette généralité en effet, n'est qu'apparente ainsi que le montrent les motifs de la mesure prescrite. On suppose que l'accusé est coupable, et on veut éviter que la crainte de sa vengeance ou l'espoir d'une récompense empêche les esclaves de dévoiler le crime. Dans l'espèce, mentir ou nier la culpabilité du maître, c'est tout un (§ 13). Le cas où l'accusé serait innocent n'y est pas prévu ; il faut donc chercher ailleurs les règles qui lui sont applicables. La loi de Papinien citée plus haut, n'ordonne la *publicatio* que dans l'hypothèse de la condamnation, par une opposition bien tranchée avec l'hypothèse contraire de l'absolution.

De même que cette loi, le paragraphe 15 de la loi d'Ulpien dont nous avons donné le texte, ordonne, pour le cas où les accusés ont été absous, d'estimer le dommage qui leur a été causé. Le dernier texte précise que l'estimation comprendra la valeur totale des esclaves morts et la dépréciation seulement de ceux qui ont survécu (1).

Puisque le dommage se borne à la diminution de valeur éprouvée par la chose, le droit à la propriété de cette chose n'est donc pas éteint. On ne peut prétendre que l'accusé absous ait intérêt à la mort de ses esclaves, et doive perdre sur les survivants, juste la valeur qu'ils ont conservée après avoir subi la torture. C'est pourtant ce qui arriverait si ces esclaves étaient *publicati* dans le sens où nous l'entendons.

Les lois ci-dessus n'ordonnant l'estimation des esclaves qu'au cas d'absolution, nous en concluons que l'accusé contre lequel était intervenue une sentence de condamnation, n'avait droit à aucune indemnité.

Tout au plus pourrait-on supposer que la valeur des esclaves torturés était précomptée sur la part de ses biens dévolue au fisc à titre de confiscation pénale (2), mais nous ne le croyons pas. Rien d'analogue du reste à cette sorte de compensation n'aurait pu se produire pour les esclaves appartenant aux parents de l'accusé auxquels s'appliquait

1. Voir aussi la loi du 3 au Code, livre 9, titre 9. Ad legem juliam de adulteriis, in fine : « quorum dominis caveri præcipit, si defuncti fuerint in quæstione vel facti deteriores secuta absolutione. »

2. Sentences de Paul, livre 2, titre 26, § 14.

pourtant la *publicatio*, puisque il n'était fait d'exception que pour ceux des étrangers.

Quant à l'accusateur, s'il faisait soumettre à la question et par suite rendait publics quelques-uns de ses propres esclaves, c'était à ses risques et périls, car il n'y avait d'estimation que s'il échouait dans sa poursuite, c'est-à-dire dans le cas où, loin d'avoir à réclamer une indemnité il devait au contraire réparer de ses deniers le dommage qu'il avait causé (1). C'était à lui de mesurer ses sacrifices à l'intérêt qu'il pouvait avoir à soutenir l'accusation.

Le fisc, selon nous, n'avait donc rien à débourser en vertu de la loi Julia. Ce fut seulement lorsque les accusateurs devinrent des fonctionnaires publics qu'ils purent engager la responsabilité du Trésor.

Nous ne quitterons pas cette loi sans mentionner la limitation qu'elle imposait au droit de propriété en défendant d'aliéner ou d'affranchir certains esclaves pendant les soixante jours qui suivaient le divorce. (2) Justinien décida que la même prohibition existerait pendant les deux mois qui suivaient le décès de la femme répudiée (3).

L'expropriation des esclaves pouvait avoir lieu à la suite

1. Digeste, livre 3, titre 6. De calumniatoribus, loi 9 de Papinen. Code livre 9, titre 47, loi 6.

2. Digeste, livre 40, titre 9. Qui et a quibus manumissi liberi non fiunt, lois 12, 13, 14.

3. Code livre 19, titre 9. Ad legem juliam de adulteriis, loi 36.

d'un crime pour d'autres causes que la nécessité de les soumettre à la torture.

La loi 11 § 27 au Digeste, livre 48, titre 18, *de quæstionibus*, cite une constitution faite à propos d'un esclave qui s'était déclaré coupable dans la crainte d'être rendu à son maître. Les auteurs du rescrit ordonnent de le vendre au profit du maître, après la découverte du véritable auteur du crime, en ayant bien soin d'ajouter qu'il ne devra jamais retomber sous sa puissance.

Si un esclave condamné aux mines était enlevé par des voleurs étrangers, et était ensuite trouvé en la possession d'un acheteur de bonne foi, on le renvoyait subir sa peine mais l'acheteur était indemnisé par le fisc (1).

### § II. — *Des esclaves qui doivent être affranchis.*

Très souvent les esclaves étaient enlevés à leurs maîtres pour être affranchis, soit par faveur pour la liberté, soit en récompense d'un service rendu à la république.

La première de ces causes comprend tous les cas où la loi confirme des affranchissements faits par des personnes auxquelles elle ne reconnaît pas le droit d'aliénation ordinaire, ou contraint les propriétaires eux-mêmes de les exécuter.

1. Digeste, livre 49, titre 15. De captivis et de postliminio, lois 6, et 12 § 17.

Un héritier testamentaire a affranchi des esclaves dépendant de la succession qu'il a recueillie. La déclaration d'inofficiosité du testament ne fera retomber ces affranchis en esclavage que si la demande s'est produite régulièrement dans les cinq ans de l'adition. Passé ce délai, ils resteront libres, même au cas où une *querela ex magna et justa causa* aurait été admise, mais chacun d'eux devra payer vingt sous d'or à l'héritier légitime à titre d'indemnité. Il en sera de même de ceux qui tiennent leur liberté directement du testament (1). Lors même que le demandeur aurait été diligent, il ne peut refuser d'accorder les libertés léguées par fideicommis. Il a droit encore dans ce cas, à la même indemnité que ci-dessus (2). Cependant si l'adition faite par un mineur de vingt-cinq ans est rescindée par la *restitutio in integrum* et que cet héritier use du droit d'abstention, les esclaves affranchis par lui gardent la liberté sans avoir rien à payer (3).

L'esclave qui se fait acheter de ses propres deniers devient libre, même s'il n'a fait acheter ainsi qu'une part indivise de lui-même, et que les autres parts aient été réunies à la première à titre gratuit (4).

Les affranchissements faits par erreur en vertu d'un testament ou de codicilles faux, sont maintenus, et une indem-

1. Digeste, livre 5, titre 2. De inofficioso testamento, loi 8, §§ 16 et 17.
2. Dicto titulo, loi 9.
3. Digeste, livre 4, titre 4. De minoribus viginti quinque annis, loi 31.
4. Digeste, livre 40, titre 1. De manumissionibus, loi 4, pr. et § 14.

nité de vingt sous d'or doit être versée par chaque affranchi à l'héritier en vertu d'une constitution d'Adrien (1).

Les jurisconsultes n'étaient pas d'accord sur la solution à donner au cas où, deux individus prétendant être propriétaires chacun pour moitié d'une personne qui se disait libre, deux jugements contradictoires intervenaient, donnant gain de cause à l'un, et rejetant la demande de l'autre (2). Si on appliquait les règles de l'accroissement, l'esclave devrait appartenir pour le tout à celui qui a prouvé avoir sur lui un droit de propriété partiel. Julien préfère le déclarer libre à la charge d'indemniser le maître qui a gagné son procès : « Commodius autem est, favore libertatis, liberum quidem « eum esse, compelli autem pretii sui partem, viri boni arbi- « tratu, victori suo præstare » (3).

Un soldat ayant donné la liberté par testament à un esclave dont il ne possédait qu'une part indivise, l'empereur Sévère décida que cet affranchissement serait valable et obligea les communistes à vendre leurs parts à l'héritier qui en était chargé. Une constitution de Sévère et Antonin étendit cette mesure à tous les affranchissements du même genre, à la condition qu'ils fussent faits par acte de dernière volonté. Enfin Justinien la généralisa complétement en supprimant cette dernière restriction : « In omnibus communibus famu- « lis, sive inter vivos, sive in ultima dispositione, libertatem

1. Digeste, livre 40, titre 4. De manumissis testamento, loi 47; Code, livre 7, titre 4. De fideicommissariis libertatibus, loi 2.

2. Digeste, livre 40, titre 12, De liberali causa, loi 9, § 2, lois 30 et 36.

3. Dicta lege, 30.

« quis legitimam imponere communi servo voluerit hoc fa-« ciat, necessitatem habente socio vendere partem suam « quantam in servo possidet (1). » Si les communistes refusaient de recevoir le prix de leur part, on leur faisait faire des offres et on consignait la somme. Le pécule ne pouvait être donné à l'affranchi que par disposition de dernière volonté. La constitution de Justinien contient le tarif d'après lequel on devait calculer les indemnités dues aux copropriétaires. Disons seulement que la valeur de l'esclave ordinaire resta fixée à vingt aurei.

La loi donnait directement la liberté à l'esclave à titre de récompense :

S'il dévoilait le meutre de son maître ou d'un de ses maîtres ; dans ce dernier cas, les copropriétaires du défunt avaient droit à une indemnité (2). L'esclave ainsi affranchi n'avait pas pour patrons les héritiers de la victime ; il devenait *libertus orcinus* (3).

S'il dénonçait de faux monnoyeurs. Son maître recevait alors une indemnité payée par le fisc (4).

S'il dénonçait un rapt, que les parents de la victime pouvaient avoir intérêt à tenir caché (5).

1. Code,livre 7,titre 7.De communi servo manumisso, loi 1.

2. Digeste, livre 29 titre 5.De senatus-consulto Silaniano et Claudiano, loi 16.

3. Digeste, livre, 40, titre 8. Qui sine manumissione ad libertatem perveniunt, loi 5.

4. Code,livre 7, titre 13. Pro quibus causis servi pro prœmio libertatem accipiunt, loi 2.

5. Dicto titulo, loi 3.

S'il livrait un déserteur (1).

S'il portait à la connaissance des magistrats qu'une femme libre eût commerce avec un de ses propres esclaves(2).

Des considérations de morale publique firent décider que le maître qui protituerait une femme esclave contrairement aux clauses de son acquisition, perdrait son droit de propriété sur elle, et que cette femme deviendrait libre(3). C'est pour la même raison que les membres du clergé furent autorisés à acheter les esclaves ordinaires que l'on forçait à se prostituer (4).

Enfin certains empereurs défendirent que des esclaves chrétiens pussent être possédés par des maîtres d'une autre religion (5) et Justinien donna la liberté, non seulement à tous les esclaves qu'on trouverait dans cette situation, mais encore à tous ceux qui appartenant à des non catholiques, voudraient embrasser la religion chrétienne, sans accorder aucune indemnité à leurs maîtres « *nihil pro eorum pretiis penitus accipientibus dominis* (6). »

1. Dicto titulo Loi 4.
2. Code livre 9, titre 11. De mulieribus quæ se propriis servis junxerunt, loi unique.
3. Code de Justinien, livre 4. titre 56. Si mancipium ita venierit ne prostituatur, loi 1.
4. Code Théodosien, livre 40, titre 8. De lenonibus, loi 1.
5. Code de Justinien, livre 1, titre 10. Ne christianum mancipium hæreticus vel judæus, vel paganus habeat, lois 1 et 2.
6. Code, livre 1, titre 3. De episcopis et clericis, loi 56 § 3.

## CHAPITRE IV

### SERVITUDES D'UTILITÉ PUBLIQUE

Avant d'arriver à l'expropriation proprement dite des immeubles pour cause d'utilité publique, il n'est pas inutile de montrer que la possession et la jouissance des biens de cette nature faisant partie du patrimoine privé des citoyens, n'étaient pas garanties contre les entreprises de l'Etat, avec la même rigueur que contre celles des particuliers ; qu'au contraire, elles pouvaient être soumises, dans l'intérêt de la chose publique, à des restrictions fort importantes.

Occupation temporaire, extraction de matériaux, servitudes d'utilité publique, dommages permanents, tout cela était prévu, sinon réglementé d'une façon complète, et les droits de l'Etat en pareilles matières semblent n'être que la suite et comme la monnaie du droit plus général de s'emparer de la propriété privée, pour y faire les travaux nécessités par l'intérêt de tous.

Un sénatus-consulte rapporté par Frontin décida que tous les matériaux nécessaires à la réparation des aqueducs et qui pourraient être tirés des champs des particuliers, tels que la terre, la glaise, la pierre, la brique, le sable, les bois, devraient être pris dans les propriétés les plus rapprochées de ces aqueducs ; qu'ils seraient enlevés après avoir été estimés par des arbitres ; et que tous les chemins nécessaires pour les transports devraient être fournis par les propriétaires, de la façon la moins dommageable pour eux (1).

La servitude d'extraction de matériaux ne donna plus lieu dans la suite à une indemnité, au moins sur les fonds provinciaux (2).

La loi première,au titre *De aquæductu* des codes Théodosien et de Justinien (3) est une constitution de Constantin qui impose aux riverains des aqueducs une servitude de curage, et leur accorde en échange l'exemption de certaines charges. Elle leur défend en outre de planter ou de laisser pousser des arbres sur une largeur de quinze pieds à droite et à gauche de l'aqueduc. L'empereur Zénon renouvela cette défense (4). La sanction de ces dispositions était la confiscation des héritages soumis à la servitude. Un édit rendu par Auguste, à propos de l'aqueduc do Venafrum ordonne aux propriétaires voisins de laisser libres huit pieds de terrain de chaque côté de cet aqueduc (5).

1. Frontin. De aquæductibus, n° 125.
2. Code Théodosien, livre 15, titre 1. De operibus publicis, loi 17. Serrigny, op. cit. tome II. page 138.
3. Code Théodosien, livre 15, titre 2.
Code de Justinien, livre 11, titre 42,
4. Code de Justinien, dicto titulo, loi 10.
5. Giraud. Novum Enchiridion, p. 643.

L'entretien des routes, de même que le curage des aqueducs était à la charge des fonds contigus et devait être supporté par les possesseurs plutôt que par les propriétaires. Le soin de veiller à ce que les travaux nécessaires fussent exécutés était confié par l'administration à un des intéressés qui ne pouvait refuser et restait personnellement responsable de l'accomplissement de ce mandat (1).

Les simples particuliers ne pouvaient modifier l'état de leurs immeubles qu'à la condition de ne pas nuire aux droits des tiers, mais nul ne pouvait arrêter un travail public dirigé par des magistrats, lors même qu'il causait des dommages à sa propriété. « Si publicus locus publice reficiatur rectis-« sime Labeo scribit, eoque jure utimur, de damno infecto « non esse cavendum (2) », ni forcer les magistrats à faire les réparations nécessaires pour éviter la continuité du dommage.

Chacun devait subir les torts ainsi apportés à sa jouissance comme s'ils étaient provenus d'une force majeure, ou comme s'il avait reçu son fonds détérioré des mains du précédent propriétaire (3). Telle était la règle, quand le dom-

1. Digeste, livre 50, titre 4. De muneribus et honoribus, loi 18 : « § 15 Si aliquis fuerit electus ut compellat eos qui prope viam publi-« cam possident, sternere viam, personale munus est. § 18. Patrimo-« niorum sunt munera quæ sumptibus patrimonii et damnis admi-« nistrantis expediuntur. »

2. Digeste, livre 39, titre 2. De damno infecto, loi 15, § 10.

3. Digeste, livre 39, titre 3. De aquâ et aquæ pluviæ arcendæ. Loi 2, § 3 : « Cassius scribit, si qua opera aquæ mittendæ causa publica auc-« toritate facta sint, in aquæ pluviæ arcendæ actionem non venire : « in eadem que causa esse ea quorum vetustas memoriam excedit, »

mage provenait de la seule exécution du travail ; mais il en était autrement s'il était produit par un vice de construction ou un vice du sol dont l'entrepreneur était responsable : « Si « quid vitio loci aut operis fiat, certe legem dandam operis « talem ne quid noceat vicinis damnive detur (1) ». Ce cas était en effet prévu par l'acte qui déterminait les conditions à remplir par les entrepreneurs, analogue à ce que nous appelons aujourd'hui le cahier des charges.

Nous venons de parler des travaux dirigés par les magistrats, mais les particuliers qui obtenaient une concession, soit dans leur intérêt, soit dans l'intérêt général, même avec aliénation ou autorisation d'user de certaines parties du domaine public, ne jouissaient pas des mêmes privilèges : « Nam quotiescumque aliquid in publico fieri permittitur, « ita oportet permitti ut sine injuria cujusquam fiat, et ita so- « let princeps quotiens aliud novi operis instituendum peti- « tur, permittere (2).

Il nous reste à examiner le passage suivant d'Ulpien qui a pu être considéré, soit comme contraire à la servitude d'extraction de matériaux, soit comme établissant le droit du propriétaire à une indemnité préalable : Ce passage forme la loi 12, § 1 au Digeste, livre 8, titre 4. *Communia prædiorum* : « Si constat in tuo agro lapidicinas esse, invito te, nec pri- « vato, nec publico nomine quisquam lapidem cædere po-

Loi 23 : « Quod principis aut senatus jussu aut ab his qui primi « agros constituerunt opus factum fuerit, in hoc judicium non venit. »

1. Suite de la loi 15, § 10, ci-dessus. Dig. 39, 2.

2. Digeste, livre 43, titre 8. Ne quid in loco publico vel itinere fiat. Loi 2, § 10.

« test, *cui id faciendi jus non est*, nisi talis *consuetudo* in « illis lapidicinis consistat, ut si quis voluerit ex his cædere, « non aliter hoc faciat, nisi prius *solitum* solatium pro hoc « domino præs tat : ita tamen lapides cædere debet, post_ « quam satisfaciat domino, ut neque usus necessarii lapidis « intercludatur, neque commoditas rei jure domino adima- « tur. » C'est là, à notre avis, une loi générale sur les carrières, ne dérogeant pas, par conséquent, aux règles spéciales que nous venons d'étudier, relatives aux prérogatives de l'Etat en matière de travaux publics. On a fait remarquer avec raison que les mots « *cui in faciendi jus non est* » peuvent aussi bien réserver les droits de l'Etat que ceux des particuliers. Pour montrer qu'on peut les entendre dans ce sens, il suffit de les rapprocher de l'expression : « *qui jus publicandi habuit* » employée par le même jurisconsulte dans la loi 2, § 21, au Digeste, livre 43, titre 8. *Ne quid in loco publico vel itinere fiat*. Du reste, une telle réserve n'était pas nécessaire. Le législateur déclare que la coutume sans doute très repandue d'aller prendre des pierres dans les carrières appartenant à autrui en payant préalablement une indemnité, doit être restreinte aux carrières auxquelles elle s'est appliquée depuis un assez long temps : « *nisi talis consuetudo in illis lapidicinis consistat.* » Les autres constituent une propriété libre comme le sol dont elles font partie, auquel personne n'a le pouvoir de toucher en dehors des cas où un droit quelconque un *jus aliquid faciendi* lui aurait été conféré. Il est évident que si tel est, comme nous le croyons, l'esprit de la loi, point n'était besoin d'énumérer les droits auxquels elle ne portait pas atteinte, ni les origines diverses qu'ils pouvaient avoir. Quels que soient les termes restrictifs employés, ils signifieront toujours que la seule chose en question est la coutume dont nous venons de parler. La seconde partie du texte n'est que la définition et la réglementation de la servitude établie par l'usage sur certaines carrières au profit de tout le monde. Elle ne crée donc pas la nécessité de l'indemnité préalable que cet usage consacrait, elle ne fait que la conserver pour les cas où elle existait déjà (*solitum solatium*) sans s'occuper de l'extraction des matériaux nécessaires aux travaux publics. L'Etat et ses délégués n'auront à s'y soumettre que lorsqu'ils agiront comme de simples particuliers et en vertu de la coutume sus-indiquée.

Des constitutions impériales donnèrent à toute personne la faculté d'extraire du marbre dans les propriétés privées avec ou sans compensation pour le propriétaire.

La plus remarquable sur ce point est la loi 3 au code de Justinien livre 11, titre 6, *De metallariis et metallis*, qui met comme condition à l'exercice de cette faculté un impôt d'un dixième au profit du fisc et une indemnité d'un dixième au profit du propriétaire sur le marbre extrait (1).

1. « Cuncti qui per privatorum loca saxorum venam laboriosis effos- « sionibus persequuntur decimas fisco, decimas etiam domino repræ- « sentent : cetero modo propriis suis desideriis vindicando ». Cette loi est en même temps la dixième du livre 10, titre 19. De metallis, au

Une loi de l'empereur Alexandre est relative à une sorte de servitude urbaine d'alignement. Dans les villes où cette servitude était établie, les propriétaires de maisons joignant les rues ne pouvaient démolir ces immeubles ou les remplacer, quand ils étaient détruits accidentellement, par des constructions d'une autre nature ou des jardins, sans l'autorisation expresse ou tacite des magistrats, et même des voisins (1).

L'étude du logement des gens de guerre et des diverses mesures prises pour assurer la stabilité des armées romaines ou barbares chargées de la défense de l'empire ne peut être comprise dans le cadre de notre travail. Disons seulement que l'habitant pouvait être contraint de fournir le tiers ou la moitié de sa maison, pour l'installation des soldats ou des officiers (2).

code Théodosien. On peut voir aussi sur cette matière les lois 2, 8 et 13 de ce titre.

1. Code de Justinien, livre 8, titre 10, De ædificiis privatis, loi 3 : « An « in totum ex ruina domus licuerit non eamdem faciem in civitate res- « tituere, sed in hortum convertere et an hoc consensu tunc magistra- « tuum non prohibentium item vicinorum factum sit ; præses probatis « his quæ in oppido frequenter in eodem genere controversarium « servata sunt, causa cognita statuet. »

2. Code, livre 12, titre 41. De metatis et epidemeticis, loi 2.

# CHAPITRE V

## EXPROPRIATION DES IMMEUBLES.

### SECTION I. — *Expropriation pour travaux publics.*

L'expropriation des immeubles pour cause d'utilité publique n'était pas inconnue aux peuples de l'antiquité.

M. Achard de la Vente, dans la thèse de doctorat qu'il a présentée à la faculté de droit de Rennes en 1878, a cité une inscription grecque découverte dans l'ile d'Eubée en 1869, dont le texte porte que le concessionnaire d'une entreprise de dessèchement de marais, pouvait s'emparer des terrains voisins nécessaires à l'exécution de ses travaux moyennant une indemnité dont le taux était fixé à l'avance (1).

Il ne pouvait en être autrement chez les Romains que chez les autres peuples. Nous allons voir en effet plusieurs textes où le principe est nettement posé.

C'est d'abord la loi 14 au Digeste, livre 8, titre 6. *Quemadmodum servitutes amittuntur*, qui nous montre le cas où l'expropriation est le plus rapide, arrivant par force majeure

1. Ce texte a été publié par le journal « La France judiciaire » dans son numéro du 1er avril 1877, en note au bas de la page 241.

indépendamment d'un acte législatif ou administratif spécial : « Cum via publica vel fluminis impetu, vel ruina amissa est, « vicinus proximus viam præstare debet. » A première vue cette loi pourrait paraître n'établir qu'une servitude, et la rubrique du titre sous lequel elle est placée favoriserait cette interprétation. Cependant elle vise bien la disparition totale de la voie publique. Or on sait que le sol de cette voie appartient au peuple romain dans toute sa longueur. (1) Il est donc difficile de supposer que la nouvelle portion de terrain qui doit être fournie par le riverain, reste propriété privée. Aussi croyons-nous ne pouvoir mieux faire que d'adopter et de reproduire l'opinion de Domat sur l'explication de cette loi : « Si par quelque cas fortuit, comme d'un débordement, « un chemin public est *emporté* ou *rendu inutile*, les voisins « doivent le chemin, mais sans pouvoir vendre ce qu'ils per- « dent, car c'est un cas fortuit qui fait un chemin de leurs « héritages ou d'une partie et cette situation les engageait à « souffrir cet évènement (2). »

M. Accarias exprime la même idée en d'autres termes : « Lorsqu'une voie publique a été détrnite par suite d'éboule- « ment ou d'inondation, le terrain nécessaire à la construc- « tion d'une nouvelle voie peut être pris sur la propriété « riveraine (3). »

Le savant professeur distingue cette expropriation par

1. Digeste, livre 43, titre 3. Ne quid in loco publico vel itinere fiat, loi 2, § 21

2. Domat, lois civiles, livre 1, titre 2, section 13, § 8.

3. Précis de droit romain, tome I, n° 202.

force majeure de l'expropriation ordinaire ; il ajoute immédiatement après avoir indiqué que la loi que nous venons de citer, et comme une nouvelle restriction de la liberté de la propriété : « Quand des travaux d'utilité publique à exécuter « par l'Etat ou par une cité exigent l'occupation d'un fonds « privé, si le propriétaire refuse de consentir une cession « amiable, il est exproprié par voie d'autorité, mais l'usage « est de l'indemniser. »

Les exemples probants d'expropriation d'immeubles sont assez rares, surtout si on rejette les textes qui peuvent s'appliquer à des dépendances de l'*ager publicus*, soit comme *agri vectigales* en Italie, soit comme fonds provinciaux ; et ceux qui ont trait aux distributions de terres faites par les grands capitaines de la fin de la République, à leurs soldats.

Les uns en effet ne montrent pas les rapports de l'Etat avec la véritable propriété romaine, le *dominium ex jure Quiritium* ; et les autres semblent plus propres à rappeler une suite de violations du droit qu'à en faire connaître les règles. Nous ne nous croyons pas tenu de considérer tous les textes de ce genre comme étrangers à notre sujet, mais seulement d'indiquer, quand il nous arrivera de les citer, les objections qui leur ont été faites à notre connaissance.

Cicéron rapporte que la démolition d'une maison fut ordonnée par les augures (1) ; mais on ne peut affirmer qu'on

1. Cicéron, De officiis, III, 16.

se trouve en présence d'une expropriation régulière, tant parce que nous ignorons si le terrain lui-même fut enlevé au propriétaire, qu'à cause des discussions plutôt religieuses que juridiques soulevées par cet acte d'autorité.

Le passage suivant de Frontin, qui se trouve dans le texte presque aussitôt après le sénatus-consulte rapporté plus haut à propos des servitudes d'utilité publique, donne lieu à une controverse : « Majores nostri admirabili æquitate, ne « ea quidem eripuere privatis quæ ad modum publicum per- « tinebant. Sed quum aquas perducerent, si difficilior pos- « sessor in parte vendenda fuerat, pro toto agro pecuniam « intulerunt et post determinata loca, rursus agros vendide- « runt ; ut in suis finibus proprium jus tam res publica quam « privata haberent (1). » On aurait pu s'attendre à trouver un argument dans la traduction faite sans esprit de système par Rondelet de tout l'ouvrage de Frontin. Nous transcrivons la traduction de ces quelques lignes, qui malheureusement n'est pas d'un grand secours : « Nos ancêtres se sont appli- « qués à ne point frustrer les particuliers au bénéfice du pu- « blic, car lorsqu'ils établirent des aqueducs, s'ils rencon- « traient un propriétaire qui fît quelques difficultés pour ven- « dre la partie de son champ dont ils avaient besoin, ils « l'achetaient tout entier et revendaient le surplus afin d'éta- « blir d'une manière certaine le droit des particuliers et ce- « lui de la République. »

1. Frontin, De aquæductibus, 128.

Il a été dit que ce passage niait la possibilité de l'expropriation « *non eripuere* », et qu'il avait trait à l'acquisition ou à la reprise par l'Etat de dépendances du domaine public « *quæ ad modum publicum pertinebant.* » Tel n'est pas notre avis ; nous ne croyons pas cependant, comme les partisans de l'opinion diamétralement opposée, qu'il se réfère à un droit général de réquisition d'expropriation totale en faveur des propriétaires : semblable à celui qui leur est conféré par l'article 50 de la loi française du 3 mai 1841. Frontin, selon nous, loue les ancien Romains d'avoir suivi l'équité plutôt que les rigueurs du droit qui leur aurait permis de s'emparer sans aucun ménagement des terrains appartenant à des particuliers, nécessaires à la construction des aqueducs. Il ajoute que si le propriétaire n'acceptait pas les offres qu'on lui faisait pour l'acquisition amiable d'une partie de son champ on lui payait la valeur du champ entier, Mais ce n'est pas à dire pour cela que l'Etat usait dans ce cas de son droit d'expropriation. On peut parfaitement admettre au contraire que l'Etat ne consentait à acheter le tout que pour épuiser les tempéraments de l'équité, avant de se saisir par voie d'autorité de la parcelle dont il avait besoin. Le langage de l'auteur indique qu'une pareille modération n'était plus observée de son temps. La fin de la phrase est relative à la revente des terrains acquis en trop et à la nécessité d'établir une ligne régulière de démarcation entre le terrain consacré à l'aqueduc appartenant au peuple romain, et les propriétés privées. Cette préoccupation d'avoir des limites simples, et autant que possible géométriques qui était si bien dans les mœurs des populations de l'Italie (1), se retrouve dans une loi d'Ulpien, d'après laquelle on ne procédait pas autrement pour la construction des routes que pour celle des aqueducs. « Viam publicam eam dicimus « cujus etiam solum publicum est, *relictum ad directum* « *certis finibus latitudinis ab eo qui jus publicandi habuit,* « ut ea publice iretur, commearetur. » (2)

Il est bien difficile de ne pas traduire ici « *jus publicandi* » par pouvoir d'exproprier ou par une expression plus générale, surtout si l'on considère que la recherche de la ligne droite, souvent critiquée chez nos anciens ingénieurs, était chez les Romains une véritable obligation incompatible avec le respect absolu de la propriété privée.

Pour ne pas revenir à trop de reprises différentes sur l'explication d'un seul mot, nous citons immédiatement le fragment très connu d'Africain qui forme la loi 33 au Digeste, livre 19, titre 2 « *Locati conducti* » (3). Le juriscon-

1. Rei agrariæ scriptores, passim. On peut remarquer le pouvoir spécial du juge de redresser les limites, au moyen de *l'addictio*, dans l'action *finium regundorum*.

2. Digeste, livre 43, titre 8. Ne quid in loco publico vel itinere fiat, loi 2, § 21.

3. Nous reproduisons en note cette loi trop longue pour être insérée dans le texte :

Si fundus quem mihi locaveris publicatus sit, teneri te actione ex conducto, ut mihi frui liceat, quamvis per te non stet quominus id præstes : « quemadmodum, inquit, si insulam ædificandam locasses et « solum corruisset, nihilominus teneberis. Nam et si vendideris mihi

sulte suppose qu'un fonds loué, ou vendu, mais non encore livré à l'acheteur, devient « *publicatus* », et il déclare que celui qui était propriétaire de ce fonds, bien qu'il ne soit pas en son pouvoir d'exécuter son obligation de locateur ou de vendeur, doit supporter le risque, et remettre les termes non échus du loyer ou restituer le prix, sans cependant être tenu de payer des dommages-intérêts. C'est la solution donnée dans ce fragment à la question des risques en cas de force majeure, c'est-à-dire quand il n'y a pas faute de la part du propriétaire. Cette assimilation montre qu'il ne s'agit pas ici de confiscation, puisque la confiscation suppose en général une faute. Il n'y a donc que l'expropriation à laquelle puisse s'appliquer le texte d'Africain, soit qu'elle ait lieu en vue de travaux d'utilité publique, soit qu'elle ait pour but l'établissement d'une colonie.

Le titre « *De operibus publicis* » au Code Théodosien (livre 15, titre 1) contient trois consttutions qui montrent de quelle façon les empereurs de Constantinople usaient de

« fundum, ipse prius quam vacuus traderetur, publicatus fuerit, tenea-
« ris expemto : quod hactenus verum erit ut pretium restituas, non ut
« etiam id præstes, si quid pluris mea intersit, eum vacum mihi tradi.
« Similiter igitur et circa conductionem servandum puto, ut mercedem
« quam præstiterim restituas, ejus scilicet temporis quo fruitus non
« fuerim, nec ultra actione ex conducto præstare cogeris. Nam et si co-
« lonus tuus fundo frui a te aut ab eo prohibetur quem tu prohibere ne
« id faciat possis, tantum ei præstabis quanti ejus interfuerit frui, in quo
« etiam lucrum ejus continebitur ; sin vero ab eo interpellabitur quem
« tu prohibere propter vim majorem aut potentiam ejus non poteris,
« nihil amplius ei quam mercedem remittere aut reddere debebis. »

leur droit de prendre les propriétés privées pour la construction ou l'agrandissement des édifices publics.

La première cède aux propriétaires qu'elle ordonne de déposséder, en échange de leurs immeubles sur lesquels on doit construire un portique destiné à compléter la décoration des thermes d'Honorius, d'autres immeubles ayant fait partie du domaine public : « Opus cæptum extruatur et porticus « thermas Honorianas præcurrat acie columnarum. Cujus « decus tantum est ut privata juste negligeretur paulisper « utilitas. Sed ne census sui quisquam intercepta lucra de« ploret, sed e contrario cum pulchritudine civitatis etiam « fortunas suas auctas esse lætetur : pro loco quod quisque « possederat, superædificandi licentiam habeat. Nam in lo« cum privati ædificii quod in usum publicum translatum « est, occupationem Basilicæ jubemus vetustæ succedere : « ut contractus quidam et permutatio facta videatur, cum « dominus qui suum dederat (dederit) civitati ; pro ea habi« turus sit ex publico, remota omni formidine, quod incon« cusso robore et ipse habere et quibus velit tradere habebit « liberam facultatem » (1).

La deuxième donne à ceux qui ont été obligés de fournir l'emplacement d'un nouveau mur d'enceinte à Constantinople le droit d'habiter les tours construites pour la défense de la ville : « Turres novi muri qui ad munitionem splendi« dissimæ urbis extructus est, completo opere, præcipimus

1. Code Theodosien, livre 15, titre 1, *de operibus publicis,* loi 50.

« eorum usui deputari per quorum terras idem murus studio « ac provisione tuæ magnitudinis ex nostræ serenitatis ar- « bitrio celebratur. Eadem lege in perpetuum et condicione « servanda, ut annis singulis hi vel ad quorum jura terrulæ « demigraverint proprio sumptu, earum instaurationem sibi « met intelligant procurandam, earumque usu, publico be- « neficio potientes, curam reparationis ac sollicitudinem ad « se non ambigant pertinere. Ita enim et splendor operis et « civitatis munitio cum privatorum usu et utilitate ser- « vabitur. » (1)

La dernière, relative à l'agrandissement des salles publiques où les professeurs de la capitale donnaient leur enseignement, accorde une indemnité en argent aux particuliers que ce travail forçait à déloger malgré des droits acquis : « Exsedras quæ septentrionali videntur adhærere « porticui, in quibus tantum amplitudinis et decoris esse « monstratur, ut publicis commodis possint capacitatis et « pulchritudinis suæ admiratione sufficere, supradictorum « (professorum) concessibus deputabit. Eas vero quæ tam « orientali quam occidentali latere copulantur, quas nulla a « platea aditus, adque egressus patamen, ipsisque humilio- « res aliquanto adque angustiores putantur, vicinarum spatia « cellularum ex utriusque lateris portione oportet adjunc- « ne quid aut ministris eorumdem locorum desit, aut popu- « lis. — Sane si qui memoratas cellulas probabuntur vel im-

1. Dicto titulo, loi 51.

« peratoria largitate, vel quacumque alia donatione, aut « emptione legitima possidere, eos magnificentia tua com- « petens pro hisdem de publico pretium jubebit accipere.» (1)

Nous voyons dans ces constitutions des actes d'autorité législative, suivant l'opinion que Godefroy, le commentateur du code théodosien, exprime ainsi sous la loi 50 : « Privato- « rum scilicet loca, ædificia, publici operis causa sæpe olim « jure occupabantur. Sed tamen compensato aliquo triplici « ratione. Neque enim extorqueri possessoribus proxima ope- « ribus publicis mos fuit. » D'après lui, il s'agissait d'expropriation. Il ajoute qu'une indemnité était accordée. C'est une idée sur laquelle nous reviendrons tout à l'heure. Au point de vue spécial de la dépossession dans les trois cas que nous venons de citer, il importe peu à notre avis que les constitutions aient été rendues de l'initiative propre de l'empereur et de ses agents, ou sur la demande des intéressés. Comment admettre que tous les ayant droit se soient entendus pour faire la demande, et que l'abstention de quelques-uns d'entre eux eût pu empêcher l'empereur de statuer généralement, ou mettre obstacle à l'exécution de ses ordres ? En outre les termes mêmes employés pour exprimer la volonté du souverain excluent toute idée soit de jugement, soit d'acquiescement à une proposition de contrat. Ce sont des ordres directs qu'indiquent les verbes *præcipere et jubere*, et ce qui est pris en considération, dès que l'indem-

1. Dicto titulo, loi 53, ultima.

nité est en question, ce n'est pas l'obligation pour l'État de respecter des droits, mais la réparation qu'il convient de donner après coup aux intérêts (*utilitas*) des particuliers, afin qu'aucun d'eux ne voie sa fortune, en tant qu'universalité, diminuée par la construction des travaux publics. « *Ne* « *census sui quisquam intercepta lucra deploret.* »

SECTION II. — *Expropriations pour la fondation de colonies.*

Les soldats étant devenus pour les généraux des guerres civiles et pour les empereurs qui leur succédèrent, ce que la plèbe était pour les tribuns qui les avaient précédés ; l'instrument de leur domination ; les lois agraires furent remplacées par des distributions de terre aux vétérans. Les dépendances de l'*ager publicus* ne suffirent pas à ce nouveau mode de largesse, comme elles avaient, d'après l'opinion généralement reçue, suffi au premier. Il n'est pas douteux que Sylla distribua à ses soldats des terres appartenant à des citoyens. Montesquieu nous dit que personne ne l'avait fait avant lui (1). César imita Sylla mais au moins il eut soin de donner ou de promettre quelques compensations aux propriétaires qu'il dépossédait. Ou bien il leur faisait des concessions de terre dans un autre pays, et c'est ainsi qu'il offrit la Crète aux Capouans (2), ou bien il leur donnait un droit d'habitation dans certaines villes, ou bien encore il les

1. Montesquieu. Grandeur et décadence des Romains. Chapitre XI.
2. Dion Cassius, 49-14. Vellius Paterculus, 2-81.

payait en argent, mais sans être très régulier pour les échéances (1). Auguste fit comme César, notamment quand il prit les terres des Napolitains en leur donnant des rentes en échange. On sait que Virgile fut victime d'une expropriation en faveur des soldats (2).

Dans les actes d'autorité que nous venons de passer en revue, nous ne pouvons distinguer la part de souveraineté que le magistrat demande aux lois, de celle que le général vainqueur, qui considère tout comme soumis a ses armes, s'arroge par droit de conquête. Car la victoire est un mode d'acquérir (3).

Plus tard cependant, les mêmes faits se reproduisirent, et ils se trouvent sanctionnés par deux textes du Digeste, étrangers à toute idée de guerre, à propos de contrats ou d'actions civiles. Dans l'un de ces textes, la loi 11 au Digeste, livre 21, titre 2, *De evictionibus et duplæ stipulatione*, Paul dit que l'acheteur d'un fonds situé en Germanie sera forcé de payer la totalité de son prix, même s'il prouve que depuis la vente ce fonds a été exproprié pour être donné aux vétérans, et qu'une partie en a été vendue par les agents de l'empereur : « has possessiones ex præcepto principali par- « tim distractas (esse) partim veteranis in præmia assi- « gnatas. »

Ce fragment seul ne prouverait pas grand'chose en faveur de notre thèse, puisqu'il n'a trait qu'à des terres provinciales

1. Dion Cassius, 51-4.
2. Virgile. Eglogue I, vers 64 et suivants. Eglogue IV, vers 2 et suiv.
3. Cicéron, de officiis, I, 1.

sur lesquelles l'empereur avait un certain droit de propriété. Il ne vaut que par le rapprochement qu'on peut en faire avec le suivant d'Ulpien, montrant qu'une pareille assignation aux soldats pouvait avoir lieu sur les fonds italiques. « Item si « forte ager fuit qui petitus est et militibus adsignatus est, « modico honoris gratia possessori dato, an hoc restituere « debeat ? Et puto præstaturum (1). » La rubrique du titre : « *de rei vindicatione* » sous lequel se trouve ce passage, ainsi que le mot *petitus*, indiquent que l'on est dans le cas d'une action de pur droit civil, ne s'appliquant pas aux fonds provinciaux. Une somme modique a été donnée *honoris gratia* au simple possesseur. L'hypothèse de la loi est que le droit de propriété appartenait à son adversaire, demandeur en revendication.

L'objection suivante pourrait nous être faite : Le demandeur en revendication n'a qu'à se retourner contre le soldat auquel le champ a été assigné. Il aura gain de cause, et l'assignation n'ayant eu lieu que faute par l'ancien possesseur de pouvoir prouver sa propriété sera rescindée à son profit. Pour la réfuter, nous ferons remarquer que le texte cité est le paragraphe deuxième de la loi et se trouve encadré entre deux phrases contenant chacune une hypothèse où le défendeur doit restituer quelque chose, mais où l'objet de la revendication est définitivement perdu pour le demandeur. Ce sont les cas de l'aliénation de denrées au moment où elles menaçaient de se corrompre, et de la mort d'un esclave ou d'un animal.

1. Digeste, livre 6, titre 1. De rei vindicatione. loi 15, § 2.

## SECTION III. — *Expropriation indirecte.*

En dehors de toute disposition spéciale ordonnant une dépossession, certains privilèges du fisc pouvaient gêner et même supprimer indirectement les droits des propriétaires.

L'indivision avec le fisc n'était pas soumise aux règles générales : « Forma est, quotiens ad fiscum vel minima por- « tio rei pertinet, ut universa a procuratoribus meis distra- « hatur (1). » Cette constitution d'Alexandre force les communistes à approuver la vente faite par ses officiers et à se contenter de la portion du prix dont ils leur tiendront compte.

Une dérogation plus grave au droit commun fut l'incommutabilité de toutes les aliénations faites par le fisc, introduites par Zénon (2). Les anciens propriétaires ne pouvaient rentrer en possession de leur bien. Ils avaient un recours en indemnité contre le fisc, mais pendant quatre ans seulement, passé lequel délai, ils étaient déchus de tout droit.

Justinien étendit cette règle aux aliénations faites par les administrateurs de la fortune privée de l'empereur et de l'impératrice (3).

1. Code, livre 10, titre 4. De venditione rerum fiscalium cum privatis communium. Loi unique.

2. Code, livre 7, titre 37. De quadrienni præscriptione, loi 2.

3. Dicto titulo, loi 3, Institutes, livre 2, titre 6. De usucapionibus et longi temporis possessionibus, § 14, ult.

## Section IV. — *Expropriation des biens des églises.*

Les biens des églises et des corporations religieuses étaient régis par une législation speciale, ils étaient frappés d'inaliénabilité. Cependant cette inaliénabilité ne prévalut pas contre l'utilité publique, au nom de laquelle les pouvoirs civils pouvaient prendre possession des biens ecclésiastiques, à la charge de fournir une indemnité convenable aux personnes morales qui en étaient propriétaires. C'est ce que Justinien explique longuement dans sa novelle 7, chapitre 2 (1). « Sinimus igitur imperio, si qua communis utilitas « est, et ad utilitatem reipublicæ respiciens, et possesionem « exigens talis alicujus immobilis rei... hoc ei a sanctissi- « mis ecclesiis et reliquis venerabilibus domibus et colle- « giis, percipere licere, undique sacris domibus indemni- « tate servanda et recompensanda re eis ab eo qui percipit, « æqua aut etiam majore quam data est... Unde si quid tale « fiat et pragmatica præcesserit forma præcipiens imperio « dare aliquid talium rerum, et recompensaverit mox rem « uberiorem et utiliorem : sit ea permutatio firma. » Ce texte s'appliquant à des biens qui ne font pas partie du domaine privé des citoyens, ne préjuge pas que l'Etat eût un droit général d'expropriation, aussi ne l'invoquons nous pas

1. De non alienandis aut permutandis rebus ecclesiasticis immobilibus.

dans ce but, l'existence de ce droit nous paraissant suffisamment prouvée par ce qui a été dit auparavant ; mais nous remarquons qu'il n'y est pas contraire, car les motifs que Justinien donne de sa décision : « Utique cum nec multum « differant ab alterutro sacerdotium et imperium, et res « sacræ a communibus et publicis : quando omnis sanctis- « simis ecclesiis abundantia et status ex imperialibus muni- « ficentiis perpetuo præbeatur », tirés de la ressemblance du domaine public et du domaine ecclésiastique, dont le second a été produit par un démembrement du premier, ne sont pas restrictifs et expliquent seulement la dérogation à la règle générale d'inaliénabilité confirmée par la novelle.

# CHAPITRE V

## DE L'INDEMNITÉ.

L'obligation de payer une indemnité au propriétaire dépossédé de sa chose est nettement déterminée toutes les fois qu'elle peut être mise à la charge d'une personne privée ayant profité de l'expropriation, et que le recouvrement peut en être exigé au moyen d'une action tirée du droit civil. C'est ainsi que l'acheteur d'un esclave que son maître a été forcé de vendre en vertu de la constitution d'Antonin le Pieux ou de dispositions analogues postérieures; l'acheteur particulier de denrées transportées d'une cité dans une autre par ordre du prince, devaient en payer le prix et pouvaient être poursuivis devant le juge ordinaire de l'action de vente.

Que le prix fût fixé à l'avance ou que sa détermination fût laissée à l'arbitraire du juge, il n'y avait aucune difficulté d'obtenir la condamnation du débiteur.

L'accusateur qui faisait soumettre l'esclave d'un tiers à la torture s'engageait par stipulation à payer au maître la valeur de cet esclave, s'il mourait dans les tourments, ou une indemnité égale à sa dépréciation, s'il survivait (1). Le tiers avait un moyen de contrainte dans l'action *ex stipulatu*. Le double de la valeur pouvait être exigé dans certains cas. Cela ne faisait pas de doute quand une accusation d'adultère était dirigée contre l'esclave lui-même qui était ensuite reconnu innocent (2).

A défaut d'action produite par un contrat spontané ou obligatoire, l'indemnité ne pouvait être réclamée que par la *condictio ex lege*. Rien de plus simple quand la loi générale, ou relative à un cas isolé, indiquait elle-même qu'une indemnité était due, quelle était sa nature et par qui elle devait être supportée. Telle est par exemple la constitution d'Adrien imposant à chaque affranchi qui avait bénéficié de la liberté à la suite d'une irrégularité ou d'une erreur, l'obligation de payer vingt sous d'or, à titre de rachat de la servitude dans laquelle il aurait dû retomber d'après la rigueur des principes (3). Il en est de mêmede la constitution de Justinien d'après laquelle celui qui affranchit un esclave commun doit indemniser ses copropriétaires suivant un taux fixé d'avance, à défaut de cession amiable de leurs parts indivises (4).

La *condictio ex lege* pourra être dirigée contre le fisc dans

1. Digeste, livre 48, titre 18. De quæstionibus, loi 13.
2. Digeste, livre 3, titre 6. De calumniatoribus, loi 9. Code, livre 9, titre 47. Eodem titulo, loi 6.
3. Digeste, livre 40, titre 4. De manumissis testamento, loi 47.
4. Code, livre 7, titre 7. De communi servo manumisso, loi 1.

les cas où la loi le dit expressément. On réclamera ainsi au fisc la valeur de l'esclave affranchi pour avoir dénoncé de faux monnayeurs (1).

La constitution 53 au titre *De operibus publicis* du code Théodosien (livre 15, titre 1.) citée plus haut, donne un droit de ce genre aux voisins des *exsedræ* qu'il s'agissait d'agrandir : « eos magnificentia tua competens pro hisdem *de pu-* « *blico* pretium jubebit accipere. »

Si un texte indique seulement qu'il y a lieu à indemnité, l'action n'en existera pas moins contre le principal intéressé ayant profité de l'expropriation ; ce sera la plupart du temps l'État représenté au point de vue pécuniaire par le fisc. L'objet de l'action variera avec la nature de l'indemnité accordée, qui peut être, ainsi que nous l'avons vu, une somme d'argent, une exemption d'impôts ou de certaines charges publiques, un droit de propriété ou d'habitation sur des immeubles, etc.

Mais que décider dans le cas où la disposition législative qui ordonne l'expropriation est muette sur la question de l'indemnité ? Faut-il refuser tout droit à une compensation à l'exproprié, ou bien au contraire supposer une règle générale lui permettant de se faire désintéresser par le fisc toutes les fois qu'aucun autre moyen ne lui est ouvert d'obtenir la réparation du préjudice ?

Quoi qu'on ait dit de l'esprit formaliste du droit romain,

1. Code, livre 7, titre 13. Pro quibus causis servi pro præmio libertatem accipiunt, loi 2.

nous pensons que ces deux solutions extrêmes doivent être repoussées, même pour le temps où le système formulaire était en pleine vigueur.

Sur ce point comme sur beaucoup d'autres, la jurisprudence dut pouvoir étendre, modifier ou corriger le droit pur, et employer à cet effet des actions utiles (1) accordées en fait après examen de chaque demande, ou des moyens tirés de l'*imperium* des magistrats supérieurs. Ces derniers pouvaient ordonner, s'ils le jugeaient à propos, aux agents d'exécution, de donner une *cautio* créant une action. Enfin comme dernière ressource, à défaut de titre permettant d'exercer une poursuite, on pouvait invoquer l'*auxilium* des corps politiques ou des hauts fonctionnaires qui avaient l'ordonnancement des dépenses publiques, en s'en remettant à leur équité ou à leur générosité.

Nous voyons dans Tacite qu'une pareille demande n'était pas toujours écartée : « Pius Aurelius senator questus mole « publicæ viæ ductuque aquarum labefactas ædes suas, au- « xilium patrum invocabat. Resistentibus ærarii prætoribus, « subvenit Cæsar, pretiumque ædium Aurelio tribuit » (2). Tibère fit ainsi accorder à Pius Aurelius une indemnité pour les dommages que lui avaient causés des travaux publics. On ne peut voir là qu'un acte purement gracieux, puisque l'exécution de ces travaux ne donnant pas lieu à la *cautio*

1. Digeste, livre 40, titre 12. De liberali causa, loi 9, § 2, loi 30.
2. Annales I, 75.

*damni infecti*, le propriétaire lésé dans ses intérêts ne pouvait faire valoir aucun droit (1).

Mais si des raisons d'analogie, si des considérations de politique ou d'équité purent dans beaucoup de cas suppléer au silence des lois ; ce serait aller trop loin que de prétendre qu'il en résulta, même à la longue, un système complet donnant une garantie générale aux particuliers contre la cupidité ou l'avarice des gouvernements.

Le droit honoraire a pu créer des institutions d'ordre privé d'une grande importance faisant brèche aux législations antérieures. Cela s'explique par la généralité des édits publiés par les magistrats, et le grand nombre des questions de même nature qui leur étaient continuellement soumises. Chaque préteur déclarant lors de son entrée en charge qu'il jugerait de la même façon que ses prédécesseurs sur tel ou tel genre d'actions, se trouvait lié lui-même, et en outre il ne pouvait avoir d'opposition à ce sujet que de la part de plaideurs soumis à son autorité.

En matière d'expropriation au contraire, surtout en ce qui concerne les immeubles, le fait lui-même étant assez rare, il se présentait très peu de questions à résoudre par le même magistrat ; et s'il s'en trouvait quelques-unes, il y avait grande chance pour qu'il lui suffît d'appliquer une loi formelle.

Il est donc probable que cette matière ne fut traitée dans aucun édit général. Enfin toute règle posée d'avance aurait

1. Digeste, livre 39, titre 2. De damno infecto, loi 15, § 10.

couru le risque d'être sans effet pour les expropriations à venir ordonnées par une autorité supérieure.

Nous concluons de ces observations qu'une indemnité était souvent accordée aux expropriés, soit en vertu de la loi générale ou de l'acte spécial de la puissance publique ordonnant la dépossession de certains biens, et alors c'était un droit pouvant être produit devant la juridiction contentieuse ; soit en vertu de la puissance propre des corps constitués ou des magistrats, intervenant avant ou après la dépossession à titre de juridiction gracieuse seulement. Et que jamais les citoyens ne furent assurés d'être désintéressés en cas d'expropriation de leurs immeubles, avant que cette expropriation fût prononcée. Leurs obligations et leurs droits pouvaient recevoir à chaque fois une réglementation distincte, selon le caractère des gouvernants et l'état des finances.

Notre solution admise, il n'est pas étonnant que nous voyions dans les textes que nous avons parcourus, le droit à l'indemnité quelquefois refusé, d'autres fois passé sous silence, et l'indemnité varier quant à son objet, quant à l'action qui y est attachée, et quant aux personnes mêmes qui y ont droit ou qui doivent en supporter la charge.

L'objet en est tantôt une somme d'argent égale à la valeur de la chose expropriée (1), déterminée d'avance par la

1. Digeste, livre 48, tit. 18. De quæstionibus, loi 13. Code Théodosien, livre 15 titre 1. De operibus publicis, loi 53.

loi (1), ou devant être fixée, soit par des juges experts (2), soit par des magistrats (3), quelquefois le double de cette valeur (4) ; tantôt une somme modique et arbitraire (5), tantôt l'exemption de certaines charges ou impôts (6), tantôt un droit de propriété (7) ou d'habitation (8) sur un nouvel immeuble.

L'action directe ou utile est l'*actio venditi* (9) ou l'*actio ex stipulatu* (10) ou bien encore la *condictio ex lege* (11).

Les ayants droit sont les propriétaires (12) et dans certains

1. Digeste, liv. 4, titre 4. De minoribus viginti quinque annis, loi 31. — Livre 5, titre 2. De inofficioso testamento, loi 9. — Code de Justinien, livre 7 titre 7. De communi servo manumisso, loi 1.

2. Digeste, livre 40, tit. 12. De liberali causà, loi 30. — Livre 48, titre 5, Ad legem Juliam de adulteriis, loi 27.

3. Code, livre 7, titre 7, loi 1.

4. Digeste, livre 3, titre 6. De calumniatoribus, loi 9. — Code, livre 9, titre 47, eodem titulo, loi 6.

5. Digeste, livre 6, titre 1. De rei vindicatione, loi 15.

6. Code Just. livre 11, titre 42. De aquæductu. — Livre 10, titre 27. Ut nemini liceat, loi 2.

7. Code Théod, livre 15, titre 1, loi 50. La loi Thoria, loi agraire de 643 de Rome fait figurer parmi les *agri privati*, les terres du domaine public données aux anciens propriétaires en échange de leurs propriétés qui ont été utilisées, par exemple, pour la fondation d'une colonie. « Ager pro agro privato in coloniam contributo, vel ex alia causa po- « puli romani facto redditus. » Mispoulet, *op. cit.*, II, page 219.

8. Code Théod., livre 15, titre 1, loi 51.

9. Digeste, liv. I, titre 6. De his qui sui vel alieni juris sunt, loi 2. Institutes, eodem titulo, livre 1, titre 8, § 2.

10. Digeste, livre 48, titre 18, loi 13.

11. Digeste, livre 48, titre 5, loi 28.

12. Code Théod. livre 15, titre 1, loi 51.

cas les simples possesseurs de bonne foi (1). Cette dernière condition n'est même pas toujours exigée ; en effet, ceux qui étaient obligés de démolir parce qu'ils avaient construit sur des terrains publics, étaient remboursés, sans distinction, du montant de leurs dépenses. (Denys d'Halicarnasse, livre 10, chapitre 7, § 5).

Enfin, l'indemnité doit être payée soit par un particulier (2), soit par le Trésor public (3), et elle est quelquefois préalable (4).

1. Digeste, livre 48, titre 5, loi 27.

2. Digeste, livre 3, titre 6, loi 9. — Code de Justinien, livre 9, titre 47, loi 6.

3. Digeste, livre 49, titre 15. De captivis, loi 6, loi 12. — Code, livre 7, titre 37. De quadrienni præscriptione, loi 2.

4. Digeste, livre 8, titre 4. Communia prædiorum, loi 13, § 1. — Code, livre 10, titre 27, loi 2.

## CHAPITRE VII

### FORMES ET PROCÉDURE

Par qui et comment l'expropriation était-elle prononcée? En ce qui concerne les meubles, la réponse est fournie par les textes que nous avons déjà vus. Le droit de faire des réquisitions de denrées, qui avait appartenu aux magistrats supérieurs des cités, leur fut retiré pour être réservé à l'empereur et à ses délégués (1).

Les expropriations d'esclaves résultaient de lois générales dont l'application était confiée aux magistrats ordinaires (2), préteurs ou présidents de provinces, qui ne faisaient en cela qu'exercer leur pouvoir de juridiction : gracieuse si aucun débat n'avait lieu sur le sort ou la valeur de ces esclaves ; contentieuse en cas contraire.

La question n'est pas aussi facile à trancher en ce qui concerne les immeubles. Des trois constitutions principales reproduites ci-dessus du code Théodosien (3), deux, les lois 50 et 53, sont adressées au préfet de la ville, et l'autre au

1. Digeste, livre 4, titre 1. Ad municipalem et de incolis, loi 26.
2. Digeste, livre 1, titre 6. De his qui sui vel alieni juris sunt, loi 2.
3. Lois 50, 51 et 53, livre 15, titre 1. De operibus publicis.

préfet du prétoire. Il est évident que ces fonctionnaires étaient chargés de veiller à leur exécution, comme à celle de toutes les volontés des empereurs ; mais les termes généraux dans lesquels ce mandat leur est donné ne permettent de conclure, ni à la nécessité de leur intervention directe, ni à l'existence d'agents inférieurs spéciaux simplement soumis à leur surveillance.

Quant aux expropriations qui avaient pour but la fondation de colonies de vétérans, bien qu'elles aient dû être assez fréquentes surtout à l'époque où l'empire se donnait à celui qui promettait le plus d'avantages aux soldats aux dépens des autres citoyens ; de pareilles distributions conservèrent par la force des choses un caractère de liberalité spéciale dérivant du bon plaisir du souverain (1), variable par conséquent dans ses effets et dans son mode d'exécution. Il y a lieu de supposer qu'à chaque fois l'empereur nommait des commissaires spéciaux civils ou militaires, munis de pouvoirs extraordinaires pour la fondation et la division intérieure des nouvelles colonies de vétérans, et dont les fonctions finissaient avec les causes qui leur avaient donné naissance. Ce mode de procéder avait été celui des lois agraires de la République (2). Et dans les deux cas il eût été difficile

1. Mispoulet, *op. cit.* livre II, page 39 : « Sous l'empire, c'est l'empe« reur qui fonde les colonies. C'est de lui que les vétérans tiennent « leurs terres et non de la loi. »

2. Plutarque : Vie de Tibérius Gracchus, 18, traduction Dacier : « La « loi du partage des terres fut donc confirmée et on nomma trois « commissaires pour en faire la recherche et la distribution : Tibérius

d'agir autrement. La mission de régler les droits de toute une nouvelle catégorie de possesseurs vis-à-vis des anciens, n'entrait guère dans le rôle des magistrats ordinaires, nommés avant l'apparition de pareilles mesures, et par conséquent dans un tout autre but, quelle que fût d'ailleurs l'étendue de leurs attributions.

C'était à eux, du reste, que revenait le soin de faire respecter ces droits, une fois qu'ils étaient définitivement acquis.

Ce que nous venons de dire ne peut s'appliquer d'une façon générale aux expropriations faites en vue de travaux publics.

Une branche aussi indispensable et aussi importante de l'administration d'un État que celle des travaux publics, qu'elle fût confiée à des fonctionnaires particuliers, ou comprise dans les attributions des fonctionnaires généraux, devait avoir son service assuré et prévu jusque dans ses détails, sinon par les lois, au moins par la coutume.

Voyons d'abord comment les travaux publics en général étaient décidés, entrepris et exécutés. Nous rechercherons ensuite si une modification était apportée à leur marche ordinaire quand ils devaient empiéter sur la propriété privée.

« lui-même, son beau père Claudius Appius et son frère Caïus.» Le traducteur met en note que ces commissaires furent appelés *triumviri dividendis agris*.

## SECTION I. — *Epoque de la République*

Pour les travaux exécutés ou dirigés par l'État aux frais du Trésor public, le point de départ était un acte de l'autorité supérieure reconnaissant qu'ils devaient être faits et consentant la dépense, comprenant dans une seule décision ce que nous appelons aujourd'hui la déclaration d'utilité publique et le vote des crédits. Cette décision devait émaner du Sénat.

Tel est du moins le système que nous admettons avec M. de Fresquet (1). Nous savons, il est vrai, qu'en ce qui concerne l'ouverture des routes notamment, on eut recours quelquefois à une loi où à un plébiscite. Et il suffirait de voir là l'application d'une règle générale pour en conclure qu'une loi était nécessaire au commencement des travaux, sauf au Sénat à en suivre les détails et à s'occuper de fournir les fonds. C'est le système qui montrerait le plus d'analogies entre le droit romain et le droit français. Mais si chez nous la déclaration d'utilité publique des travaux les plus importants ne peut résulter que d'une loi, on peut en donner deux raisons complètement étrangères aux principes de la constitution romaine. En effet, toute entreprise de grands travaux publics devant inévitablement entraîner des expro-

1. De Fresquet, loco citato, page 108.

priations en France ; la considération des intérêts des particuliers auxquels on va porter atteinte est tellement importante que la déclaration d'utilité publique est surtout dirigée contre la propriété privée, et que les formes dont on a cru devoir l'entourer sont des garanties accordées aux détenteurs de cette propriété. En outre le vote du budget appartenant au pouvoir législatif, demander à ce pouvoir une décision spéciale sur l'utilité d'un travail, c'est simplement le forcer à statuer directement sur une question qu'il aurait même sans cela la faculté de résoudre, en accordant ou en refusant des crédits.

Rien ne nous fait supposer qu'à Rome où la plupart des travaux publics pouvaient s'exécuter sans nuire à personne, il y eut une obligation légale, quand il s'agissait de les autoriser, de se préoccuper d'autre chose que de l'intérêt général proprement dit, et de la question financière. Or toute l'administration aussi bien intérieure qu'extérieure était l'affaire du Sénat, qui de plus était seul compétent pour tout ce qui concernait les finances de l'État (1). Nous ne voyons donc pas pourquoi, en cette matière, et en l'absence de textes suffisants, on limiterait les pouvoirs de ce grand corps politique, qui avait le droit de charger les consuls de veiller au salut de la République par tous les moyens (*caveant consules*) et de dispenser les citoyens de l'observation des lois

1. Mispoulet, op. cit. tome I, p. 177, et les textes cités par cet auteur. Laboulaye. Essai sur les lois criminelles des Romains, p. 45.

(*solvere legibus*) (1). Nous croyons donc qu'un sénatus-consulte était suffisant pour ordonner toutes sortes de travaux, qu'ils eussent ou non des expropriations pour conséquence.

La décision du Sénat une fois rendue, si elle ne contenait pas la création d'agents spéciaux, ou la désignation du fonctionnaire chargé de son exécution, c'étaient les magistrats en exercice qui avaient mission de faire faire le travail. S'il y avait des censeurs, ce soin leur incombait généralement.

Citons après M. de Fresquet,(2) les trois passages de Tite-Live qui confirment cette opinion :

Livre 44, chap. 16. Pendant la guerre de Macédoine : « Censores censum idibus decembribus severius quam ante habuerunt... Ad opera publica facienda, cum iis dimidium ex « vectigalibus ejus anni attributum *ex senatus consulto*, a « quæstoribus esset, Sempronius ex ea pecunia quæ ipsi attributa erat, ædes P. Africani pone veteres ad Vertumni signum, lanienasque et tabernas conjunctas in publicum emit, « basilicamque faciendam curavit quœ postea Sempronia « appellata est. »

Livre 39, chap. 44. Pendant la censure de Porcius Caton et de Lucius Valerius Flaccus : « Opera deinde facienda ex « decreta in eam rem pecunia lacus sternendos lapide detergendasque, qua opus esset cloacas, in Aventino et aliis « partibus qua nondum erant, faciendas, locaverunt. Et separatim Flaccus molem ad Neptunias aquas ut iter populo

1. Mispoulet, tome I, p. 172. Tite-Live, XXXI, 50.
2. De Fresquet, loco citato, p. 108.

« esset, et viam per Formianum montem ; Cato atria duo « Mænium et Titium in lautumiis et quatuor tabernas in « publicum emit, basilicamque ibi fecit, quæ Porcia appel- « lata est. »

Livre 24, chap. 18. Pendant le séjour des Carthaginois en Italie : « Censores vacui ab operum locandorum cura prop- « ter inopiam ærarii. »

On voit par ces textes que les travaux pouvaient être confiés à des entrepreneurs au moyen d'un contrat de louage d'ouvrage (*locatio operis*) passé avec eux au nom de l'Etat.

Les dépenses votées par le Sénat étaient payées par les questeurs (*quæstores ærarii*) chargés de la garde du Trésor et de la comptabilité, soit directement aux ayants-droit, soit par l'intermédiaire des magistrats qui dirigeaient les travaux ou sur leur ordre.

Si on n'employait que des terrains faisant déjà partie du domaine public ou cédés amiablement par des particuliers, il importait assez peu de savoir l'étendue respective des droits réservés au magistrat et de ceux transférés à l'entrepreneur ou *conductor operis ;* l'un et l'autre pouvaient se prévaloir des servitudes d'utilité publique, extraction de matériaux, dispense de donner la *cautio damni infecti*, etc., résultant de lois générales s'appliquant indistinctement à toutes personnes. En ce qui concerne les achats d'immeubles, tous les deux agissaient comme de simples particuliers et les vendeurs pouvaient se servir contre eux de l'action *venditi*. Mais quand les expropriations étaient nécessaires, les propriétaires menacés avaient grand intérêt à connaître l'autorité qui pouvait prononcer leur dépossession, et à empêcher que de délégation en délégation, une faculté si dangereuse pour eux ne vînt à tomber entre les mains de gens ne présentant pas de garanties, et uniquement guidés par des motifs d'intérêt pécuniaire.

Il semble hors de doute que le droit de désigner définitivement les terrains à exproprier et de les faire passer ainsi *proprio motu* dans le domaine de l'Etat, n'a jamais pu appartenir à l'entrepreneur. Ce personnage, en effet, n'intervient qu'en vertu d'un contrat de louage créant seulement des obligations réciproques entre lui et l'Etat représenté par un magistrat : obligation pour lui de faire le travail et d'avancer certains frais ; obligation pour l'Etat ou le magistrat de lui payer le prix convenu et de lui faire avoir la libre possession, pendant tout le temps nécessaire, du sol qu'il doit employer.

La nature de ce contrat ne suppose pas le dessaisissement en sa faveur, de la moindre partie de la puissance publique. Il suffit de se rappeler d'ailleurs combien la théorie de la représentation fut lente à se former et à se faire accepter en droit romain, et quelles difficultés elle trouvait dans son application, pour reconnaître qu'elle ne pouvait résulter d'un simple louage.

C'était donc le magistrat qui devait fournir les terrains à l'entrepreneur, et par conséquent agir contre les particuliers pour se les procurer.

Il pouvait trouver dans l'*imperium* le moyen de contraindre les propriétaires avec lesquels une entente était impossible. Nul ne pouvait refuser de lui obéir, et, au besoin, il aurait employé la force publique qu'il avait à sa disposition. Mais cette contraite, avait-il le droit de l'exercer ainsi de son propre chef dans l'intérêt des travaux dont il était chargé? Nous admettons l'affirmative, (1) en supposant, bien entendu, qu'aucune disposition de loi ou de senatus-consulte n'eût déterminé les parcelles à exproprier, auquel cas le magistrat n'aurait eu qu'à en faire l'application.

Remarquons que lui accorder ce pouvoir, aussi considérable qu'il paraisse, ce n'est pas mettre les citoyens à sa merci. En effet, le senatus-consulte dont il poursuit l'exécution contiendra presque toujours une indication assez précise de l'emplacement des travaux pour ne pas laisser grande place à son arbitraire ; d'un autre côté, à sa sortie de charge, (2) il pourra toujours être accusé et mis en demeure de justifier qu'il n'a agi que dans l'intérêt de la république.

Cependant, d'après quelques auteurs, une garantie plus forte devait être accordée aux propriétaires. Leur avis est que le magistrat n'avait en cette matière aucun pouvoir de décision propre, et que son rôle se bornait à provoquer un ou plusieurs senatus-consultes supplémentaires decrétant les expropriations, quand celui qui avait autorisé les travaux n'é-

1. C'est l'opinion de M. de Fresquet, loco citato, pages 110 et 112.
2. Laboulaye. Essai sur les lois criminelles des Romains concernant la responsabilité des magistrats, Mispoulet, op. cit. tome I, page 63.

tait pas suffisamment explicite. Il serait certainement difficile de prouver que des senatus-consultes de ce genre n'aient jamais été demandés. On comprend combien il était commode pour un consul ou un censeur, aussi bien que pour un général d'armée, de faire couvrir sa responsabilité par un vote du Sénat toutes les fois qu'il s'agissait de prendre des mesures très graves ou impopulaires. Mais de là à décider qu'ils ne pouvaient faire autrement, il y a loin. Cette conclusion, pas plus que celle que nous défendons, ne s'appuie sur aucun texte. Nous croyons devoir nous conformer à ce grand principe du droit public romain développé notamment par MM. Serrigny, Laboulaye et Mispoulet, d'après lequel la puissance et les attributions de chaque magistrat supérieur sont illimitées, l'*imperium* n'étant autre chose qu'une véritable souveraineté.

L'exercice de cette souveraineté pouvait être arrêté pour tout ce qui concernait la police ou l'administration générale, par l'opposition d'un magistrat d'un rang égal ou supérieur: mais il n'est pas prouvé qu'une pareille intervention fût admise contre un ordre particulier d'expropriation en vue d'un travail déterminé. On peut considérer en effet le senatus-consulte déclaratif d'utilité publique, contre l'ensemble duquel les tribuns n'auraient pas usé de leur droit de *veto*, comme obligatoire pour tout le monde ; et, par conséquent, toute entrave apportée à son exécution, à quelque moment que ce fût, comme impossible.

L'argument à en tirer contre notre système serait celui-ci:

que la garantie la plus forte accordée d'ordinaire aux droits des citoyens leur serait enlevée justement dans l'un des cas où ils en auraient eu le plus besoin, sans être remplacée par aucune autre. Mais ne vaut-il pas mieux, si on reconnnaît cet inconvénient, supposer une négligence du législateur, que suppléer à son silence, surtout sur un point de droit comme l'expropriation, dont la gravité au point de vue du droit public, a été assez récemment mise en lumière ?

Nous ne croyons donc pas que le magistrat eût besoin de recourir à l'autorité du Sénat pour prendre possession des terrains qui lui étaient nécessaires. Mais à quel moment la propriété en était elle déférée à l'Etat d'une façon définitive? Il n'est pas probable que le sénatus-consulte dans le cas où il indiquait l'emplacement des travaux, ni même le premier acte du magistrat mettant le sol à la disposition de l'entrepreneur, fussent assez explicites et continssent une désignation suffisante des parcelles pour produire immédiatement cet effet. Il faudrait admettre pour celà qu'ils eussent été précédés d'une enquête et de travaux préparatoires compliqués comprenant la confection d'un plan auquel il aurait été difficile de faire des modifications dans la suite.

Une enquête pouvait certainement avoir lieu comme avant toute autre mesure administrative, et avoir une influence sur la décision à intervenir. C'est ainsi que le Sénat écouta les observations des intéressés quand il fut question de détourner les eaux des affluents du Tibre, et refusa ensuite d'autoriser l'exécution de ce projet. Mais il ne semble pas que l'enquête ait jamais été une forme obligatoire réglée dans ses détails et enfermée dans une période de temps déterminée. Il y a plutôt lieu de croire qu'elle se poursuivait tantôt d'une façon tantôt d'une autre devant les diverses autorités qui avaient des décisions à prendre et jusqu'au dernier moment.

Si on adopte cette idée, ni la prise de possession des terrains, ni même l'exécution plus ou moins avancée des travaux, ne devaient avoir un caractère définitif vis-à-vis du propriétaire qui avait refusé de céder ses droits. Ce dernier conservait l'espérance de bénéficier d'un contre-ordre (changement de direction des travaux),ou d'un contre-temps (impossibilité matérielle de les continuer). Il avait obéi à une force supérieure en se retirant devant les agents de l'administration pour leur laisser le champ libre. Son droit de propriété, menacé de destruction, n'était pas encore éteint. Cet effet se produisait, selon nous, au moment de la réception des travaux précédée ou accompagnée de la délimitation exacte du sol affecté à l'usage public. Tout ce qui était compris dans les limites était à partir de ce moment au moins à n'en pas douter, *publicatus*. Les parcelles qui faisaient partie auparavant du domaine public par suite d'achats contractés amiablement ou pour d'autres causes, ne changeaient pas de nature. Il y avait lieu seulement de revendre le surplus qui avait été acheté en trop, de façon à avoir des limites régulières. Mais il ne pouvait plus être question de propriété d'un particulier sur une parcelle de terre incorporée à un travail reçu par la République et cela qu'il eût ou qu'il n'eût pas droit à une indemnité.

Dans le cas où une indemnité était due, il est probable que le propriétaire n'était pas obligé d'attendre pour la réclamer, que les dernières formalités fussent remplies. Mais sa réclamation avant cette époque aurait pu être regardée comme un acquiescement à une offre de l'administration, suffisant pour emporter renonciation à ses droits sur le sol, en échange de l'indemnité à recevoir.

## Section II. — *Epoque de l'empire.*

Sous les premiers empereurs, le Sénat était assez souvent consulté et les magistratures de la république assez respectées en apparence pour laisser croire que les anciennes institutions continuaient de fonctionner. On voit encore le Sénat s'occuper de travaux publics et de finances, et par suite de la disparition de toute autre assemblée législative, donner sa sanction à un grand nombre d'actes d'autorité publique, qui auparavant ne lui étaient pas réservés. Cependant dès que le pouvoir d'un seul homme s'éleva au-dessus de celui des consuls, des censeurs et des tribuns, il n'y eut plus aucune garantie juridique pour la liberté des citoyens. Que la puissance impériale ne fût que le développement de l'*imperium* déjà si dangereux des élus du peuple, débarrassé de toutes les entraves qu'avaient pu y apporter le principe de l'*intercessio* et la théorie de la *par majorve potestas* ; ou bien que cette puissance fut créée de toutes pièces par la loi *regia* qui consacrait l'avénement de chaque nouvel empereur, il n'en est pas moins vrai que l'on se trouve en présence d'un despotisme absolu et sans contre-poids (1).

Si l'empereur voulait bien garder quelques ménagements avec les particuliers, s'il faisait approuver ses volontés par un corps politique qui aurait dû représenter la volonté du peuple, on devait lui savoir gré d'une pareille modération. Mais les désirs du prince étaient des lois(2), le fait du prince équivalait à un cas de force majeure et cela sans aucune restriction. Où trouver en effet un moyen de défense pour ceux qui avaient à en souffrir? Il n'aurait servi à rien de prétendre que l'empereur avait violé le droit, car il était dispensé de l'observation des lois (3).

On ne pouvait évidemment avoir recours à une intervention des magistrats qui étaient tous ses inférieurs. Le Sénat lui-même, en supposant qu'il ne fût pas composé de créatures de l'empereur et qu'on y eut conservé au moins la liberté d'exprimer ses opinions, n'eût été d'aucun secours. Il ne

1. Mispoulet, op. cit. tome I, p. 247 : « En résumé le pouvoir impérial n'a aucune limite légale et n'est soumis à aucune responsabilité efficace. C'est donc avec raison que l'on peut qualifier ce régime de monarchie et même de monarchie absolue. »

2. Digeste, livre 1, titre 4. De constitutionibus principum, loi 1 : « Quod principi placuit legis habet vigorem, ut pote cum lege regia quæ de imperio ejus lata est, populus ei et in eum omne suum imperium et potestatem conferat. »

3. Digeste, livre 1, titre 3. De legibus loi 31. « Princeps legibus solutus est. »

pouvait en effet être convoqué et délibérer valablement sur un sujet quelconque qu'avec l'assentiment du chef de l'État (1). Du reste la loi *regia* donnait explicitement à l'empereur le droit de disposer à son gré des choses publiques et privées (2).

Il n'est donc pas douteux que le pouvoir d'exproprier ait appartenu aux empereurs dans toute sa plénitude. Ce point est admis même par les auteurs qui pensent que sous la république il fallait une loi, car le peuple romain était censé remettre à chaque événement tous ses pouvoirs entre les mains du maître qu'il se donnait ou qui lui était imposé.

Mais il fallut du temps avant que l'administration impériale proprement dite pût s'acquitter du soin de tous les services publics. Elle laissa vivre celle qui l'avait précédée, jusqu'à ce qu'elle l'eût absorbée en lui enlevant peu à peu toutes ses attributions. Celle-ci continuait d'agir selon les anciens errements, sur toutes les matières que les représentants du nouveau régime n'avaient pas encore prises en main ou réglementées d'une façon différente.

Cependant les travaux publics, ayant le double avantage de pouvoir servir à satisfaire leur besoin de popularité, et de permettre de puiser dans les caisses de l'État sans montrer trop de despotisme, durent attirer de bonne heure l'attention des empereurs. Nous savons qu'Auguste créa différents fonctionnaires pour l'exécution et l'entretien des aqueducs

1. Mispoulet, op. cit, tome I, pages 167 et 276.
2. Serrigny, Droit administratif romain, tome I, page 32.

et des routes (*curatores aquarum, viarum*). Nous avons vu Tibère intervenir dans le Sénat pour faire accorder une indemnité à un propriétaire dont la maison avait été endommagée par les travaux d'une route et d'un aqueduc (1).

Que l'acte d'autorité ordonnant de nouveaux travaux publics émane directement de l'empereur ou prenne la forme d'un sénatus-consulte imposé par lui, chaque particulier à exproprier reste toujours avoir affaire uniquement au magistrat chargé de l'exécution, et à ce point de vue sa situation reste à peu près ce qu'elle était sous la république. Mais comme des travaux une fois autorisés et commencés, pouvaient être repris et continués au bout d'un long espace de temps sans qu'il parût nécessaire de recourir à nouveau à l'empereur, des abus intervinrent auxquels diverses constitutions durent porter remède, soit dans l'intérêt des particuliers, soit plutôt dans l'intérêt du Tresor, en déterminant les cas où les fonctionnaires de l'administration ne pourraient agir sans un ordre du prince. La constitution 5, au code de Justinien, livre 8, titre 12, *De operibus publicis*, réserve à l'empereur le droit d'autoriser toutes les entreprises nouvelles. « Intra urbem Romam æternam nullus judicum no- « vum opus informet, quotiens serenitatis nostræ arbitria « cessabunt. »

La loi 19 au Code Théodosien, même titre *De operibus publicis* (livre 15, titre 1) rappelle les magistrats à l'observa-

1. Tacite, Annales, I, 75.

tion de ce principe : « Nemo præfectorum urbis aliorumve « judicum, quos potestas in excelso locat, opus aliquod no- « vum in urbe Roma inclyta moliatur, sed excolendis veteri- « bus intendat animum. »

Il y avait exception cependant pour les travaux urgents ou d'une nécessité indiscutable, tels que les constructions d'écuries destinées aux chevaux de poste (1), de greniers publics (2), ou de temples (3).

Les textes que nous venons de citer ne visent pas spécialement l'expropriation, et devaient s'appliquer à tous les travaux à entreprendre aussi bien sur des terrains appartenant déjà à l'État que sur ceux des particuliers.

La loi 9 au code de Justinien, livre 8, titre 12, *De operibus publicis*, (reproduite du code Théodosien où elle est la trentième au même titre) édictée en 393 par Théodose, Arcadius et Honorius, est la seule règle générale que nous ayons trouvée ayant directement trait au sujet qui nous occupe. Elle défend d'ordonner la démolition pour cause de nouveaux travaux publics, de toute maison d'une valeur supérieure à cinquante livres d'argent, sans en avoir référé aux empereurs : « Si quando concessa a nobis licentia fuerit exs- « truendi ; id sublimis magnificentia tua sciat esse servandum, « ut nulla domus inchoandæ publicæ fabricæ gratia dirua- « tur, nisi usque ad quinquaginta libras argenti pretii æsti-

1. Code Theodosien, livre 15, titre 1, De operibus publicis, loi 16.
2. Ibidem, lois 17 et 37.
3. Ibidem, loi 3.

« matione taxabitur. De ædificiis vero majoris pretii ad nos-
« tram scientiam referatur, ut ubi amplior poscitur quanti-
« tas, imperialis exstat auctoritas. »

Cette constitution, adressée au préfet de la ville, n'est pas étrangère à la nécessité de mettre un frein aux dépenses exagérées que certains magistrats faisaient supporter au Trésor public dans l'intérêt de leur propre gloire. Elle ne distingue pas entre le cas où les particuliers consentent et celui où ils refusent de céder amiablement leurs propriétés. Si les intéressés veulent bien procéder de concert avec l'administration à l'estimation de leurs immeubles, ou s'ils se bornent à réclamer une somme supérieure à celle offerte par l'administration, le décret nécessaire de l'empereur autorisant un fonctionnaire à verser à chacun d'eux plus de cinquante livres d'argent, ne sera à leur égard qu'une formalité, l'homologation d'une convention déjà formée, accompagnée au besoin d'un arbitrage accepté d'avance, portant sur le *quantum* du prix.

Que si au contraire un citoyen dénie au directeur des travaux le droit de prendre sa propriété, la décision de l'empereur, tout en conservant son caractère de formalité obligatoire pour l'administration, sera en outre l'acte d'autorité indispensable pour briser la résistance du particulier.

Nous voyons là un des cas où la hiérarchie et la subordination des fonctionnaires impériaux à un maître unique put être plus utile pour la protection des intérêts privés contre les entreprises des agents de l'autorité, que les garanties qu'il fallait puiser dans les principes généraux du droit, sous l'administration de la République.

Le décret de l'empereur ordonnant la dépossession émanait de la même autorité qui avait décidé les travaux, et statuait en même temps sur l'indemnité. Faut-il aller plus loin et supposer que la délimitation de la portion d'immeuble à exproprier, était aussi réservée au prince? Nous ne le croyons pas, pour deux raisons.

C'est d'abord que la constitution que nous cherchons à expliquer ne parle que de propriétés bâties, de constructions qu'il s'agit de démolir. Le sol sur lequel elles reposent n'est donc pas considéré comme l'objet important, et par suite sa délimitation aussi bien que celle des terrains nus n'est que secondaire aux yeux de la loi, et doit être laissée aux agents inférieurs.

En outre, rien ne prouve que sous les empereurs il dût y avoir un plan définitif avant l'exécution complète et la réception des travaux. Or à ce dernier moment, les intérêts qui peuvent être encore à ménager ne sont plus assez considérables pour qu'on croie nécessaire, en l'absence de textes, l'intervention directe du chef de l'État.

Le décret impérial ordonnant la démolition d'une maison n'avait pas pour effet d'opérer de suite le transfert de la propriété au profit de l'État, car l'obligation pour le propriétaire de laisser détruire ses constructions n'emportait pas celle d'abandonner la portion du sol non comprise dans le périmètre des travaux, tel qu'il devait être déterminé après leur achèvement.

## CHAPITRE VIII

### DE L'EXPROPRIATION DANS LES PROVINCES.

Le sol provincial n'étant pas susceptible d'une véritable propriété, sauf pour les colonies et les municipes auxquels le *jus Latii* avait été accordé, il y aurait lieu de rechercher, si on était en présence de textes formels sur l'expropriation des fonds italiques, dans quelle mesure on pourrait étendre leur application aux fonds provinciaux.

Une telle question ne saurait être résolue que par l'étude approfondie de la nature des droits reconnus aux particuliers dans chaque province.

Le système pratiqué par les Romains en matière d'expropriation rend notre tâche plus facile. Nous avons vu que le *dominium ex jure Quiritium* lui-même, jusqu'à la constitution de Théodose, Arcadius et Honorius, n'était garanti que très indirectement par la nécessité d'une loi, d'un sénatus-consulte ou d'un décret de l'empereur, par l'*intercessio* et par le principe de la responsabilité des magistrats à leur sortie de charge.

Tout ce qui était permis contre les propriétaires des

fonds italiques était à plus forte raison permis contre les possesseurs de fonds provinciaux. Mais ces derniers avaient-ils quelque garantie contre les entreprises de l'Etat? La négative semble évidente pour le temps de la République Le pouvoir des présidents de province à cette époque était absolu, dans l'étendue de leur gouvernement, sur les personnes et sur les choses auxquelles la loi civile romaine ne s'appliquait pas (1). Le gouverneur n'avait aucun collègue qui pût s'opposer à l'exécution de ses ordres. Enfin s'il devait rendre compte au Sénat de l'exercice de sa charge après son expiration, et si le Sénat pouvait le citer devant lui au cours de ses fonctions ; si même d'après la loi Calpurnia (an 504 de Rome) et ensuite d'après la loi Julia *de repetundis*, le préteur pouvait être poursuivi pour concussion; il n'était jugé que d'après l'ensemble de son administration et bien plus dans l'intérêt de Rome que dans celui de ses sujets. Nous ne voyons donc aucune limite à son droit d'expropriation, pourvu qu'il n'en fît pas un moyen de s'enrichir aux dépens de la République.

Sous l'empire au contraire, le droit des provinces tendit à s'unifier avec celui de l'Italie, et la distinction entre le domaine quiritaire et la possession du sol provincial disparut peu à peu dans la pratique, avant d'être abolie par la législation. Dans les provinces de l'empereur, dès le commence-

1. Sigonius, De antiquo jure provinciarum, livre 3, chapitre 7 : « Post sortitionem provinciæ sequebatur latio legis curiatæ de imperio. »
Laboulaye, Essai sur les lois criminelles des Romains, page 173.

ment,et ensuite aussi dans les provinces du Sénat, l'autorité du gouverneur perd de sa force en changeant de nature. Au lieu d'un *imperator* exerçant par délégation la toute-puissance romaine, ce n'est plus qu'un fonctionnaire envoyé par le prince pour exécuter ses volontés. En outre, si les anciennes lois ne s'appliquaient qu'aux citoyens romains, les constitutions des empereurs régissent tout le territoire soumis à leur domination. Nous croyons donc qu'on en était déjà arrivé avant Théodose, Arcadius et Honorius, à ne faire aucune différence au point de vue de l'expropriation, entre le sol de l'Italie et celui des provinces, et qu'eux mêmes statuèrent d'une façon générale pour tout l'empire,en se réservant d'ordonner la démolition des maisons estimées plus de cinquante livres d'argent.

Quant aux détails d'exécution, ils restèrent dans le domaine des présidents de province. C'est ce que nous dit Ulpien, dans la loi 7 au Digeste, livre 1, titre 16, *De officio proconsulis et legati* : « Ædes sacras et opera publica cir-
« cumire inspiciendi gratia an sarta tectaque sint, vel in ali-
« qua refectione indigeant, et si qua cœpta sunt, ut consum-
« mentur, prout vires ejus reipublicæ permittunt curare
« debet, curatoresque operum diligentes solemniter præ-
« ponere. »

## CHAPITRE IX.

### EXPROPRIATIONS POUR LES TRAVAUX DES CITÉS.

L'Etat n'avait pas la charge de tous les travaux publics. Les cités,qui possédaient une capacité légale assez complète (1), avaient aussi les leurs. Les théâtres, notamment,restaient la propriété des villes qui les avaient fait construire : « Universitatis sunt, non singulorum, veluti quæ in civitatibus « sunt theatra et stadia et similia, et si qua alia sunt commu-« nia civitatum (2). » Nous ne doutons pas que les travaux de ce genre aient pu donner lieu à des expropriations.

Quelle était sur ce point l'étendue du pouvoir des magistrats municipaux ? Il est probable que, à chaque fois que de nouveaux alliés ou de nouveaux sujets entraient dans l'empire romain, ou qu'une colonie était fondée, la loi spéciale qu'on leur donnait tranchait au moins implicitement cette question (3).

1. Digeste, livre 10, titre 4,Ad exhibendum.Loi 7,§ 3 : « Municipes ad exhibendum conveniri possunt quia facultas est restituendi : nam et possidere et usucapere eos posse constat. »

2. Digeste, livre 1, titre 8. De divisione rerum et qualitate, loi 6.

3. La loi de la colonie Julia Genetiva (an 710 de Rome), dans ses

Rechercher quelles étaient les règles contenues dans ces anciennes lois serait une tâche fort difficile et en tous cas au-dessus de nos forces ; mais deux faits nouveaux durent rendre cette recherche inutile même aux jurisconsultes romains : Pour l'Italie, l'extension du droit de cité à ses habitants ; et pour les provinces l'unification du droit résultant des constitutions impériales. Les magistrats municipaux des villes de l'Italie, qui n'avaient pas l'*imperium* (1) durent être en général obligés de recourir à l'autorité du Sénat ou de l'empereur, dès qu'ils eurent besoin de prendre à un citoyen romain, une propriété quiritaire.

Quant aux provinces, les empereurs étaient trop intéressés à la prospérité de leurs cités pour leur permettre d'entreprendre sans autorisation spéciale, des travaux qui pouvaient entraîner des dépenses excessives. Le droit d'expropriation fut donc refusé à leurs magistrats particuliers.

L'autorité des décurions était très limitée comme on le voit par le passage suivant d'Ulpien : loi 4, au Digeste, livre 50, titre 9. *De decretis ab ordine faciendis* « : Ambitiosa de« creta decurionum rescindi debent, sive aliquem debitorem

chapitres 98 et 99, donne à la curie le pouvoir d'ordonner tous travaux publics, et de faire passer des aqueducs sur les propriétés des colons, à la condition toutefois de respecter les constructions non destinées à la conduite des eaux.

Ephemeris epigraphica, tome II, 2e fascicule.

Giraud. Les bronzes d'Osuna, pages 21 et suiv.

1. Digeste, livre 50, titre 1. Ad municipalem et de incolis, loi 26 : « Ea quæ magis imperii sunt quam jurisdictionis, magistratus municipalis facere non potest. »

« demiserunt, sive largiti sunt. Proinde sive decreverint de « publico alicujus vel prædia vel ædes vel certam quantita- « tem præstari, nihil valebit hujus modi decretum. » Nous pensons que les nouveaux travaux publics des cités, comme ceux de l'Etat, ne pouvaient être exécutés que sur l'ordre du président de la province ou de l'empereur (1).

1. Digeste, livre 50, titre 10. De operibus publicis, loi 3, § 1 : « Publico « sumptu opus novum sine principis auctoritate fieri non licere, cons- « titutionibus declaratur. »

Giraud, Novum Enchiridion, page 643. Edictum Augusti de aquæductu Venafrano.

Loi 2, au Digeste, livre 50, titre 10.

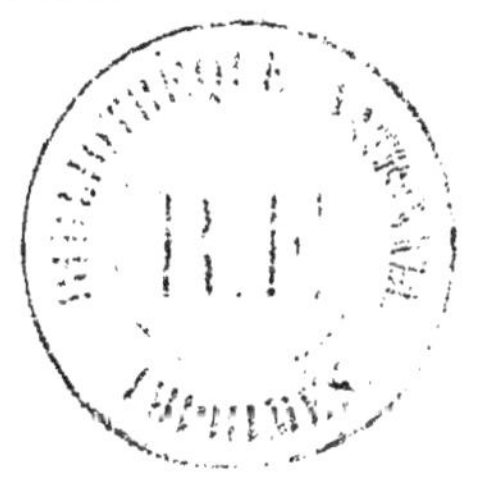

# CHAPITRE X

## APPENDICE

### DES CENSITORES

Nous terminerons notre étude sur l'expropriation en droit romain, en indiquant de quelle façon nous pensons concilier avec le système que nous avons admis, un texte sur lequel s'appuie une théorie différente. Il s'agit d'un passage de Pomponius au Digeste, livre 41, titre 1, *De acquirendo rerum dominio*, loi 30, § 3, ainsi conçu : « Flumina enim cen- « sitorum vice funguntur ut ex privato in publicum addicant, « et ex publico in privatum. Itaque, sicuti hic fundus, cum « alveus fluminis factus esset, fuisset publicus, ita nunc « privatus ejus esse debet cujus antea fuit. »

M. Garbouleau (1) suppose que les *censitores* étaient des magistrats spécialement chargés de prononcer les expropriations, à titre de formalité indispensable, comme nos tribunaux. On a combattu cette opinion en disant que les *censitores* pouvaient être chargés de vendre les immeubles hypothéqués aux créances du Trésor, et qu'ainsi par leur mi-

1. Opere citato, page 144.

nistère ces immeubles passaient dans le domaine public avant d'être vendus, et ensuite après la vente, dans celui de l'acquéreur. Mais il n'est pas nécessaire de supposer que le texte s'applique à une pareille hypothèse.

Pomponius nous parle des *censitores* à propos d'un fleuve qui se retire d'un de ses bords et pour nous expliquer comment le sol ainsi laissé à decouvert devient ou redevient la propriété des riverains. Il s'agit là de ce qu'on a appelé le droit d'accroissement. La rive du fleuve est considérée comme une limite naturelle puisque le droit d'accroissement ne s'appliquerait pas à un *ager limitatus*. C'est donc simplement un déplacement de limite qui fait comprendre une partie du domaine public dans le champ du riverain ou réciproquement. Ceci posé, il suffit que les *censitores* aient dans leurs attributions l'établissement ou le changement des limites entre les terres des particuliers et le sol public appartenant à l'État, pour que la comparaison soit à la fois très claire et très juste.

Si on ajoute que ces magistrats, chargés des fonctions de censeurs dans les provinces, avaient besoin pour répartir l'impôt de distinguer les fonds possédés par l'État de ceux des particuliers et de connaître l'étendue de ces derniers, on ne s'étonnera pas qu'ils dussent en faire la délimitation.

Nous rappelons qu'en droit romain, quand un magistrat était chargé de constater une limite, il avait le pouvoir de la modifier, et nous formulons ainsi notre conclusion : les *censitores* pouvaient transférer à l'Etat la propriété d'une parcelle de terrain appartenant à un particulier, en dehors de tous les cas d'expropriation ordinaire, à la suite d'une simple opération d'arpentage. Le même effet se produisait quand eux-mêmes ou d'autres fonctionnaires étaient chargés de déterminer définitivement le périmètre de travaux publics terminés et reçus ; mais dans ce second cas, c'était le dernier acte d'exécution d'un contrat préexistant ou d'une expropriation antérieurement ordonnée.

# DEUXIÈME PARTIE

## CONFISCATION

---

## CHAPITRE I

### DE LA CONFISCATION SOUS LA RÉPUBLIQUE

La confiscation générale des biens d'un individu nous apparaît, dans le droit criminel romain, tantôt comme une peine principale encourue seule à la suite de certains crimes, tantôt comme une peine accessoire résultant implicitement d'une condamnation capitale. Avant d'arriver à l'étude des textes du Digeste et du Code sur cette matière, nous dirons quelques mots du droit antérieur, sans remonter jusqu'à l'époque des rois pour laquelle nous no pourrions guère trouver de renseignements assez précis.

### SECTION I. — *La confiscation peine accessoire.*

Les auteurs ne sont pas d'accord sur l'existence de la confiscation au temps de la République (1).

1. D'après M. Ferréol Rivière. Esquisse historique de la législation criminelle des Romains : la confiscation aurait été inconnue à Rome dans les beaux temps de la République (page 81).

Il semble bien que la condamnation à mort n'entraînait pas toujours la perte du patrimoine comme cela eut lieu plus tard. Il résulte d'un passage de Cicéron que la question de savoir si un condamné à mort avait le droit de faire un testament valable après la sentence, pouvait être discutée (1). La confiscation n'était pas non plus attachée à une simple sentence d'exil avant César d'après le témoignage de Suétone : « Pœnas facinorum, auxit et quum locupletes eo « facilius se obligarent, quod integris patrimoniis exsula-« bant, parricidas, ut Cicero scribit, bonis omnibus, reliquos « dimidia parte mulctavit (2).

Toutefois César ne fit que rendre générale et obligatoire pour les juges une mesure qui avait déjà été prise auparaavant dans beaucoup de cas particuliers, lorsqu'un accusé s'était volontairement exilé(3), à moins que, suivant l'opinion de M. Laboulaye (4) cet exil volontaire fût régulièrement transformé en interdiction de l'eau et du feu. D'après cet auteur ce serait cette dernière peine qui aurait eu pour conséquence la confiscation des biens (5).

Nous essaierons de montrer tout à l'heure que la confiscation pouvait être prononcée comme peine principale sous la république. Mais il faut se défendre de l'apparente con-

1. Cicéron. De invent. orat. II, 50.
2. Suétone, Vie de César, 42.
3. Tite-Live XXXIV, 3. XXXV, 4.
4. Laboulaye. Essai sur les lois criminelles des Romains, page 353.
5. Ibidem, page 148.

tradiction qu'il y a à supposer que l'interdiction de l'eau et du feu, si souvent assimilée dans la compilation de Justinien à la simple déportation, produisait un effet plus grave contre la famille du condamné, en entraînant la perte du patrimoine, que la condamnation à mort elle-même.

Si, quand un homme doit mourir, et que par suite les peines pécuniaires prononcées contre lui atteignent immédiatement ses héritiers, on peut leur reprocher de ne frapper que des innocents, il n'en est pas de même quand la vie est laissée au coupable. On comprendrait donc un système de législation pénale ne respectant les droits de la famille du condamné que lorsqu'elle est le plus sévère à l'égard de ce dernier, et qu'il y a certitude qu'il ne pourra pas profiter lui-même de cette bienveillance. Point n'est besoin toutefois de s'appuyer beaucoup sur cet argument en ce qui concerne la loi romaine. Dans son esprit, en effet, l'*aquæ et ignis interdictio*, dérivant de l'ancienne et terrible *sacratio capitis* prononcée pour crime de sacrilège et de haute trahison, ou contre celui qui essayait de se soustraire par la fuite à la juste vengeance de ses concitoyens, était une sorte d'excommunication plus redoutée que la mort même ; une punition venant de la colère des dieux autant que de la volonté des hommes et frappant à juste titre le criminel jusque dans ses descendants. Il était donc naturel qu'elle entraînât des conséquences plus graves que la condamnation à mort souvent prononcée pour de moins grands crimes.

En second lieu quand l'*aquæ et ignis interdictio* fut réduite par l'adoucissement des mœurs à n'être plus qu'un bannissement perpétuel, et quand la perte du droit de cité, qui en était un des principaux effets, perdit de son importance au point de vue pénal à mesure que les relations avec les pérégrins s'étendirent ; il suffit d'appliquer rigoureusement les lois civiles pour attribuer à l'Etat la fortune du condamné, au moins au jour de son décès. Quant à ses proches ou à ceux qui seraient ses héritiers s'il était décédé *integri status*, ils n'ont aucun moyen juridique de lui succéder : ni ceux qui viendraient en vertu d'un testament, car la *factio testamenti* n'existe plus par suite de la *capitis minutio* ; ni ceux qui auraient été appelés *ab intestat*, car les lois successorales de Rome ne s'appliquent qu'au patrimoine de celui qui est mort citoyen romain, ou dont une fiction légale permet de faire remonter le décès au jour où il a perdu cette qualité.

Il est à remarquer que ceux qui avaient subi une pareille condamnation, comme plus tard les déportés, se trouvaient au point de vue du droit privé dans une situation inférieure à celle des pérégrins ordinaires.

Ils ne faisaient partie en effet d'aucun peuple allié ou simplement ami que Rome fut obligée de ménager. Ulpien nous dit qu'ils étaient απολίδες *id est extorres*, (Loi 1 au Digeste, livre 32, *De legatis*). Marcien se sert du même terme : απολιδες *sunt*, *hoc est sine civitate* (Loi 17 § 1, livre 48, titre 19 *De pœnis.)*

Ils durent donc être traités comme des *hostes* et non

comme des pérégrins aussi longtemps qu'il y eut une distinction pendant la paix entre ces deux conditions.

Le raisonnement ci-dessus serait applicable aux peines entraînant privation de la liberté, si toutefois elles pouvaient être appliquées sous la République, comme elles le furent sous l'empire aux citoyens romains de basse condition.

On objectera peut-être que si tel était l'effet de « l'*aquæ et ignis interdictio* » qui était l'exclusion de la cité, il devait à plus forte raison en être de même de la condamnation à mort, qui nous est présentée par les textes comme imposant la servitude et rendant le coupable « *servus pœnæ.* »

Il est vrai qu'un passage d'Ulpien (au Digeste, livre 28, titre 3 « *De injusto, rupto, irrito facto testamento* », loi 6, § 6), explique ainsi l'effet produit par la sentence de mort de rendre inutile le testament fait à une époque antérieure ; mais il s'agit alors du droit impérial dans lequel la solution ne fait pas de doute, et si un jurisconsulte de cette époque interprète de cette façon l'innovation des empereurs, ou même rapporte une raison juridique donnée ou créée par ces derniers pour justifier la confiscation, cela n'infirme pas le témoignage de Cicéron cité plus haut sur ce qui se passait à l'époque de la République.

M. Accarias enseigne que les condamnés à l'interdiction de l'eau et du feu devenaient « *peregrini sine certa civitate* » et se trouvaient dans une condition moins avantageuse que celle des pérégrins ordinaires (*opere citato, nos 48 et* 49). D'après lui, sous la République il n'y avait pas de condamnations emportant esclavage « car, dit-il, il est plus que pro« bable que les condamnatiens « *ad bestias et ad metallum* » « n'étaient prononcées que contre des esclaves, et quant « aux condamnations à mort il est certain que le condamné « pouvait s'y soustraire par l'exil, et que s'il ne s'exilait « pas, il restait libre et citoyen jusqu'à sa mort. » (Tome I, page 90, note 3).

### SECTION II. — *Confiscation peine principale.*

La confiscation pouvait être prononcée sous la République comme peine principale, mais de même que la mort et les autres peines capitales, elle ne pouvait être infligée en dernier ressort à un citoyen que par l'assemblée du peuple statuant directement (1). Le droit de « *provocatio ad populum* » pouvait même être exercé contre la sentence de tout magistrat emportant une amende supérieure au taux de la loi Aternia, c'est-à-dire assimilée à la confiscation (2). Ce taux était fixe, mais l'amende même inférieure rentrait dans la règle, si elle dépassait la moitié du patrimoine du condamné (3). La loi des Douze-Tables défendait de présenter des lois de proscription individuelles (4). Sylla, en violant ouvertement cette disposition, souleva une réprobation gé-

1. La loi Valeria en 245 établit le droit de *provocatio* pour toutes les peines capitales.
2. Mispoulet, opere citato, tome I, p. 62, Tite-Live XXVIII, 60,
3. Festus, V° Publica pondera.
4. Laboulaye, Législation criminelle, p. 183.

nérale qu'il n'est pas besoin d'expliquer par l'hypothèse qu'il donna le premier l'exemple de la confiscation elle-même.

Lors de la découverte de la conjuration de Catilina, César fut d'avis qu'on devait simplement confisquer ses biens et ceux de ses complices (1). Si cette opinion fut combattue, les historiens qui rapportent le fait ne disent pas qu'elle fût considérée comme illégale.

Enfin, dans les premiers temps de l'Empire, le Sénat prononça souvent des confiscations même après des sentences de mort (2). Nous en voyons la raison à défaut de l'application de la loi de César qui visait les condamnés à l'exil, dans le droit de prononcer la confiscation comme peine principale qui avait appartenu au peuple et qui était passé au Sénat.

1. Plutarque, Vie de Cicéron, 27.
2. Tacite, Annales III 63,-IV, 20,-XIV 48.

## CHAPITRE II

### DE LA CONFISCATION DANS LE DROIT IMPÉRIAL.

#### SECTION I. — *La confiscation peine accessoire.*

La confiscation se développa rapidement sous les empereurs comme peine accessoire. César avait montré la voie. S'il est difficile de préciser l'époque où la confiscation fut attachée de droit à toutes les condamnations capitales, il est certain qu'en fait elle y fut jointe dès les premiers temps en général par une disposition spéciale de la sentence.

D'après les textes des jurisconsultes et les constitutions impériales, la confiscation totale était la conséquence forcée de toute condamnation à une peine capitale (1).

Etaient considérées comme peines capitales : la mort, la condamnation aux bêtes ou aux mines (2), qui entraînaient la perte de la liberté (3), l'interdiction de l'eau et du feu (4) et la déportation (5) qui entraînaient la perte du droit de

1. Digeste, livre 48, titre 20, De bonis damnatorum, loi 1.
2. Digeste, livre 49, titre 14. De jure fisci, loi 12.
3. Digeste, livre 28, titre 1, Qui testamenta facere possunt, loi 8, § 4.
4. Dicta lege, § 1.
5. Dicta lege, § 2.

cité (1). Cette dernière peine qui prit peu à peu la place de la précédente et finit par la remplacer complètement, était toujours perpétuelle (2). Quant à la relégation qui n'entraînait jamais la perte ni de la liberté ni du droit de cité, et qui n'était pas une peine capitale (3), la confiscation n'y était pas attachée (4).

Bien plus, si la relégation était à temps, elle ne pouvait pas en être accompagnée, même par l'effet d'une disposition particulière de la sentence qui aurait été annulée sur ce point (5). Mais si le juge prononçait la relégation perpétuelle, il pouvait y ajouter à titre accessoire, la confiscation de tout ou partie des biens du condamné (6).

## Section II. — *La confiscation peine principale.*

La confiscation totale ou d'une quotité déterminée des biens est édictée seule et comme peine principale contre les coupables de certains crimes, tantôt quelle que soit leur fortune, tantôt s'ils sont riches ou de condition élevée, en place des châtiments corporels infligés aux gens de basse extraction ; tantôt, au contraire, s'ils sont pauvres, dans des cas

1. Digeste, livre 48, titre 19, De pœnis, loi 2, loi 8, loi 17. Livre 48, titre 22, De interdictis et relegatis et deportatis, loi 6.
2. Digeste, livre 48, titre 22, loi 7, § 2.
3. Digeste, livre 48, titre 19, loi 28.
4. Digeste, livre 48, titre 20, loi 8 ; Livre 48, titre 22, loi 14. Code, livre 9, titre 47, De pœnis, loi 8.
5. Digeste, livre 48, titre 22, loi 7, § 4.
6. Digeste, Dicto titulo, loi 4.

où ceux qui possèdent de la fortune sont simplement frappés d'une grosse amende.

La peine de la loi Julia *de vi privata* était la confiscation du tiers des biens : *De vi privata damnati pars tertia ex lege Julia damnatur.* » (1) Cette loi s'appliquait notamment au créancier qui se mettait en possession des biens de son débiteur par sa propre autorité et sans ordre du juge (2). On infligeait le même châtiment à celui qui s'était approprié de mauvaise foi une chose corporelle provenant d'un naufrage, bien que ce délit ne fût pas visé directement par la loi (3).

Le *stuprum* commis sans violence était puni dans certains cas de la confiscation de moitié des biens, ou de peines corporelles et de la relégation, suivant la condition des personnes, par une disposition spéciale de la loi Julia *de adulteriis* : « Etiam stupri flagitium punitur cum quis sine « vi, vel virginem, vel viduam honeste viventem stupraverit. « Pœnam autem eadem lex irrogat peccatoribus, si honesti « sunt, publicationem dimidiæ bonorum, si humiles, corpo- « ris coercitionem cum relegatione ». (Institutes, livre 4, titre 18, § 4).

Si un homme subissait volontairement un *stuprum* il était privé de la moitié de ses biens (4).

1. Sentences de Paul, livre 5, titre 26. Institutes, livre 4, titre 18, § 8 ; Digeste, livre 48, titre 7, Ad legem Juliam de vi privatà, loi 1, pr.
2. Digeste, Dicto titulo, loi 8.
3 Digeste, Dicto titulo, loi 1, § 1.
4. Sentences de Paul, livre 2, titre 26, § 13.

La peine portée par la loi Julia contre l'adultère était pour la femme la confiscation de la moitié de la dot et d'un tiers de ses autres biens et la relégation ; pour l'homme aussi la relégation accompagnée de la confiscation de la moitié du patrimoine (1).

Ce crime fut puni de mort par Constantin (Code, livre 9, titre 9. *Ad legem Juliam de adulteriis*, loi 30, § 1).

Justinien modifia le droit sur ce point ; d'après la novelle 134, chapitre 10, la femme adultère devait être enfermée dans un monastère. Si son mari ne l'avait pas reprise au bout de deux ans, elle devait y rester toute sa vie, et le monastère prenait un tiers de sa succession au cas où elle laissait des descendants ; les deux tiers au cas où elle n'avait pour héritiers que des ascendants. Enfin, à défaut d'ascendants et de descendants, le monastère recueillait la totalité des biens.

Un sénatus-consulte rapporté au Digeste punit de la confiscation de moitié des biens le fait de livrer un esclave pour lui faire subir la castration (2). La loi Fabia *de plagiariis*, qui graduait le châtiment d'après la condition des coupables, prononçait contre les personnes d'un rang élevé la confiscation de la moitié des biens accompagnée de la relégation : « Ideoque humiliores aut in metallum damnantur,

1. Sentences de Paul, livre 2, titre 26, § 14.

2. Digeste, livre 48, tit. 8, Ad legem Corneliam de sicariis et veneficiis, loi 6.

« aut in crucem tolluntur; honestiores, adempta dimidia « parte bonorum, in perpetuum relegantur (1). »

Citons encore deux cas où la confiscation partielle et la relégation ne s'adressent qu'aux membres des classes supérieures de la société. Dans l'un il s'agit du crime d'avortement, dans l'autre de la trahison du *procurator* qui livre à l'adversaire les pièces du procès. « Qui abortionis aut ama- « torium poculum dant, etsi dolo malo non faciant, tamen, « quia mali exempli res est, humiliores in metallum, hones- « tiores in insulam amissa parte bonorum relegantur (2). — « Si quis instrumentum litis suæ a procuratore adversario « proditum esse convicerit, procurator, si humilior sit, in « metallum damnatur, si honestior, adempta parte bonorum « dimidia, in perpetuum relegatur (3).

Le père qui arrivait à soustraire son fils au service militaire, en temps de guerre, était puni par l'exil et la confiscation partielle (4).

Une constitution de Léon et Anthémius, qui est la loi première au Code, livre 11, titre 53. *Ut nemo ad suum patrocinium suscipiat rusticanos*, défendit les contrats de recommandation ou de patronage qui devenaient fréquents dans les campagnes, et prononça une amende de cent sous d'or contre les coupables les plus riches et les plus puissants, et

1. Sentences de Paul, livre 5, titre 30. B. Ad legem Fabiam.
2. Digeste. livre 48, titre 19. De pœnis, loi 38, § 5.
3. Dicta lege, § 8.
4. Digeste, livre 49. titre 16. De re militari, loi 4.

la confiscation totale contre les autres, ainsi que contre les rédacteurs de ces contrats et tous intermédiaires en ayant facilité la conclusion.

La confiscation totale fut édictée par Théodose et Valentinien contre les fonctionnaires qui prépareraient à l'avenir de prétendus rescrits impériaux, destinés à permettre à des particuliers de se mettre en possession de biens appartenant au fisc (1), et par Justinien contre les coupables du crime de rapt. Dans ce dernier cas, les biens des condamnés étaient attribués à leurs victimes (2).

Enfin, la confiscation générale fut une arme souvent employée par les empereurs au service de leur politique ou de leur passion religieuse. On la voit décrétée par Julien contre les chrétiens qui embrassent la religion juive (3) ; par Arcadius et Honorius contre les Manichéens et les Donatistes (4); par Théodose et Valentinien contre tous ceux qui feraient usage des livres sacrilèges de Nestor (5), et contre les Juifs qui essaieraient de faire des prosélytes (6) ; par Justin et Justinien contre tous les non catholiques orthodoxes pour le moment de leur mort (7).

1. Code, livre 10, titre 12. De petitionibus bonorum sublatis, loi 2.
2. Code, livre 9, titre 13. De raptu virginum seu viduarum nec non sanctimonialium. — Loi unique, § 1.
3. Code, livre 1, titre 7. De apostatis, loi 1.
4. Code, livre 1, titre 5. De hereticis et manichæis et samaritis, loi 4.
5. Dicto titulo, loi 6.
6. Code, livre 1. titre 9. De judæis et cælicolis, loi 18.
7. Code, livre 1, titre 5, lois 17 et 18.

## Section III. — *Confiscation à titre particulier.*

En dehors des cas où la confiscation comprenait la totalité ou une quotité du patrimoine sans avoir égard à la nature des biens qui les composaient, et où par conséquent la sentence de condamnation ne désignait que la personne du coupable ; elle pouvait s'appliquer à titre particulier à certains biens déterminés, comme suite de délits commis à leur occasion. Elle était alors prononcée plutôt contre la chose que contre la personne et pour rendre impossible le renouvellement du délit plutôt que pour le punir. Même, en certaines circonstances, le juge devait ordonner la confiscation, sans s'occuper de savoir à qui la chose appartenait, quel qu'en fût le propriétaire, et que ce dernier fût ou non en faute (1).

C'est ainsi que les marchandises que l'on tentait de faire entrer en fraudant les droits de douane établis dans l'empire, étaient confisquées.

Il pouvait en être de même des biens fonds à raison desquels les impôts directs n'étaient pas payés.

Les jurisconsultes, pour désigner ce genre de confisca tion, emploient généralement le mot *commissum* dans le sens

1. Digeste, livre 39, titre 4. De publicanis et vectigalibus et commissis.— Loi 7 : « Imperatores Antoninus et verus rescripserunt in vectigalibus ipsa prædia, non personas conveniri. L. 8 : Fraudati vectigalis crimen ad heredem ejus qui fraudem contraxit commissi ratione transmittitur. »

de commise, ou de saisie qui en indique bien le caractère plus réel que personnel.

Il fut interdit à diverses époques aux particuliers de posséder certains objets sans permission spéciale, sous peine de confiscation de ces objets dont le commerce était prohibé. De telles dispositions étaient des mesures somptuaires, comme pour la soie, ou de sécurité générale, comme pour les armes de guerre. Elles pouvaient être des mesures fiscales comme pour le sel (1), quelquefois de police religieuse comme pour certains livres.

La confiscation pouvait comprendre même le navire sur lequel étaient chargées les marchandises prohibées quand il y avait connivence de son propriétaire ; elle pouvait être prononcée contre les héritiers : Digeste, livre 39, titre 4, *De publicanis et vectigalibus et commissis*, loi 11.

§ 2. « Dominus navis si illicite aliquid in nave vel ipse vel vectores imposuerint, navis quoque fisco vindicatur. »

§ 3. « Illicitarum mercium persecutio heredem quoque adfligit. »

La confiscation de certains immeubles pouvait être attachée comme peine principale à un délit, et alors elle n'avait lieu que si le coupable était en même temps le propriétaire.

Il en était ainsi quand un décurion se retirait à la campagne pour fuir les charges de l'administration de la cité. On

1. Code, livre 4, titre 61. De vectigalibus et commissis, loi 11. Il y avait confiscation du sel et amende égale à sa valeur au profit des entrepreneurs des salines.

lui enlevait au profit de cette dernière la maison de campagne où il avait cru trouver le repos, et tous les biens ruraux susceptibles d'être considérés comme en dépendant (1).

Les biens qu'on aliénait frauduleusement pour échapper aux charges de la cité étaient confisqués (Digeste, livre 50, titre 1, *Ad municipalem et de incolis*, loi 15, § 2 : « In fraudem civilium munerum per tacitam fidem prædia translata, « fisco vindicantur. ») On peut rapprocher de cette disposition celle de la loi première au Code, livre 11, titre 3, *De navibus non excusandis*, prononçant la confiscation des navires que leurs propriétaires avaient essayé de soustraire aux charges publiques qui leur étaient imposées.

Un soldat ne pouvait acheter de terres dans la province où il faisait son temps, à peine de les voir confisquées, mais ces biens lui étaient laissés si l'infraction n'était découverte qu'après la libération : « Sed et si nondum causa delata, sti- « pendia impleta sint, vel missio contigerit, delationi locus « non est. » (Dig. livre 49, titre 16, *De re militari*, loi 9). Macer nous donne la raison de cette mesure (loi 12, *hoc titulo*) qui était d'éviter que les militaires ne fussent détournés de leurs devoirs par le besoin de cultiver leurs champs : « Milites agrum comparare prohibentur in ea provincia in « qua bellica opera peragunt ; scilicet ne studio culturæ « militia sua avocentur, et ideo domum comparare non pro- « hibentur. »

1. Code, livre 10, titre 37. Si curialis relicta civitate rus habitare maluerit, loi unique.

D'après une constitution de Constantin, quiconque enlevait de la ville pour les transporter à la campagne des statues ou des ornements de marbre était puni de la confiscation de la propriété rurale à laquelle il les destinait (1). Il en était de même des immeubles dans lesquels on avait transporté des matériaux ou des ornements provenant d'un sépulcre (2).

Quelquefois la confiscation d'un immeuble était encourue à la suite d'un crime commis par un autre que le propriétaire ; mais comme résultat de la faute imputable à celui-ci d'avoir laissé le crime se produire chez lui ou d'avoir permis au coupable de s'y réfugier.

Une simple négligence en pareil cas pouvait faire perdre la propriété, mais cette négligence devait être prouvée ou tout au moins il fallait établir les conditions qui la faisaient présumer. Nous voyons en effet que l'immeuble dans lequel on avait fait de la fausse monnaie devait être confisqué même en cas d'ignorance du propriétaire, mais à la condition qu'il habitât assez à proximité pour qu'il eût pu, en étant diligent, empêcher le crime ou simplement le dénoncer (3).

Exception était faite en faveur des veuves et des impubères.

1. Code, livre 8, titre 10. De ædificiis privatis, loi 6.
2. Code, livre 9, titre 19. De sepulchro violato, loi 2.
3. Code, livre 9, titre 22. De falsa moneta, loi 1 : « Domus vero vel fundus in quo hæc perpetrata sunt, si dominus in proximo constitutus sit, cujus incuria vel negligentia punienda sit ; etsi ignoret, fisco vindicetur. »

Le propriétaire chez lequel des voleurs ou autres criminels s'étaient réfugiés et qui ne les dénonçait pas ou refusait de les livrer voyait son fonds confisqué (1).

Tous les édifices ou lieux privés destinés au culte des hérétiques, des manichéens et des samaritains durent être confisqués au profit de l'église catholique d'après une constitution d'Arcadius et d'Honorius (loi 3 au Code, livre 1, titre 5, *De hereticis et manichœis et samaritis*).

Théodose et Valentinien étendirent cette mesure à tout endroit où les hérétiques auraient célébré leur culte avec la connivence ou la permission du propriétaire (*dicto titulo*, loi 5), Valentinien et Marcien en firent l'application au Eutychianistes et aux Appollinaristes (loi 8). Enfin Anastase défendit de vendre ou transférer aucun immeuble contenant une église ou un oratoire orthodoxe à des hérétiques. Le fonds vendu était confisqué (loi 10). Des mesures analogues avaient été édictées contre la religion juive (2).

Enfin on trouve des exemples où la confiscation est prononcée en dehors de toute connivence et de toute faute ou négligence prouvée du propriétaire; alors même que par suite de son âge ou de son état mental il n'était pas responsable de ses actes.

Les empereurs durent édicter des peines très sévères

1. Code, livre 9, titre 39, De his qui latrones vel aliis criminibus reos occultaverunt.

Livre 12, titre 46, De desertoribus et occultatoribus eorum, loi 1.

2. Code, livre 1, titre 9, De judæis et cælicolis, loi 11.

contre les propriétaires qui détournaient à leur profit l'eau des aqueducs publics, ou qui n'exécutaient pas les obligations résultant des servitudes de curage ou de non plantation auxquelles les fonds riverains se trouvaient soumis dans l'intérêt de la conservation de ces aqueducs. Le vol de l'eau, la détérioration des conduites survenue à la suite de fraudes ou même d'une simple négligence entraînèrent la confiscation de la propriété (1).

D'après une constitution de Zénon (2), cette confiscation devait être prononcée à la suite de toute contravention aux lois protectrices des aqueducs sans avoir aucun égard à la qualité ou à la culpabilité du propriétaire. « Scientibus uni-
« versis quod in posterum super hujusmodi commissis,
« suburbanum, vel prædium vel balneum vel aquæ mola
« vel hortus, ad cujus usum aqua publica fuerit derivata,
« vel si quid ex his juxta aquæductum positum ad eum per-
« tinet qui plantavit arbores aquæductibus noxias, ad quem
« cumque pertineat locum vel hominem vel domum, pros-
« criptionis titulo subjacebit et fisci juribus vindicetur, nulli
« super hujusmodi pœna nec per sacros apices venia tri-
« buenda. »

1. Code, livre 11, titre 42, De aquæductu, loi 1, loi 2.
2. Dicto titulo, loi 10.

## CHAPITRE III.

### DE L'INDIGNITÉ.

Pour avoir une idée complète de la théorie romaine sur l'attribution de certains biens à l'Etat à titre de peine contre des particuliers, il faut joindre à la confiscation proprement dite l'indignité de succéder, conséquence de certains délits, et certaines incapacités de recevoir prononcées par les lois caducaires pour favoriser le mariage. Ces matières ne se rattachant qu'indirectement à notre sujet, nous n'avons pas à les traiter. Nous en dirons seulement quelques mots.

Quand un héritier était jugé indigne de succéder, toute l'hérédité, s'il était seul appelé ; la part qui devait lui en revenir, s'il était en concours avec d'autres, étaient recueillies par le fisc (1).

L'indignité était relative à une seule succession, contrairement aux incapacités des célibataires et des orbi qui étaient générales. Elle pouvait être encourue soit avant soit après le décès du *de cujus*. Avant, elle pouvait résulter d'un

1. Code, livre 6, titre 35. De his quibus ut indignis hereditates auferuntur, loi 8.

mariage contracté contrairement aux lois : le fonctionnaire qui avait épousé une jeune fille de la province où il exerçait sa charge, le tuteur qui avait épousé sa pupille étaient indignes de leur succéder (1). Si un homme condamné pour adultère se mariait avec sa complice, l'un de ces époux ne pouvait être héritier de l'autre (2).

La même peine pouvait être la punition des relations immorales qu'une femme aurait eues avec un militaire (3).

Les cas d'indignité furent considérablement étendus par les empereurs au préjudice de ceux dont ils voulaient détruire les religions (4).

Postérieurement à l'ouverture de la succession, l'héritier devenait indigne s'il négligeait de venger la mort du défunt (5), si en cas de meurtre de ce dernier il faisait adition ou même procédait à l'ouverture du testament avant que les esclaves désignés par la loi eussent été soumis à la torture (6), ou bien s'il faisait injure à la mémoire du testateur en attaquant frauduleusement un testament valable (7). Le

1. Digeste, livre 34, titre 9, loi 2, § 1.
2. Digeste, dicto titulo, loi 13.
3. Digeste, livre 34, titre 9. De his quæ ut indignis auferuntur, loi 14.
4. Code, livre 1, titre 5. De hereticis et manichæis et samaritis, loi 4, loi 17.
5. Digeste, livre 34, titre 9, loi 21.
6. Digeste, livre 29, titre 5. De senatus-consulto Silaniano, loi 5, § 2. Code, livre 6, titre 35. De his quibus ut indignis hereditates auferuntur, loi 3.
7. Digeste, livre 5, titre 2. De inofficioso testamento, loi 8.

fisc se substituait alors à lui mais les créances éteintes par confusion au moment de l'adition ne revivaient pas (1).

Dans ce cas il y a une véritable confiscation d'une universalité, autre qu'une quotité du patrimoine du coupable.

Si le fisc recueillait l'hérédité à la place de l'indigne, il n'avait pas le même droit sur les *caduca* enlevés aux célibataires et aux *orbi*, qui étaient dévolus préférablement à lui à un assez grand nombre de personnes.

Enfin il est à remarquer, que lorsque Justinien eut aboli les derniers vestiges des peines portées contre le célibat ; celles qui résultaient de l'indignité continuèrent d'être en vigueur (2).

1. Digeste, livre 49, titre 14. De jure fisci, loi 29.
2. Code, livre 6. titre 51. De caducis tollendis, loi unique.

## CHAPITRE IV.

### COMPÉTENCE DES MAGISTRATS.

La confiscation étant une peine ne pouvant résulter que de la condamnation prononcée par un magistrat compétent.

Nous avons vu que sous la république, les sentences de mort ou de confiscation ne pouvaient être prononcées en dernier ressort contre les citoyens romains que par l'assemblée du peuple.

Une exception considérable fut apportée à ce principe du respect de la personne du citoyen en matière pénale par l'institution des *quæstiones perpetuæ*, sortes de commissions chargées de représenter la nation pour le jugement de certains procès criminels (1).

Sous l'empire, la juridiction suprême en matière criminelle, après avoir appartenu nominalement au Sénat, passe au prince seul, qui peut statuer soit en appel, soit par voie d'évocation, soit directement pour les causes qu'il s'est réservées d'avance d'une façon générale.

L'empereur avait à se prononcer pour cette dernière raison, sans que l'accusé eût besoin d'en faire la demande, cha-

1. Laboulaye, Législation criminelle des Romains, page 157.

que fois qu'il y avait lieu d'appliquer comme peine principale la déportation. L'instruction du procès était faite par les magistrats supérieurs de Rome ou par les présidents des provinces, qui ne rendaient alors qu'une sentence provisoire et étaient tenus de demander l'approbation de l'empereur (1). La même règle s'appliquait à la confiscation directe de tout le patrimoine.

Le préfet de la ville avait cependant le droit de prononcer seul et d'une manière définitive des condamnations à la déportation ou des confiscations générales (2). Le préfet du prétoire avait le même pouvoir (3).

Quant à la confiscation partielle, accompagnée ou non de la relégation, elle rentrait dans le droit commun, bien qu'à raison de sa gravité, elle ne pût être prononcée que par les magistrats d'un ordre élevé (4). Et si l'autorité impériale était consultée, c'était par voie d'appel à la requête du condamné.

Il est vrai que les présidents des provinces, ne pouvant ordonner un lieu de relégation déterminé en dehors des limites de leur gouvernement, devaient se borner dans certains cas à prononcer la peine, en laissant à l'administration

1. Digeste, livre 48, titre 22. De interdictis et relegatis et deportatis, loi 6, loi 15, § 1. Code, livre 9, titre 48. Ne sine jussu principis ceteris judicibus liceat confiscare.

2. Digeste, livre 48, titre 19. De pœnis, loi 2, § 1, Livre 1, titre 12. De officio præfecti urbi, loi 1.

3. Digeste, livre 32. De legatis, loi 1, § 4.

4. Code, livre 9, titre 47. De pœnis, loi 2. Digeste, livre 48, titre 22, loi 14, § 2.

supérieure le soin de fixer l'endroit où elle serait subie (1), mais nous verrons toute à l'heure que cette nécessité de fait ne retardait pas l'effet de la sentence au point de vue de la confiscation jointe à la relégation.

La saisie des marchandises de contrebande et des objets prohibés étant plutôt une mesure de police qu'une peine criminelle, était du ressort des magistrats spéciaux chargés des intérêts du Trésor et de la juridiction fiscale, qui avaient aussi mission de décréter l'exécution forcée contre les débiteurs de l'État à titre d'impôt ou autrement.

Cette juridiction fut donnée pour la première fois aux agents du fisc par Claude (2), transportée par Nerva à un *prætor fiscalis* créé par lui (3). Le *prætor fiscalis* fut probablement supprimé par Adrien qui institua les avocats du fisc ; et les agents du fisc ou de l'empereur, sous le nom de *procuratores*, recouvrèrent leurs attributions primitives (4).

1. Digeste, livre 48, titre 22, loi 7.
2. Tacite, Annales XII, 60.
3. Digeste, livre 1, titre 2. De origine juris, loi 2, § 32.
4. Mispoulet, opere citato, tome II, page 290.

## CHAPITRE V.

### DU MOMENT OU LA CONDAMNATION DEVIENT DÉFINITIVE ET DE SES EFFETS.

Le désaisissement de la propriété s'opérait, et par suite les droits du fisc sur les biens soumis à la confiscation prenaient naissance au moment où la condamnation devenait définitive (1); c'est-à-dire : pour la confiscation totale lorsque l'empereur avait donné son approbation (2) ; et pour la confiscation partielle, dès que le jugement était prononcé à moins qu'il n'y eût appel.

L'appel était suspensif et l'Etat ne pouvait se mettre en possession avant l'examen et le rejet du recours intenté par le condamné (3).

L'effet de la sentence de première instance ou d'appel n'étant pas rétroactif ; on comprend qu'il aurait été dangereux de laisser à l'accusé la libre disposition de ses biens

1. Digeste, livre 48, titre 21. De bonis eorum qui ante sententiam, vel mortem sibi consciverunt, vel accusatorem corruperunt, loi 2.

2. Digeste, livre 48, titre 20. De bonis damnatorum, loi 11.

3. Digeste, livre 48, titre 19, De pœnis, loi 2 § 2, Livre 49, titre 5. De appellationibus, loi 6, Livre 49, titre 7. Nihil innovari appellatione interposita : loi unique.

jusqu'au dernier moment. Aussi dès que l'accusation était formée, l'Etat était considéré comme ayant, à défaut de droit de propriété, un droit de créance conditionnel, qui lui permettait de faire rescinder tous les actes frauduleux accomplis par son débiteur dans le but de diminuer ou de transmettre à d'autres personnes le patrimoine qu'il devait être appelé à recueillir. Les textes mentionnent cette incapacité relative de l'accusé qui restait à la tête d'une fortune appartenant à lui seul, mais sur laquelle il n'avait d'autres pouvoirs que ceux d'un administrateur (1), pour le cas où il n'aurait pas été absous.

L'administration était même enlevée à l'accusé de lèse majesté (2).

Telle était la règle pour les actes de disposition entre vifs. Il n'avait pas été nécessaire d'établir une pareille distinction pour les testaments ou les donations à cause de mort assimilées aux legs. En effet, comme pour l'exécution de ces dispositions, on considérait l'époque du décès du testateur ou du donateur, on savait à ce moment si la condition qui pouvait détruire son droit de propriétaire était accomplie. En cas d'absolution, ses dernières volontées produisaient leur plein et entier effet. En cas de condamnation à la confiscation totale comme peine principale ou acces-

1. Digeste, livre 49, titre 14. De jure fisci, loi 46, § 6, loi 26 ; Livre 40 titre I, De manumissionibus, loi 8. Livre 40, titre 9. Qui et à quibus manumissi liberi non fiunt, loi 15.

2. Digeste, livre 48, titre 20. De bonis damnatorum, loi 11.

soire, elles étaient considérées comme nulles et non avenues. (1) Enfin en cas de confiscation partielle elles ne pouvaient s'appliquer qu'à la partie de ses biens qui lui avait été laissée.

1. Digeste, livre 28, titre I. Qui testamenta facere possunt, loi 8.

## CHAPITRE VI

### DE LA MORT DE L'ACCUSÉ AVANT LA SENTENCE DÉFINITIVE.

Nous avons supposé que l'accusation suivait son cours régulier jusqu'à sa fin. Or il pouvait arriver qu'il n'en fût pas ainsi par suite de l'absence de l'accusé ou de sa mort survenue avant ou pendant les débats. Nous avons déjà dit que, lorsqu'il s'agissait de la confiscation spéciale de certains meubles ou de l'exécution forcée sur les biens soumis à diverses charges dans l'intérêt du fisc, il n'y avait pas lieu de se préoccuper de la personne des propriétaires, l'action étant dirigée principalement contre ces sortes de biens. Nous n'y reviendrons pas. Mais dans les procédures criminelles qui visaient non seulement le fait mais encore l'intention, et qui par suite avaient pour but la punition du coupable ; l'existence ou la présence de ce dernier étaient choses capitales. Avant d'arriver aux condamnations par défaut, voyons quel était l'effet de la mort de l'accusé survenant à chacune des diverses phases de la poursuite.

Le cas le plus simple est celui où le coupable est décédé avant que l'accusateur ait eu le temps de le citer en justice. D'après les principes généraux du droit criminel, l'action ne peut pas être intentée seulement contre la mémoire et le patrimoine du criminel, et par suite, aucune condamnation n'est possible. Il y avait exception cependant pour le crime de lèse majesté considéré comme tellement épouvantable, qu'il survivait même à la mort de son auteur, ainsi que pour le *judicium repetundarum* (1). La fin du procès était alors l'infamie posthume et la confiscation des biens.

On pense que cette dérogation au droit commun date d'Auguste. Il est certain qu'une fois établie, elle se conserva pendant toute la durée de l'empire.

Une seconde exception était relative au cas où un individu surpris en flagrant délit de crime capital se tuait pour éviter l'accusation (2).

Si le décès de l'accusé intervenait, une fois l'action engagée, avant la sentence définitive, il y avait plusieurs distinctions à faire. En principe toute poursuite criminelle devait être arrêtée,et l'accusé était réputé avoir joui de la plénitude de ses droits jusqu'à son dernier moment. Il était donc resté propriétaire de ses biens qui passaient intacts à ses héritiers testamentaires ou nàturels (3) ; alors même qu'il ne fût

1. Digeste, livre 48, titre 2. De accusationibus et inscriptionibus, loi 20 ; Livre 48, titre 4. Ad legem Juliam majestatis, loi 11. Institutes de Justinien, livre 3, titre 1. De hereditatibus quæ ab intestato deferuntur, § 5.

2. Digeste, livre 48, titre 21. De bonis eorum qui ante sententiam, loi 3 pr. ; M. Accarias enseigne que la confiscation était alors inévitable parce que la preuve du crime était suffisamment acquise (opere citato, tome I, n° 486).

3. Digeste, livre 49, titre 14. De jure fisci, loi 45 ; Livre 28, titre 1. Qui testamenta facere possunt, loi 13, § 2. Code, livre 9, titre 6. Si reus vel accusator mortuus fuerit, loi 5.

décédé qu'après avoir fait appel et que son appel dût être rejeté (1).

Notre règle ne s'appliquait pas au crime de lèse majesté. Si l'action pouvait être intentée, elle pouvait à plus forte raison être continuée contre la mémoire du défunt.

En second lieu, quand une sentence prononçait à la fois la relégation ou une autre peine, et en même temps la confiscation partielle, cette sentence ne pouvait à la vérité être portée que contre un homme vivant, et l'appel en suspendait bien l'effet dans toutes ses parties, mais si l'accusé mourait *pendente appellatione*, la condamnation purement criminelle et pénale à la relégation ou à une peine corporelle était seule éteinte ; tandis que les héritiers devaient poursuivre la réformation du jugement en ce qui concernait la confiscation partielle dont le caractère pécuniaire l'emportait sur le caractère pénal, et prouver l'innocence de leur auteur (2). Il en était de même s'il y avait lieu à confiscation partielle sans relégation (3).

Au contraire, lorsque la peine principale emportait de plein droit la confiscation sans qu'elle eût besoin d'être prononcée, la peine principale n'ayant jamais été encourue, la peine accessoire suivait le même sort et les héritiers recueillaient les biens sans avoir à fournir aucune preuve.

1. Digeste, livre 48, titre 20. De bonis damnatorum, loi 11.

2. Code, livre 9, titre 6. Si reus vel accusator mortuus fuerit, loi 6. Digeste, livre 35, titre 2. Ad legem falcidiam, loi 11 ; Livre 49, titre 13. Si pendente appellatione mors intervenerit, loi unique ; Code, livre 7, titre 66, même titre, loi 13.

3. Digeste, livre 29, titre 5. De senatus-consulto Silaniano, loi 22.

Enfin le décès de l'accusé n'empêchait pas la confiscation, s'il s'était donné volontairement la mort, l'instance étant déjà engagée pour éviter le châtiment qui le menaçait (1). En cas de suicide, on recherchait donc quelle en avait été la cause (2) et s'il avait été déterminé simplement par l'ennui de la vie, la difficulté de supporter une maladie très grave ou des souffrances très considérables, on l'assimilait à une mort naturelle et la confiscation n'avait pas lieu. C'était une question de fait à apprécier par le juge. Dans ce cas l'affaire devait être portée devant la juridiction fiscale (3) des *procuratores*.

1. Digeste, livre 48, titre 9. De lege Pompeia de parricidiis, loi 8. Code, livre 9, titre 50. De bonis eorum qui mortem sibi consciverunt, loi 1, loi 2.

2. Digeste, livre 49, titre 14. De jure fisci, loi 45; Livre 48, titre 21. De bonis eorum qui ante sententiam, loi 3. Code, livre 6, titre 22. Qui testamenta facere possunt vel non, loi 2.

3. Code, livre 3, titre 26. Ubi causæ fiscales vel divinæ domus hominumque ejus agantur, loi 2, loi 5.

## CHAPITRE VII

### EFFET DE L'ABSENCE DE L'ACCUSÉ.

Sous la république l'interdiction de l'eau et du feu fut souvent prononcée contre des absents.

Il ne semble pas que les Romains soient arrivés de bonne heure à créer en matière criminelle une procédure par défaut (1), qui permît d'assurer la répression tout en laissant à l'accusé la faculté d'échapper aux conséquences de la condamnation en se représentant dans un délai déterminé. Peut-être certains magistrats usant de leur pouvoir discrétionnaire purent-ils envoyer l'accusateur, dans le cas où il avait un intérêt pécuniaire à exercer les poursuites, en possession des biens de l'accusé, pour forcer ce dernier à comparaitre (2). Toujours est-il que nous trouvons dans les textes recueillis par Justinien un système complet de règles au sujet des contumaces, dont le but était de les priver de tous les moyens de se soustraire aux poursuites, qu'ils auraient pu trouver dans leur fortune ; et dont l'effet définitif

1. Laboulaye, opere citato, pages 148 et 353.
2. Digeste, livre 2, titre 4, De in jus vocando, loi 19.

était comme punition d'une résistance trop prolongée, la confiscation totale.

Les biens de l'accusé d'un crime capital, jusqu'à Constantin qui étendit la même règle à tous les crimes (1), quand cet accusé faisait défaut, étaient saisis et mis sous séquestre. Les revenus en étaient perçus et conservés par les agents du fisc. Le tout devait être restitué au propriétaire s'il se représentait dans l'année (2).

L'accusé devait être recherché par les fonctionnaires publics du lieu où il pouvait se trouver, en vertu d'une sentence du juge qui le déclarait « *requirendus* » (3). La publication obligatoire de cette sentence avait pour effet non-seulement de mettre la police à sa poursuite, mais encore de l'avertir lui-même de sa situation, et de faire courir le délai d'un an pendant lequel il était admis à reprendre ses droits en comparaissant en justice (4).

L'année une fois écoulée, il n'était pas encore forcément considéré comme coupable du crime qu'on lui avait imputé, et il pouvait toujours prouver son innocence, mais ses biens ne lui étaient pas rendus. Ils étaient irrévocablement acquis au fisc par la seule expiration du délai (5), pourvu que l'accusé fût encore vivant à cette époque : car si la

1. Code, livre 9, titre 40, De requirendis reis, loi 1.
2. Digeste, livre 48, titre 17, De requirendis vel absentibus reis, loi 5.
3. Code, livre 9, titre 2, De accusationibus et inscriptionibus, loi 6.
4. Digeste, livre 48, titre 17. loi 1, loi 4.
5. Code, livre,9, titre 40, De requirendis reis, loi 2.

mort l'avait surpris auparavant, l'action était éteinte, et son patrimoine devait être restitué à ses héritiers.

C'est ce que nous dit Marcien rapportant les paroles de Papinien : « Sed et Papinianus libro XVI responsorum scrip-« sit requirendum annotatum, si provinciæ præsidem intra « annum adierit, et satis obtulerit, non esse locum manda-« tis ut bona fisco vindicentur, nam et si intra annum mor-« tuus sit, criminis causa expirat et perit, et bona ejus ad « successores transmittuntur. » (Digeste, livre 48, titre 17, *De requirendis vel absentibus damnandis*, loi 1, § 4).

Si le « *requirendus reus* » comparaissait dans l'année et mourait avant d'avoir eu le temps de se justifier, il n'en transmettait pas moins ses biens à ses héritiers, son retour ayant remis les choses dans le même état que s'il n'avait jamais fait défaut (1).

1. Dicto titulo, loi 1.

## CHAPITRE VIII

### Suites de la confiscation prononcée

#### Section I. — *Obligations du fisc.*

Quand la condamnation d'où résultait la confiscation était devenue définitive et irrévocable, ses effets variaient non-seulement d'après l'étendue et la nature de la condamnation, mais encore selon le crime qu'il s'agissait de punir, et selon la qualité des personnes ou l'espèce des biens qui se trouvaient atteints.

Il y a lieu d'abord de distinguer entre les cas où la confiscation frappait sur certaines choses individuellement déterminées, et ceux où elle s'appliquait à une universalité pour le tout ou seulement pour partie.

La première de ces hypothèses ne demande pas de longs développements. Les biens indiqués spécialement dans la condamnation passaient dans le patrimoine de l'Etat tels qu'ils sortaient des mains de leurs précédents propriétaires, c'est-à-dire grevés des droits réels qui pouvaient avoir été constitués sur eux et qu'un successeur ordinaire à titre particulier aurait été obligé de souffrir : mais on n'avait aucune considération pour les tiers ayant seulement sur ces biens un simple droit de créance.

Au contraire dans la seconde hypothèse, l'universalité ou la portion d'universalité sur laquelle portait la confiscation ne se comprenait que déduction faite du passif y afférent, (1) et le fisc se trouvait dans l'obligation, ou de désintéresser les créanciers qui s'adressaient à lui, dans la proportion de la part qu'il était appelé à recueillir (2) ou de leur abandonner ce qui restait d'actif pour échapper à cette charge.

En cas de confiscation d'une quotité du patrimoine, le fisc avait comme privilège spécial, le droit de se mettre en possession de la totalité des biens du condamné, sauf à lui restituer ensuite la partie de ses biens dont la propriété lui avait été laissée.

Cette règle permettait de remplir dans ce cas de la même façon que dans le cas de confiscation totale, toutes les formalités destinées à empêcher les soustractions ou les dissimulations auxquelles on était exposé. Ces formalités étaient les suivantes :

1. Digeste, livre 49, titre, 14. De jure fisci, loi 11, loi 17, Livre 30, titre 1. De legatis, loi 50.

2. Code livre 9, titre 49. De bonis proscriptorum seu damnatorum loi 5, titre 9, Livre 12. Ad legem Juliam de vi publica vel privata, loi 2 : « Tutoris tui lege Julia de vi privata damnati, si tertia pars bonorum fisco vindicata est, tutelæ actionem pro ea portione adversus fiscum dirige, modo si nulla præscriptio locum habeat. Nam successio pro oneribus portionis suæ respondet ». Digeste, livre 29, titre 5. De senatus consulto Silaniano, loi 9.

SECTION II. — *Formalités postérieures à la condamnation.*

Godefroy, dans son commentaire sur le code Théodorien, au titre *De incorporatione* (livre 10, titre 9,) résume très clairement les diverses phases de la procédure suivie dans le Bas-Empire, depuis le moment où la confiscation était prononcée, jusqu'à l'incorporation définitive du patrimoine du condamné dans les biens du domaine. Il divise cette procédure en quatre parties :

En premier lieu et dès que l'administration du Trésor avait connaissance du droit ouvert à son profit, elle donnait mission à deux agents du domaine privé, après leur avoir fait prêter serment, de procéder à la recherche des biens.

En second lieu toutes les contestations auxquelles cette recherche avait pu donner lieu et toutes les réclamations des intéressés étaient soumises au jugement du président de la province, qui faisait dresser l'inventaire des biens confisqués, le tout en présence de l'avocat du fisc.

En troisième lieu l'inventaire était envoyé à l'empereur.

En quatrième lieu venait la prise de possession au nom de l'empereur sur l'ordre du ministre des finances privées ou *comes rerum privatarum*. Cette prise de possession devait être accomplie solennement par le *rationalis*, agent ordinaire du fisc ou ses délégués, et annoncée par des écriteaux mis sur les immeubles. Elle était définitive.

Enfin, on dressait un second inventaire ; et ce n'est qu'après que toutes ces formalités avaient été remplies, nous dit Godefroy, que les solliciteurs pouvaient s'adresser au prince pour se faire attribuer les biens confisqués.

Le second inventaire était une mesure d'ordre administratif qui avait pour but de s'assurer si aucune irrégularité et surtout aucune fraude n'avait été commise par les fonctionnaires chargés de constater les premiers de l'état des biens.

Les dissimulations provenant de leur fait étaient punies très sévèrement, soit par une amende proportionnée à la perte qu'ils avaient fait éprouver au Trésor, soit même par la confiscation de la moitié de leur patrimoine (1).

Les personnes privées qui avaient récélé des biens soumis à la confiscation étaient punies elles-mêmes de la confiscation ou de la mort selon leur fortune (2).

Il est évident que des formes si longues et si compliquées nécessitent une centralisation et une hiérarchie de fonctionnaires inconnues sous la république.

Avant l'époque des guerres civiles, la confiscation ne tenait pas assez de place dans la législation pénale pour que ses conséquences fussent prévues dans tous leurs dé-

1. Code, livre 10, titre 10, De bonis vacantibus et de incorporatione, loi 5. Code, livre 9, titre 49, De bonis proscriptorum et damnatorum, loi 7.

2. Code Théodosien, livre 9, titre 42, De bonis damnatorum seu proscriptorum, loi 5.

tails par des réglements spéciaux. On sait que Sylla fit adjuger au profit de ses créatures, beaucoup de biens de proscrits pour des prix dérisoires en violant ouvertement la justice et le droit. Leur aliénation devait se faire aux enchères dans les formes ordinaires des ventes publiques. La *bonorum sectio* est la vente aux enchères de biens appartenant au peuple ou au fisc. Cette vente a pour objet ou des choses individuellement déterminées, comme le butin pris sur l'ennemi ; ou l'ensemble d'un patrimoine ; par exemple des biens confisquées (1), ceux d'un débiteur du Trésor ou une succession vacante (2).

C'est ce que suffiraient à établir les termes *proscriptio bonorum* par lesquels on a désigné longtemps la confiscation ; et comme il semble qu'en pratique à cette époque, les biens confisqués étaient toujours vendus, nous supposons que la procédure ordonnée par des lois plus générales pour la vente aux enchères de ces biens, n'avait besoin d'être précédée d'aucune autre.

Elle était la forme d'exécution naturelle, sinon obligatoire de la sentence pénale.

La nécessité d'établir une description suffisante des biens mis à l'encan et de marquer de signes particuliers ou d'affiches les immeubles à adjuger, avait pour effet d'affirmer les droits de l'Etat et de permettre aux particuliers qui se

1. Cicéron, pro Roscio, 43.
2. Accarias, tome II, 481

seraient crus lésés par ses prétentions de porter leurs plaintes en justice.

Quand plus tard la confiscation devint plus fréquente, les empereurs trouvèrent commode de conserver en nature les biens qui en provenaient, soit pour en jouir par eux mêmes(1), soit pour les distribuer à leurs favoris. Il devint alors utile de pourvoir à la détermination et à la prise de possession de ces biens qui n'étaient plus destinés à être vendus.

Le moyen le plus simple et qui fut sans doute appliqué souvent en fait avant d'être rendu obligatoire, était de procéder comme si la vente devait suivre, d'après les errements antérieurs ; et c'est ainsi que la description destinée au public des acheteurs, devint l'inventaire envoyé au prince; et que les signes et affiches qui auparavant annonçaient la mise aux enchères, ne servirent plus qu'à prévenir les tiers de la confiscation.

Les *rationales* furent chargés par Constantin de dresser l'inventaire et de l'envoyer au ministre des finances privées: « Jubemus quotiens, jure suadente, aliquorum bona ex offi-« cio tuo fuerint occupata, breves eorum plenissimos ad « virum perfectissimum comitem rerum privatarum et ami-« cum nostrum mitti. » (Code Théodosien, livre 10, titre 8, *De bonis vacantibus*, loi 2).

1. Tacite, *Annales*, VI, 19 : « Sextus Marius, Hispaniarum ditissimus, defertur incestasse filiam, et saxo Tarpeio dejicitur, ac ne dubium haberetur magnitudinem pecuniæ malo vertisse, aurarias ejus quamquam publicarentur, sibimet Tiberius seposuit ».

D'après une constitution de Constance et Julien, le juge qui avait rendu une sentence emportant confiscation devait en informer les agents du domaine (*officium procuratoris patrimonii*), pour qu'ils eussent à faire les diligences nécessaires. (Code Théodosien, livre 9, titre 2, *De bonis proscriptorum*, loi 3).

La nécessité de faire deux inventaires fut imposée par Valentinien, Valens et Gratien, qui ne réservèrent expressément que le second à l'administration du fisc ; le premier pouvant être dressé par les magistrats ordinaires (1).

Enfin, c'est seulement une constitution de Théodose le jeune et Valentinien qui règle les formalités des deux inventaires, telles que nous les avons indiquées d'après Godefroy (2), et les déclare applicables même en cas de confiscation d'une quotité du patrimoine ou d'une ou plusieurs choses individuellement déterminées.

Les avocats du fisc chargés de surveiller l'accomplissement de ces formalités remontent à Adrien (3). Ils devaient poursuivre d'office les coupables quand il ne se présentait pas d'autres accusateurs (4).

1. Code, livre 9, titre 49, De bonis proscriptorum, loi 7.
2. Code, livre 10, titre 10. De bonis vacantibus, loi 5.
3. Spartian. In Adriano, chapitre 20.
4. Code Théodosien, livre 11, titre 30. De appellationibus, loi 41.

## CHAPITRE IX

### DES BIENS ATTEINTS PAR LA CONFISCATION ET DE CEUX QUI Y ÉCHAPPENT

Nous avons déjà vu que la confiscation donnait au fisc le droit de recueillir les biens nets compris dans le patrimoine du condamné. Mais quels étaient ces biens ? Ils se composaient en principe de tous les droits réels ou de créance dont l'accusé était pleinement propriétaire au moment de la sentence (1), à l'exclusion de ceux qui étaient attachés à la personne ou à la famille. Les droits de cette nature auxquels le fisc ne pouvait prétendre, continuaient d'appartenir à leur titulaire s'il avait conservé une capacité suffisante, c'est-à-dire quand il était resté citoyen romain. Dans le cas contraire, ou bien ils se trouvaient éteints *ipso facto* par la *capitis minutio* qui résultait de la condamnation, ou ils passaient aux héritiers naturels en vertu d'une sorte de copropriété antérieure.

En outre, on laissait toujours au condamné les hardes et menus objets, ainsi que la monnaie qu'il pouvait avoir sur

1. Digeste, livre 48, titre 22. De interdictis et relegatis, loi 3.

lui au moment où il était arrêté (on appelait tout cela sa défroque : *pannicularia*) à la condition que la valeur n'en fut pas supérieure à cinq aurei (1).

Il est facile de faire l'application du principe que nous venons d'énoncer aux droits dont la nature est nettement déterminée, tels que l'usufruit et l'usage qui ne peuvent survivre à la *capitis minutio* si elle est encourue (2), ou tels que la propriété des tombeaux et autres choses religieuses ou sacrées sur lesquelles la copropriété familiale semble bien établie (3). Cependant, par dérogation à ce principe, en cas de condamnation pour crime de lèse-majesté, les *sacra* et les *jura sepulchrorum* ne se transmettaient pas aux enfants (4). Tel fut au moins le droit à une certaine époque.

## SECTION I. — *Des pécules.*

Le droit du maître sur le pécule qu'il laissait à son esclave était distinct de son droit de propriété sur l'esclave lui-même.

Aussi, quand ce dernier était condamné à une peine capitale, son pécule n'était pas confisqué (5), et la confiscation

1. Digeste, livre 48, titre 20. De bonis damnatorum, loi 6.
2. Institutes, livre 2, titre 4. De usufructu, § 3.
3. Accarias opere citato, tome II, page 28, note 3.
4. Digeste, livre 38, titre 16. De suis et legitimis heredibus, loi 1, § 3.
5. Code, livre 9, titre 49. De bonis prescriptorum, loi 1. « Servorum capitis crimine damnatorum peculium dominis non auferri notum est ».

des esclaves n'entraînait pas celle de leur pécule (1).

Par un motif analogue, quand les biens d'un fils de famille non émancipé devaient revenir au fisc, soit en vertu d'une condamnation prononcée contre lui, soit à cause de l'indignité de ses héritiers, les droits du père sur les pécules étaient respectés (2). Mais il fallait, bien entendu, que ces droits fussent restés intacts et que le fils n'eût pas disposé de son pécule au cas où cela lui était permis (3).

## SECTION II. — Des *jura patronatus*.

Les *jura patronatus* n'étant pas réputés compris dans le patrimoine du patron (4), il s'ensuivait que la confiscation prononcée contre ce dernier ne les frappait pas, et que ces droits, suivant la distinction déjà faite, restaient lui appartenir ou passaient à ses enfants.

Une exception avait été cependant faite au profit de l'Etat, pour le crime *de perduellio* ou de lèse-majesté (5), mais cette exception ne se maintint pas, bien que les deux solutions se trouvent dans la compilation de Justinien. En effet, la loi première au Code, livre 6, titre 4, sur laquelle on pourrait s'appuyer pour soutenir que cette aggravation de peine

1. Digeste, livre 39, titre 4. De publicanis et vectigalibus et commissis, loi 16, § 2.
2. Code, livre 9, titre 49. De bonis proscriptorum, loi 3.
3. Digeste, livre 29, titre 5. De senatus consulto Silaniano, loi 8, § 1.
4. Gaius, livre 3, §§ 48 et 58.
5. Code, livre 6, titre 4. De bonis libertorum et jure patronatus, loi 1.

fut toujours conservée, est une constitution assez ancienne (211) de Sévère et Antonin, dont la présence au Code s'explique parce qu'elle tranche une autre question, celle de savoir dans quels cas un esclave peut être considéré comme ayant été acheté de ses propres deniers. Tandis que nous avons au Digeste deux textes de deux auteurs différents affirmant d'une façon absolue que les *jura patronatus* du condamné pour crime de lèse-majesté ne passaient au fisc qu'à défaut d'enfants, (Marcien, loi 4, au Digeste, *De jure patronatus*, livre 37, titre 14. Et Hermogénien, loi 9, au Digeste, *Ad legem Juliam majestatis*, livre 48, titre 4).

Il est à remarquer que Marcien attribue la règle qu'il énonce à Sévère et Antonin : « Jura libertorum, patronorum « liberis, cum pater eorum erat perduellionis damnatus, « salva esse divi Severus et Antoninus rescripserunt, sicut « ex alia causa punitorum liberis jura libertorum salva eunt. » On peut supposer que les empereurs ont donné successivement deux solutions différentes à la même question, ou bien que celle de leurs réponses qui est insérée au Code s'appliquait à un cas particulier en dehors de la règle générale, soit parce que le condamné n'était pas patron lui-même, mais simplement fils de patron, soit parce qu'il ne laissait pas de descendants qui pussent recueillir ses droits.

Une constitution de Gordien (loi 5, au Code, livre 6, titre 6, *De obsequiis patrono præstandis*) décide que les devoirs dus par les affranchis à leur patron à titre honorifique, caractérisés par le mot *obsequium*, pouvaient être exigés par les enfants des condamnés. Cette loi ne distingue pas entre les condamnations pour cause de lèse-majesté et celles qui pouvaient résulter d'autres crimes.

Section III. — *Des biens engagés dans une société et de ceux qui avaient fait l'objet de conventions matrimoniales.*

La confiscation générale prononcée contre un membre d'une société était une cause de dissolution de cette société. C'est ce qui est dit formellement par Justinien dans ses Institutes, livre 3, titre 25, *De societate*, § 7, et à peu près dans les mêmes termes par le jurisconsulte Paul. (Loi 65, § 12, au Digeste, *Pro socio*, livre 17, titre 2),

Il ne restait plus alors qu'à liquider l'actif et le passif social ; et dans ces opérations, le fisc prenait la place du condamné : « *Nam*, disent les textes, *quum in ejus locum alius* « *succedit, pro mortuo habetur.* »

La confiscation partielle ne produisait pas le même effet. Il n'y avait pas de difficulté si elle portait sur certains objets déterminés. Ces objets étaient simplement retirés par le fisc, et si la dissolution s'en suivait dans certains cas, c'était par application des principes généraux en matière de société, et comme si ces objets s'étaient trouvés perdus de toute autre manière (1). Si au contraire elle portait

1. Digeste, livre 17, titre 2. Pro socio, loi 63, § 10. « Neque ejus rei quæ jam nulla sit, quisquam socius est, neque ejus quæ consecrata publicatave sit. »

sur une fraction aliquote du patrimoine d'un des associés et que les biens propres de ce dernier ne fussent pas suffisants pour désintéresser le fisc, nous pensons, sans pouvoir, il est vrai, nous anpuyer sur aucun texte, que la société ne pouvait continuer qu'à la condition de payer ce qui restait dû à l'Etat. En cas de refus en effet, le fisc aurait pu prétendre à succéder aux droits sociaux de son débiteur, et nous venons de voir que le fait d'avoir un successeur, était une cause de dissolution.

Si le condamné était engagé dans les liens du mariage, la confiscation même générale ne rompait pas ces liens (1). Elle laissait subsister les conventions matrimoniales. L'époux du condamné exerçait contre le fisc les droits qu'il possédait contre son conjoint.

C'est ainsi qu'en cas de confiscation des biens du mari, la femme obtenait la restitution de sa dot et de tous les autres biens sur lesquels elle pouvait prouver sa propriété, et même ce qui lui avait été donné *ante nuptias* par son mari, si ce dernier n'avait pas encore commis le crime au moment de la donation.

Ces règles ne s'appliquaient pas aux femmes des *cæsariani* et des *catholiciani* (agents de l'empereur), sur les biens desquels aucune reprise ne pouvait être exercée avant que leurs comptes eussent été approuvés par l'empereur, et que le reliquat en eût été payé à l'Etat (2).

1. Code, livre 5, titre 17. De repudiis, loi 1.
2. Code, livre 9, titre 49. De bonis proscriptorum, loi 9.

La confiscation des biens de la femme laissait intacts les droits du mari sur la dot (1), sauf dans cinq cas (*majestatis, vis publicæ, parricidii, veneficii, de sicariis*) où par suite de la gravité de la condamnation, la restitution en était ordonnée (2). Si le mari ne vengeait pas la mort de sa femme assassinée, le fisc prenait la dot pour cause d'indignité (3).

Quant aux donations entre époux faites pendant le cours du mariage et avant le crime, le donataire devait en recueillir le bénéfice, si le donateur contre lequel la confiscation était prononcée ne les révoquait pas avant de mourir, que la condamnation emportât ou non perte du droit de cité (4).

1. Digeste, livre 48, titre 20, loi 5.
2. Digeste, livre 48, titre 20. De bonis damnatorum, loi 3.
3. Digeste, livre 49, titre 14. De jure fisci, loi 27.
4. Code, livre 5, titre 16. De donationibus inter virum et uxorem, loi 24. Digeste, livre 24, titre 1, même titre, loi 13, § 1.

## CHAPITRE X.

### CONSÉQUENCES DE LA PERTE DU DROIT DE CITÉ.

Les condamnations à l'interdiction de l'eau et du feu et à la déportation entraînaient la perte du droit de cité. Cette peine accessoire avait une grande importance au point de vue des droits du fisc. Tandis en effet que la confiscation prononcée comme peine principale, soit seule, soit en même temps que la relégation, ne pouvait s'appliquer qu'aux biens présents de l'accusé, et que ce dernier, restant citoyen romain, pouvait acquérir une nouvelle fortune et la transmettre à ses héritiers légitimes ou testamentaires (1) ; les condamnés à la déportation (anciennement *quibus aqua et igni interdictum est*) formaient une classe spéciale de pérégrins (2).

Chassés de la cité romaine sans pouvoir entrer dans aucune autre, ils ne conservaient aucun des droits dits civils que chaque peuple établit d'une façon différente pour ses nationaux. La transmission d'une hérédité, figurant au pre-

1. Digeste, livre 17, titre 1. Mandati, loi 22, § 5 «..... publicatis bonis, quidquid postea acquiritur, non sequitur fiscum. »
2. Digeste, livre 2, titre 4. De in jus vocando, loi 10, § 6.

mier chef parmi les droits de cette nature, le déporté ne pouvait ni recueillir une succession ou un legs (1), ni faire de dispositions testamentaires, ni avoir un héritier ou un successeur « *ab intestat* » même pérégrin (2). Sa capacité est nettement indiquée par la formule de Marcien : « Ut ea « quidem quæ juris civilis sunt, non habeant, quæ vero ju- « ris gentium sunt, habeant » (3). Il pouvait donc acquérir des biens postérieurement à sa condamnation, par les modes ordinaires du droit des gens, permis à toute personne sans distinction de nationalité, mais à sa mort, les biens ainsi acquis se trouvaient sans maître, et le fisc était appelé à les recueillir comme tels.

Cette interprétation nous parait meilleure que celle qui consisterait à dire que la confiscation, en cas de déportation, comprenait les biens à venir comme les biens présents : d'abord parce que l'attribution au fisc est bien d'après les textes, une conséquence de la perte du droit de cité et de l'impossibilité d'avoir un héritier. En outre, le déporté peut acquérir ou aliéner en vertu du « *jus gentium* » qui comprend le pouvoir absolu de disposition entre vifs, et

1. Code, livre 6, titre 24, De heredibus instituendis et quæ personæ heredes institui possunt, loi 1, Qui deportantur, si heredes scribantur, tanquam peregrini capere non possunt, sed hereditas in ea causa est in qua esset si scripti non fuissent.

2. Code, livre 9, titre 49, De bonis proscriptorum, loi 2, « Deportati nec earum quidem rerum quas post pœnam irrogatam habuerint, heredem habere possunt, sed et hæ publicabuntur. » Digeste, livre 48, titre 20, De bonis damnatorum, loi 7. Règles d'Ulpien XX, § 14.

3. Digeste, livre 48, titre 19, De pœnis, loi 17.

malgré les restrictions apportées à ce pouvoir, postérieurement, sans doute, à l'adoption du principe, il paraît difficile de concilier une pareille liberté laissée au détenteur des biens, avec un droit préexistant du fisc. Du reste, si les actes frauduleux faits par le déporté pour diminuer sa succession devaient être rescindés (1), il en était de même des actes de même nature faits par l'accusé antérieurement à la condamnation. Il n'est donc pas nécessaire de supposer un droit acquis au Trésor public pour expliquer ou justifier cette garantie.

M. Accarias fait bien ressortir la cause des droits du fisc sur la succession des déportés :

« En temps de paix, les Romains respectent la personne « et la propriété du « *peregrinus* » et lui font l'application « tant du « *jus gentium* » que du droit spécial de sa propre « cité (2). — Le Romain qui perd la cité par suite d'une « condamnation n'a pas de « *certa civitas* », et le fisc met « la main sur son patrimoine. — J'ai parlé de pérégrins qui « n'appartiennent à aucune cité déterminée : à ceux-là les « Romains ne peuvent appliquer que les règles du « *jus* « *gentium.* » Leur condition est donc sensiblement moins « avantageuse que celle des pérégrins ordinaires. » (Accarias, opere citato, tome I, n^os^ 49 et 181 et page 93, note 1).

Antonin le Pieux enleva aux déportés le droit d'affranchir

1. Digeste, livre 48, titre 22, De interdictis et relegatis et deportatis, loi 15.

2. Gaius III, § 120.

leurs esclaves (1). Le même empereur permit à un déporté de laisser à sa mère par acte de dernière volonté ce qui lui était nécessaire pour vivre, et réciproquement permit à la mère de faire à son fils le même legs (2). Mais il ne paraît pas que cette mesure ait été généralisée.

1. Digeste, livre 48, titre 22, loi 2.
2. Dicto titulo, loi 16.

## CHAPITRE XI

### DES CONDAMNATIONS POUR DÉLITS MILITAIRES

Les soldats condamnés pour un délit militaire à une peine emportant confiscation, pouvaient être autorisés sur leur demande à disposer de tout ou partie de leurs biens par acte de dernière volonté : donation à cause de mort ou testament (1). Cette autorisation s'appliqua, selon les époques, soit à tout le patrimoine (2), soit seulement aux choses acquises dans les camps (*res castrensiæ*) (3). Ulpien se demande si en pareil cas un testament antérieur reste valable ou s'il doit être refait ; il est certain, ajoute-t-il, qu'il suffit

1. Digeste, livre 24, titre 1, De donationibus inter virum et uxorem, loi 32, § 8. « Si miles uxori donaverit de castrensibus bonis et fuerit damnatus, quia permissum est ei de his testari, si modo impetravit ut testetur, cum damnaretur, donatio valebit, nam et mortis causa donare potest, cui testari permissum. » Digeste, livre 32, De legatis, loi 22.

2. Constitution d'Adrien mentionnée dans la loi 6, § 6 au Digeste, livre 28, titre 3.

3. Constitution de Valérien et de Gallien, au Code, livre 6, titre 21, De testamento militis, loi 13. « Et militibus nostris centurionibus quoque ob flagitium militare damnatis, non aliarum quam castrensiarum rerum testamentum facere permittitur, et intestatis jure proprio succeditur a fisco ».

que le militaire ait manifesté son intention de refaire son testament, puisqu'il n'est assujetti à aucune forme (1).

Nous pensons que le testament antérieur était réellement annulé et que les héritiers avaient à prouver la volonté du testateur de le faire revivre. Mais il n'en était pas de même pour les donations à cause de mort, parce que la preuve de l'intention de les maintenir résultait simplement de ce qu'il n'y avait pas eu révocation (loi 32, § 8 ci-dessus, au Digeste, livre 24, titre 1).

1. Digeste, livre 28, titre 3. De injusto rupto, irrito facto testamento, loi 6, § 6.

## CHAPITRE XII

### QUI PROFITAIT DE LA CONFISCATION

A l'origine, les biens des *sacrati capitis* étaient dévoués aux dieux et devenaient *res nullius*. Plus tard, les biens confisqués, *publicati*, propriété du peuple romain, étaient vendus au profit du trésor public. Sous l'empire, le bénéfice en fut bientôt recueilli par le trésor du prince (*fiscus*) (1). Enfin, nous avons vu que tout en conservant cette expression de *fiscus*, les textes contenus dans les codes de Théodose et de Justinien en attribuent la propriété au Trésor privé ou *res privata* puisque ce sont les *rationales rei privatæ*, sous le contrôle du *comes rerum privatarum*, qui sont chargés de les revendiquer et d'en prendre possession (2).

Mais indépendamment de la part qui était laissée aux enfants du condamné, et dont nous nous occuperons plus loin,

1. Tacite, Annales, VI, 19. « Aurarias, quamquam publicarentur, Tiberius sibimet seposuit. »

2. Code Théodosien, livre 9, titre 42, De bonis proscriptorum, loi 7. — L'administration de ces biens était confiée aux *numerarii* qui dépendaient aussi du *comes rerum privatarum*. — Code de Justinien, livre 12, titre 50, De numerariis.

l'administration centrale ne conservait pas toujours le profit de la confiscation, soit qu'une coutume ou une loi spéciale l'obligeât à des restitutions, soit par suite de la générosité ou de la faiblesse de l'empereur.

En outre, un certain nombre de constitutions, par dérogation aux règles générales, écartaient le Trésor pour appeler à recueillir les biens confisqués divers autres bénéficiaires.

C'est ainsi que les églises pouvaient revendiquer directement les immeubles affectés à l'exercice des cultes prohibés (1) ; que les curies succédaient dans certains cas aux décurions condamnés à la déportation (2) ou à la peine de mort (3). On trouve même une loi donnant à la victime du délit tous les biens du coupable. La fille ou la femme ingénue victime d'un rapt succède, en effet, à son ravisseur aux termes d'une constitution de Justinien (loi unique au Code, livre 9, titre 13. *De raptu virginum seu viduarum*).

Quant aux biens que le fisc était appelé à recueillir, il était d'usage d'en donner une part, soit aux accusateurs, soit aux délateurs, en comprenant sous cette dénomination non seulement ceux qui dénonçaient le crime, mais encore ceux qui, après la sentence, indiquaient aux agents du Trésor les biens atteints par la confiscation, que ceux-ci n'avaient pas découverts.

1. Code, livre 1, titre 9, De judæis et cælicolis, loi 12, loi 19.
2. Code, livre 5, titre 5. De incertis et inutilibus nuptiis, loi 3,
3. Code, livre 9, titre 49, De bonis proscriptorum seu damnatorum, loi 10.

La part donnée aux accusateurs fut variable au point qu'on leur distribua parfois tout le patrimoine de l'accusé (1). D'après la loi Julia, pour le crime de lèse-majesté, elle était du quart (2). La loi Cornélia accordait à l'accusateur, pour chaque esclave fugitif qu'il prouvait avoir concouru au meurtre de son maître, une somme de cinq aurei à prendre sur les biens du défunt, ou à défaut, dans le trésor public (*ex bonis occisi, aut si inde redigi ea quantitas non possit, ex publico*) (3).

Les récompenses accordées aux délateurs firent que ces gens devinrent une plaie, non seulement au point de vue de la tranquillité des propriétaires, mais encore au point de vue des intérêts du Trésor, auquel ils étaient plus gênants qu'utiles, et qui se trouvait sans cesse exposé à leurs réclamations. De là, d'abord une réglementation minutieuse, et ensuite une réprobation générale, et des mesures sévères prises contre des hommes aussi dangereux (4), dès qu'il était prouvé qu'ils agissaient de mauvaise foi (5).

Cependant il suffisait qu'il s'agît d'un crime de lèse-ma-

1. Tacite, Annales, II, 32. « Bona (de Libon Drusus) inter accusatores dividuntur ».

2. Tacite, IV, 20. « Marcus Lepidus quartam accusatoribus, secundum necessitudinem legis, cetera liberis concessit ».

3. Digeste, livre 29, titre 5. De senatus consulto Silaniano et Claudiano, loi 25.

4. Digeste, livre 49, titre 14. De jure fisci, loi 25. Code, livre 10, tit. 11. De delatoribus. Code, livre 9, titre 35. De injuriis, loi 3.

5. Digeste, livre 49, titre 14, loi 2.

jesté pour que le délateur qui prouvait son dire reçût la huitième partie des biens confisqués (1).

1. Code, livre 10, titre 11, De delatoribus, loi 18, § 7 «... non solum pœna careant, sed etiam octavam partem bonorum delatorum, accipiant ».

## CHAPITRE XIII

### DES « BONORUM PETITIONES »

Les empereurs disposèrent souvent en faveur de leurs favoris, des biens qu'ils recueillaient par suite de confiscations ou autrement. Une pareille générosité dégénéra en abus, surtout quand les rouages de l'administration devenant de plus en plus compliqués, il suffit de savoir profiter des caprices ou de la vénalité d'un fonctionnaire pour acquérir par ce moyen une fortune.

Aussi diverses constitutions eurent-elles pour but, sinon pour résultat, d'y mettre un terme.

Constantin se borne à défendre que le donataire soit mis en possession avant que l'inventaire des biens ait été communiqué au *comes rerum privatarum* (1).

Gratien, Valentinien et Théodose interdisent toute pétition tendant à obtenir les biens des condamnés pour crime de lèse-majesté, et déclarent que les libéralités qu'ils feront de ces biens ne seront valables que si le bénéficiaire ne les a pas demandées : « Si quid autem, ex bonis talibus, nostro judi-

1. Code Théodosien, livre 10, titre 8, De bonis vacantibus, loi 2.

« cio, nullo tamen desiderante atque poscente, concedi cui-
« quam voluerimus, hujusmodi tantum valeat liberalitas. » (loi première au code de Justinien, livre 10, titre 12, *De petitionibus bonorum sublatis)*.

Honorius et Théodose étendirent la même règle à tous les biens des condamnés à mort (1).

Enfin une constitution de Théodose et Valentinien (en 444) défend pour l'avenir toutes les pétitions de ce genre, et ordonne que toutes les libéralités même faites par l'empereur qui pourraient en être la suite, soient considérées comme non avenues (2).

1. Code Théodosien, De bonis proscriptorum seu damnatorum, livre 9, titre 42, loi 22.

2. Code de Justinien, livre 10, titre 12, De petitionibus bonorum sublatis, loi 2. « ... scilicet nec pragmatica jussione, vel sacra adnotatione, vel quolibet oraculo divino, seu mandatis, (si qua contra hanc sanctionem nostram fuerint impetrata), quippiam roboris habere valituris. »

## CHAPITRE XIV.

### DROITS DES ENFANTS DES CONDAMNÉS ET DE LEURS ASCENDANTS.

Il était facile, puisqu'on pouvait disposer des biens des condamnés en faveur d'étrangers, d'en donner une partie à leurs propres enfants. L'usage s'établit de corriger dans une certaine mesure par des libéralités de ce genre les conséquences de la confiscation.

Le jurisconsulte Paul nous apprend que quelquefois le patrimoine entier d'un condamné était laissé à des enfants nombreux (1). On s'aperçut bientôt du danger qu'il y avait à s'en rapporter sur ce point au bon plaisir des agents du fisc, chargés d'instruire les demandes et de préparer les décrets du prince. Aussi voyons-nous que dans les causes criminelles jugées par le Sénat, la sentence de condamnation elle-même pouvait déterminer la quotité ou la nature des biens à laisser aux enfants (2).

Les empereurs eux-mêmes reconnurent aux descendants des condamnés ordinaires un véritable droit à la concession

1. Digeste, livre 48, titre 20. De bonis damnatorum, loi 7.
2. Tacite, Annales III 68, IV 20, XIII 43.

d'une partie de leur patrimoine. Plusieurs textes du Digeste règlent les conditions auxquelles ce droit pouvait être exercé. Il était accordé même aux enfants posthumes et aux enfants adoptés sans fraude. Il ne pouvait porter sur les biens acquis criminellement. Enfin quand la confiscation n'était que de moitié, aucune réclamation des descendants n'était admise (1).

D'autres adoucissements furent apportés aux rigueurs de la confiscation. D'après une constitution de Constance et Julien, certains héritiers naturels des condamnés à mort sauf pour crime de lèse-majesté ou de magie, devaient leur succéder pour le tout, de préférence au fisc : « Si quem forte « gladius ultor adflixerit, aliave quælibet vitam adimens « pœna consumpserit, usque ad tertium gradum generis co- « pulationis ejusdem successio deferatur, fisco penitus « quiescente, ut accipiat hereditatem qui eam juro civili vel « prætorio poterat vindicare, de numero videlicet persona- « rum quas legis hujus excepit auctoritas. Sed ita ut alia sit « conditio damnatorum ex crimine majestatis aut magicæ. « In his enim, etiamsi liberos damnatus habeat vel parentes, « non condentes pœnam sed relinquentes antiquam, fisco « fieri locum præcipimus. » (Loi 2 au code Théodosien, livre 9, titre 42, *De bonis proscriptorum*).

Il est probable que le trésor éprouva par le fait de cette loi une diminution de recettes assez sensible puisqu'au bout de

1. Digeste, livre 48, titre 20, loi 1, loi 7.

deux ans, elle fut abrogée purement et simplement par ses auteurs (loi 4, au Code Théodosien *dicto titulo*).

On revint au droit antérieur qui reconnaissait des droits aux enfants, mais sur les biens de leurs ascendants mâles seulement : « *De bonis matris deportatæ filiis nihil deberi* « *juris absolutissimi est* », (loi 6, au Code de Justinien, livre 9, titre 49, *De bonis proscriptorum*).

Valentinien et Valens accordèrent à nouveau aux descendants des condamnés la totalité de leur succession, (loi 6, au Code Théodosien, *dicto titulo*) sans limitation de degré, mais sauf exception pour les crimes de lèse-majesté et de sacrilège.

Gratien, Valentinien et Théodose réglèrent de la façon suivante le sort des biens des déportés et des condamnés à mort, dans deux constitutions insérées dans le code Théodosien, (loi 8 et loi 9, *dicto titulo*) et dont la première est en partie reproduite au code de Justinien (loi 8, même titre).

I. En cas de déportation, s'il y a des enfants ou des petits-enfants émancipés ou non, et pour les petits-enfants, qu'ils soient nés d'un fils ou d'une fille, le fisc ne prendra que la moitié des biens ; l'autre moitié sera partagée entre le déporté lui-même et ses descendants, de telle sorte qu'il garde pour lui un sixième du tout et que le tiers restant soit pris par ses enfants ou petits-enfants ; et si quelques-uns d'entre eux seulement sont émancipés, ceux-ci, de même que les filles dotées, auront le choix ou de s'en tenir à ce qu'ils possèdent, ou de concourir avec les autres en en effectuant le rapport.

Si les descendants ne sont pas tous du même degré, le partage aura lieu entre eux par souches et non par têtes.

Si le déporté n'a ni enfants ni petits-enfants, mais son père et sa mère ou l'un d'eux, le fisc prendra, non plus la moitié seulement, mais les deux tiers de son patrimoine ; le dernier tiers sera partagé en deux sixièmes, dont l'un sera conservé par le déporté, et l'autre recueilli par ses parents ou le survivant d'eux.

Si le déporté n'a ni descendants, ni père ni mère, le fisc lui prendra les cinq sixièmes de ses biens et lui laissera le reste.

En cas de crime de lèse-majesté, les règles ci-dessus ne s'appliqueront pas ; le déporté sera entièrement dépouillé de ses biens dont un sixième seulement est concédé à ses enfants ou petits-enfants.

II, § 1. En cas de condamnation à mort, la succession du coupable sera déférée tout entière en premier lieu à ses enfants et à ses petits-enfants issus d'un fils, si ces derniers sont restés en sa puissance ; et en second lieu à défaut d'enfants du premier degré et d'héritiers siens du second degré, à ses autres petits-enfants. Dans ces cas le partage aura lieu par souches et les émancipés, comme les filles dotés, seront soumis au rapport. Les descendants du troisième degré, mais seulement s'ils sont issus d'un fils et d'un petit-fils du condamné viendront en concours avec le fisc et recueilleront la moitié des biens, chacun dans la proportion fixée par le droit civil.

§ 2. A défaut de descendants appelés par les dispositions précédentes, le père et la mère du condamné prendront le tiers de sa succession et le fisc les deux autres tiers. Si l'un des parents du condamné est décédé avant lui, le père survivant recueillera seul le tiers qui leur est réservé. La mère survivante aura le même droit, mais dans le cas seulement où elle posséderait le *jus liberorum* ; sinon elle devra se contenter d'un sixième, et cinq sixièmes au lieu de quatre, seront dévolus au fisc.

§ 3. Enfin si le condamné laisse son grand-père ou sa grand'mère paternels, ou un frère ou une sœur, ou à la fois des frères et sœurs et ses aïeuls paternels, l'hérédité leur sera dévolue pour un quart seulement, conformément aux lois successorales.

A défaut de parents compris dans l'énumération qui vient d'être faite, la succession sera revendiquée en totalité par le fisc. (Anno 380).

La loi suivante étend le bénéfice des dispositions ci-dessus aux enfants posthumes des condamnés (1). (Anno 383).

Ces lois restèrent assez longtemps en vigueur. Elles furent abrogées, sauf en ce qui concernait les droits des descendants et des ascendants du premier degré, par Honorius et Théodose en 421. « Eorum facultates qui pro criminibus « suis meruere puniri (omni penitus competitione submota)

1. Code Théodosien, livre 9, titre 42 : De bonis proscriptorum, loi 10. « Ad beneficium legis Valentinianæ pertineant postumi quoque puniti patris ut bona faciant non caduca. »

« fisco nostro jubemus addici : si nullos tamen liberos, pa-« trem matremve derelinquunt, quibus damnatorum bona « servavit humanitas, scelere majestatis excepto, cujus « atrocitas nihil relinquit heredibus ». (Loi 22 au Code Théodosien, hoc titulo).

Trois ans plus tard, Théodose et Valentinien restreignirent considérablement le droit des enfants auxquels ils ne laissèrent plus que la moitié de la succession de leur père, et supprimèrent complètement le droit des ascendants (1).

APPENDICE. — *Règles particulières au crime de lèse-majesté*.

Les diverses restrictions que nous avons vues apportées aux droit du fisc ne s'appliquaient pas aux biens des criminels de lèse-majesté. Ni eux ni leurs enfants ne méritaient aucune indulgence. Nous rappelons que leur mort n'empêchait ni les poursuites ni l'effet de la condamnation. On faisait le procès à leur mémoire (2). Leurs femmes ne pouvaient recueillir le bénéfice des donations qui leur avaient été faites pendant le mariage (3). La loi 8 au code Théodosien dont nous avons rapporté les dispositions et mentionné l'abrogation, n'accorde un sixième aux enfants qu'au cas très rare où l'accusé de lèse majesté échappait à la peine de mort et subissait seulement la déportation.

Une constitution rendue en 397 par Arcadius et Honorius,

1. Code de Justinien, livre 9, titre 49, De bonis proscriptorum, loi 10.
2. Code, livre 9, titre 8, Ad legem Juliam majestatis, loi 7, loi 8.
3. Digeste, livre 24, titre 1. De donationibus inter virum et uxorem loi 32 § 7.

non seulement refuse aux enfants de ces condamnés la moindre part du patrimoine de leur père, mais encore les déclare incapables de recueillir aucune hérédité, soit de leurs autres parents, soit d'étrangers. Exception est faite seulement pour les filles qui conservent le quart de la succession de leur mère : C'est la loi 5 au code de Justinien, livre 9, titre 8, *Ad legem Juliam majestatis*... « § 1 Filii vero ejus « quibus vitam imperatoria specialiter lenitate concedi« mus (paterno enim deberent perire supplicio, in quibus « paterni, hoc est hereditarii criminis exempla metuuntur), « a materna vel avita, omnium etiam proximorum hereditate « ac successione habeantur alieni, testamentis extraneo« rum nihil capiant, sint perpetuo egentes et pauperes, in« famia eos paterna semper comitetur, ad nullos prorsus ho« nores, ad nulla sacramenta perveniant, sint postremo tales, « ut his perpetua egestate sordentibus, sit et mors solatium « et vita supplicium ».

## CHAPITRE XV

### PRESCRIPTION

Un accusateur ne pouvait pas retarder indéfiniment et suivant son bon plaisir la terminaison du procès criminel qu'il avait engagé. Il devait faire la preuve de son accusation dans un certain délai (fixé à deux ans par Justinien), à défaut de quoi il pouvait être frappé lui même de la confiscation du quart de son patrimoine, et celui qu'il avait traduit en justice était renvoyé absous (1).

Après la condamnation prononcée, le fisc avait quatre ans pour découvrir la situation des biens confisqués, soit par ses agents, soit par les dénonciations des particuliers (*nuntiatores*, *delatores*), et faire connaître publiquement son intention de s'en rendre maître (2). Son action contre les possesseurs

1. Code livre 9, titre 44. Ut intra certum tempus criminalis quæstio terminetur, loi 1, loi 3.

2. Digeste, livre 44, titre 3. De diversis temporalibus præscriptionibus, loi 10. Code, livre 7, titre 37. De quadrienni præscriptione, loi 1. « Notum est a fisco quæstionem post quadriennium continuum super bonis vacantibus inchoandam non esse. Additum est et eos qui nostra largitione nituntur nulla inquietudine lacessendos, nec his a fisco nostro controversiam commovendam, qui quoquo modo aut titulo easdem res possederint. »

durait ensuite vingt ans (1) à compter du jour de cette publication ou de la notification aux interessés : « Petitam autem « fisco hereditatem ex eo tempore existimandum esse quo « primum scierit quisque eam a se peti, id est cum primum « aut denontiatum esset ei, aut litteris vel edicto evocatus « esset censuerunt (les sénateurs). (Loi 20 § 6, au Digeste, livre 5, titre 3, *De hereditatis petitione*).

Passé ce délai, il y avait prescription, et les héritiers du condamné ou le condamné lui-même ne pouvaient plus être inquiétés, si aucune demande n'avait été formée contre eux avant son expiration.

La même règle s'appliquait aux biens de ceux qui, ayant fait défaut en justice, se trouvaient *requirendi annotati* et avaient encouru la confiscation pour ne pas s'être représentés dans l'année. Le fait d'avoir prescrit contre le fisc ne leur enlevait pas le droit de répondre à l'accusation à quelque époque que ce fût. Le point de départ du délai de vingt ans était le jour de la publication de la sentence qui avait déclaré le défaillant *requirendus reus* (2).

1. Digeste, dicto titulo, loi 13 : « In omnibus fisci quæstionibus, exceptis causis in quibus minora tempora servari specialiter constitutum est, viginti annorum præscriptio custoditur ».

2. Digeste, livre 48, titre 17. De requirendis vel absentibus damnandis, loi 2, loi 3, loi 4.

## CHAPITRE XVI

### DE LA GRACE ET DE LA RESTITUTION.

Quand le prince remettait la peine d'un condamné, ses biens ne lui étaient pas toujours rendus. La grâce simple n'avait d'effet que sur la personne (1); mais l'empereur pouvait accorder l'*in integrum restitutio* qui faisait rentrer celui qui en bénéficiait, en possession de tous ses droits antérieurs à la condamnation et de toute sa fortune ; sauf bien entendu, les droits régulièrement acquis par les tiers (2) : « Tantum ad restitutionem indulgentia valeat quantum ad « correctionem sententia valuit, utque deportationis ipsum « per se nomen, rerum omnium spoliato est, ita indulgen- « tiæ restitutio bonorum ac dignitatis, uno nomine amisso- « rum omnium sit recuperatio. » (Loi 13, § 4, au Code, livre 9, titre 51. De sententiam passis et restitutis).

1. Code, livre 9, titre 49. De bonis proscriptorum, loi 4; Livre 9, titre 51. De sententiam passis et restitutis, loi 8 et les précédentes.
2. Digeste, livre 2, titre 4. De in jus vocando, loi 10, § 6 ; Livre 37, titre 14. De jure patronatus, loi 21.

## CHAPITRE XVII

### DROIT DES NOVELLES.

Justinien en recueillant au Digeste et au Code les textes alors en vigueur sur la confiscation, laissa subsister et sanctionna sur cette matière des règles plus dures que celles qui avaient été applicables à diverses autres époques.

Un prince si ambitieux de gloire ne devait pas montrer moins de générosité envers les enfants des malheureux condamnés que quelques-uns de ses prédécesseurs. Ce ne fut cependant qu'à la fin de son règne, que par la novelle 134 il appela à recueillir les biens des déportés et des condamnés à mort, à l'exclusion du fisc, leurs descendants et leurs ascendants jusqu'au troisième degré (*descendentes et ascendentes usque ad tertium gradum*)

A défaut d'héritiers en ligne directe, et même selon plusieurs interprètes, de certains collatéraux, le patrimoine était confisqué, mais la femme du condamné pouvait exercer tous les droits résultant à son profit tant de ses conventions matrimoniales, que des lois relatives aux mariages contractés sans constitution de dot (1).

1. Novelle 117, chapitre 10. « Cum matrimonium est sine dote, et conjux superstes inops, mortui quartam partem accipiat. »

Rien n'était changé aux anciennes lois en ce qui concernait le crime de lèse-majesté.

La novelle 17 de Justinien contient un chapitre (le chapitre XII) portant la rubrique : *De capitali crimine damnatis, ut bona eorum non publicentur, sed propinquis reliquantur*. Il est difficile d'admettre que ce texte ait eu pour but de supprimer complètement la confiscation qui devait résulter de la condamnation, car il deviendrait presque impossible d'expliquer la novelle 134. Nous préférons croire que la rubrique du chapitre est inexacte, et que Justinien a simplement ordonné à cette époque aux magistrats, d'infliger aux criminels des peines corporelles plutôt que de prononcer contre eux des peines pécuniaires ou des confiscations.

# TROISIÈME PARTIE

## CONCLUSIONS

Dans l'étude succinte que nous avons essayé de faire de l'expropriation et de la confiscation en droit romain, nous avons vu des règles précises et certaines, mais variables et s'appliquant soit à des cas spéciaux soit à une époque déterminée. Il semble que le sujet que nous avons choisi ne se soit pas prêté à ce développement lent et régulier, procédant autant de la logique que des nécessités apportées par la civilisation, qui a fait de la législation romaine sur d'autres points une véritable raison écrite. Faut-il voir là seulement une conséquence de la différence qui existe entre le droit administratif et le droit civil? Il est vrai que l'un suit plutôt les fluctuations de la politique, tandis que l'autre se transforme plus aisément sous l'influence de l'esprit particulier de chaque nation. Peut-être cependant peut-on donner une autre raison de la difficulté qu'on éprouve à trouver sur les matières qui nous occupent une suite d'idées nette et durable sanctionnée par la jurisprudence et les lois. Nous ne sommes pas seulement en présence, en effet, de règles d'organisation ou d'attributions de pouvoirs publics, dont les bons ou mauvais effets ne touchent les particuliers qu'indirectement et après un certain espace de temps. L'expropriation, la confiscation, peuvent frapper du jour au lendemain chaque individu et ne peuvent être choses indifférentes à l'opinion. Il devait donc y avoir une tendance générale à l'amélioration du droit par la reconnaissance formelle et le respect des intérêts particuliers compatibles avec l'utilité publique. Si cette tendance ne produisit pas d'effets suffisants, si chaque réforme accomplie ne put pas être considérée comme un progrès définitivement acquis ouvrant la voie à un progrès nouveau, c'est à notre avis parce que le législateur se trouvait sur ce point juge de sa propre cause, et que son intérêt immédiat était contraire à l'abandon des anciens principes du vieux droit.

Alors même que l'influence personnelle des magistrats et une sorte de droit prétorien eussent favorisé les prétentions des particuliers, toute innovation importante devait forcément résulter, sous la république du vote d'une assemblée, et sous l'empire, de la volonté du prince, c'est-à-dire être faite par ceux mêmes qui représentaient l'Etat et étaient chargés de la garde de ses droits et de ses prérogatives. On comprend que surtout quand les intérêts du Trésor public et ceux des empereurs furent confondus, ces derniers purent se refuser à faire de bonnes lois de peur de diminuer leurs ressources, et en firent quelquefois de mauvaises pour les augmenter. Voilà donc un trait commun de l'expropriation et de la confiscation. Les avantages du Trésor y sont proportionnés à l'étendue du droit de l'Etat, et leur considération n'est pas étrangère aux vicissitudes de la législation.

Doit-on essayer de rapprocher davantage ces deux institutions et les faire découler d'un même principe, d'un droit de domaine éminent réservé par l'Etat sur les biens des particuliers, dont il aurait pu ressaisir la propriété par la seule révocation d'une jouissance concédée à titre précaire? Un pareil système, facile à défendre en tant qu'il s'agirait d'en faire l'application à certains biens déterminés tels que les fonds provinciaux, ne pourrait être généralisé qu'au moyen d'hypothèses aussi nombreuses que les sources historiques de la propriété, non seulement du droit romain, mais encore du droit des gens.

Nous ne croyons pas nécessaire de remonter aussi loin. En ce qui concerne l'expropriation, on la voit tous les jours pratiquée chez des peuples où la législation tant politique que civile n'a ni créé ni modifié la propriété privée qui existait avant elle, et ne reconnaît à l'Etat aucun droit de domaine éminent sur les choses de toute nature possédées par les particuliers.

Si les progrès apportés en cette matière par le temps et la civilisation avaient eu pour but de développer les pouvoirs de l'Etat, on pourrait soutenir qu'à l'origine le droit pur et simple d'expropriation lui-même n'existait pas, et se croire obligé de rechercher dans les constitutions politiques de l'antiquité, un droit d'une autre nature capable de produire les mêmes effets. Mais la supériorité lentement obtenue des législations nouvelles sur les anciennes consistant surtout dans la limitation formelle des droits de l'Etat et le respect obligatoire des droits des particuliers ; il semble naturel d'en conclure que dans les civilisations moins avancées, la règle était l'omnipotence absolue des pouvoirs publics, et que ceux-ci pouvaient à leur gré, aussi bien briser le droit de propriété le plus complet et le plus solide, que retirer à un concessionnaire une simple possession précaire.

Si cette conclusion est juste, elle suffit à expliquer pourquoi aucune garantie particulière n'avait été édictée au profit des citoyens atteints par des expropriations, pourquoi les fonds italiques n'étaient pas plus protégés contre elles que les fonds provinciaux, et pourquoi la propriété des immeubles ne fut guère mieux traitée que celle des meubles.

Une autre conséquence en découle, non contredite par les textes, à savoir que l'indemnité représentative de la valeur de la chose expropriée ne put jamais être exigée d'une façon générale, comme un droit dérivant de la nature des choses et corrélatif à l'obligation de subir la dépossession; mais seulement dans certains cas en vertu de lois particulières, basées sur l'équité. Ces lois ne furent pas assez compréhensives ni assez nombreuses pour former un droit nouveau qui aurait réduit à néant les anciennes prérogatives de l'Etat.

Quant à la confiscation, aujourd'hui réprouvée comme peine criminelle, l'attribution de biens privés à l'Etat qui en était la suite mais non le but, nous semble suffisamment justifiée par les règles du droit civil proprement dit : règles déjà exposées à propos des condamnés à l'interdiction de l'eau et du feu et à la déportation, et qu'il ne nous reste plus qu'à généraliser.

Toutes les fois en effet qu'une peine criminelle entraîne un changement d'état, une *deminutio capitis*, (et on sait que sous l'empire les condamnés aux peines les plus graves étaient réputés *servi pœnæ*), la confiscation totale des biens du condamné n'est que l'exercice par le Trésor public de son droit de recueillir les successions vacantes. Il est vrai que la loi Julia « *caducaria* » qui déféra les biens vacants au peuple (Ulpien. Règles, XXVIII, § 7) date de l'époque d'Auguste, et qu'auparavant les biens de ceux qui mouraient sans héritiers passaient en général à des étrangers au moyen de l'*usucapio pro herede*. Mais cette sorte d'*usucapio* ne pouvait s'appliquer aux biens des condamnés à une peine capitale qui avaient perdu la *factio testamenti* (Digeste, livre 41, titre 5, loi 4) et dont personne ne pouvait se prétendre héritier, puisque par le seul fait de la sentence, il était certain qu'ils n'en avaient pas.

Leur patrimoine n'était donc pas soumis à toutes les règles des successions ordinaires. Or la loi Julia « *caducaria* » ne fit qu'étendre à tous les biens vacants une disposition qui existait déjà au profit de l'Etat sur les biens laissés *ab intestat* par les Vestales à qui il n'était permis d'avoir que des héritiers testamentaires (1).

1. Accarias, tome I, page 147 note 2.

Les droits du Trésor public sur les biens des condamnés ne pouvaient-ils pas être de la même nature que ceux qui lui étaient accordés sur la succession des Vestales, alors surtout qu'il y a une raison identique, l'absence certaine d'autres héritiers? Cette opinion est fortifiée par les textes, qui nous montrent l'Etat succédant non seulement aux droits mais encore aux obligations du condamné, et édictent souvent les mêmes prescriptions tant pour les biens confisqués que pour les biens vacants ordinaires.

Ce rapprochement entre le droit de l'Etat sur les biens confisqués et un simple droit de succession peut être tenté même en cas de confiscation prononcée à titre de peine principale, et alors même qu'elle ne frappait que sur une partie du patrimoine. Dans tous les cas, en effet, on enlève au condamné certains droits (*bona auferuntur*, disent les textes), qui n'appartenant plus à leur maître deviennent vacants, et par suite peuvent être appréhendés par l'Etat sans qu'il ait besoin de justifier d'aucun titre de propriété antérieur.

Nous croyons donc qu'il y avait entre l'expropriation et la confiscation cette différence fondamentale, que l'une était l'attribution directe au profit de l'Etat, des biens qui en faisaient l'objet; tandis que la seconde, d'ordre purement criminel, avait pour principal effet de dépouiller le condamné de tout ou partie de son patrimoine, dont le sort se trouvait alors réglé soit par des lois spéciales soit par les principes généraux du droit civil.

# DROIT FRANÇAIS

## DU
# JUGEMENT D'EXPROPRIATION
## ET DE LA FIXATION DE L'INDEMNITÉ

**D'après la loi du 3 mai 1841**

### INTRODUCTION.

La liberté de la propriété est un principe de droit constitutionnel. Par suite de la nécessité de subordonner les intérêts des particuliers à l'intérêt général de la nation, ce principe doit supporter des exceptions ou des tempéraments dont le réglement appartient au droit administratif.

Mais notre matière présente dans notre législation ce caractère spécial que les garanties accordées à la propriété privée sont d'un ordre différent selon la nature et l'importance du sacrifice qui lui est demandé pour l'utilité publique.

Le soin de faire respecter les droits des particuliers est tantôt laissé aux autorités et aux juridictions administratives, qui pourront annuler les mesures irrégulièrement prises ou exécutées contrairement aux lois ; tantôt au contraire il est confié, et alors d'une façon préventive, aux tribunaux de l'ordre judiciaire, chargés de s'assurer de l'accomplissement de toutes les formalités nécessaires et de donner eux-mêmes par leur sentence aux représentants du pouvoir exécutif, le titre qui leur permettra d'agir contre les propriétaires.

Il en est ainsi quand il s'agit d'une dépossession complète et irrévocable. La sentence dont nous venons de parler est le jugement d'expropriation.

Tout n'est pas terminé quand ce jugement a été rendu, ou, dans le cas où il n'est pas exigé, quand une décision administrative régulière a porté atteinte dans un but d'utilité puplique a une propriété privée.

L'individu qui voit son droit ainsi supprimé ou diminué doit recevoir en échange une indemnité pécuniaire, dont le montant sera fixé à défaut de convention amiable, soit par un jury spécial d'expropriation, composé de 12 ou de 4 membres, soit par le conseil de préfecture, soit quelquefois par un tribunal civil. S'il y a lieu à une dépossession définitive, il est de principe que l'indemnité doit être préalable à cette dépossession, à moins qu'on se trouve dans un des cas d'exception prévus par les lois.

Nous ne nous occuperons dans cette thèse que de l'expropriation totale dans son application la plus ordinaire, réglée par la loi du 3 mai 1841, intitulée : Loi sur l'expropriation pour cause d'utilité publique.

Aprés avoir rappelé les principales variations de notre droit sur la matière et indiqué l'économie générale des deux premiers titres de la loi, nous étudierons spécialement ses dispositions sur le jugement d'expropriation et sur la fixation de l'indemnité.

# CHAPITRE I

## HISTORIQUE

### Section I. — *Ancien droit.*

L'expropriation pour cause d'utilité publique n'était pas inconnue dans notre ancien droit. Une ordonnance rendue à Nîmes en 1303 par Philippe le Bel en faveur du clergé de Narbonne, citée dans la plupart des auteurs comme le plus vieux texte qui nous soit propre sur la matière, autorise les expropriations pour l'utilité du culte : « Concedimus ex nunc « quod possessiones quas pro Ecclesiis aut pro domibus « Ecclesiarum parochialum fundandis de novo, vel amplian- « dis infra villas, non ad superfluitatem sed ad convenientem « necessitatem acquiri continget de cetero, apud ipsas eccle- « sias perpetuo remaneant, absque coactione vendendi, vel « extra manum ecclesiarum ponendi ; quodque possessores « illarum possessionum ad eas dimittendas pro justo pretio « compellantur. Item pro ecclesiis etiam parochialibus ». (Le registre D de la sénéchaussée de Nîmes ajoute : Cemeteriis) « et domibus rectorum extra villas fundandis vel ampliandis « concedimus illud idem » (1).

1. Ordonnances des rois de France, de Laurière, tome I, page 402.

L'ordonnance reconnait la nécessité de désintéresser les propriétaires dépossédés au moyen d'une juste indemnité, mais elle ne règle aucun détail d'exécution, s'en rapportant sans doute à la jurisprudence déjà établie pour les cas d'expropriation ordinaire.

L'influence du droit romain, prépondérante dans le midi de la France et suivie encore en beaucoup de points dans les pays de coutume, dut être d'un grand secours aux rois considérés comme les successeurs lègitimes de la puissance impériale, pour leur assurer leur droit de prendre la propriété privée, toutes les fois que cela était nécessaire pour le bien public.

Mais il était impossible, à supposer qu'on eût voulu l'essayer, de se conformer entièrement aux lois romaines relatives aux rapports de l'Etat avec les particuliers, car l'organisation administrative savante et compliquée du Bas-Empire n'existait plus. A un ordre de chose différent il fallait une jurisprudence nouvelle. Les hommes de loi qui la créèrent s'en réservèrent l'application. Et c'est ainsi que l'usage s'établit, à une époque que nous ne pouvons préciser, de faire prononcer les expropriations par les magistrats de l'ordre judiciaire. Le roi pouvait se dispenser, en vertu de son pouvoir législatif, de cette formalité, mais à la condition de statuer lui-même et de veiller ensuite à l'exécution de ses ordres. Mais ses fonctionnaires étaient obligés d'y recourir, et lui-même y eut longtemps intérêt pour ne pas s'exposer à des résistances qu'il ne lui aurait pas toujours été facile de vaincre.

A l'époque de la rédaction des coutumes, la marche à suivre pour les expropriations est parfaitement établie. Les représentants de l'Etat pour le bien du royaume, ceux des provinces, villes ou communes pour le bien de leurs habitants, enfin l'Eglise pour l'utilité du culte, peuvent acquérir les immeubles qui leur sont nécessaires malgré l'opposition de tous ayant droit, au moyen d'une sentence judiciaire qui, sur la preuve du bien fondé de leur demande, opère le transfert de la propriété à leur profit et fixe en même temps l'indemnité dont ils sont redevables (1). Un arrêt curieux rapporté par Papon du 26 novembre 1419 ordonna, sur la faute du bois advenu à la ville de Paris, que le roi lui-même serait tenu de vendre jusques à 30 arpents de forêts prochaines de Paris, à prix taxé par l'arrêt pour le roi sur les marchands, et pour iceux sur le peuple (2). On trouve mentionné dans Louet des arrêts d'expropriation d'une date assez reculée : un de 1584 relatif à l'agrandissement d'un cimetière, un du 12 juillet 1612 pour l'élargissement d'une rue, enfin un du 22 novembre 1685 pour le prolongement de la rue Saint-Jean de Latran (3). Ce dernier arrêt retenait au Conseil d'Etat, qui l'avait rendu, l'estimation de l'indemnité.

1. Dumoulin sur le paragraphe 51 De la coutume de Paris.

Arnold Ferron sur le paragraphe 90 De la coutume de Bordeaux (Lyon 1565).

Jean Papon. — Arrêts notables des cours souveraines de France (Paris 1607). Livre XI, titre 7. De retrait linagier : arrêts du parlement de Bordeaux du 6 septembre 1591 et du Grand conseil du 21 juillet 1595 au profit des Jurats de Bordeaux (p. 676).

2. Papon, *ibid.*, livre VI. De chose publique, police, etc. p. 334.

3. Louet (édition de 1742), arrêt 6, lettre A.

La nécessité d'une sentence judiciaire pour la procédure régulière d'expropriation ressort avec évidence du passage suivant de Domat : « Il arrive assez souvent, dit-il, que les « choses qui appartiennent à des particuliers se trouvent né- « cessaires pour quelque usage public, et si dans ce cas ils « refusent de les vendre, ils y sont contraints *par l'autorité* « *de la justice*, parce que toutes choses étant faites pour l'u- « sage de la société, avant qu'aucune passe à l'usage des par- « ticuliers, ils ne la possèdent qu'à cette condition que leur « intérêt cèdera à l'intérêt public dans les nécessités qui le « demanderont. Ainsi un particulier est obligé de vendre « son héritage s'il se trouve nécessaire pour quelque ou- « vrage public. Et il y a aussi d'autres causes où *la justice* « *oblige* de vendre, et même pour des intérêts de parti- « culiers.

« Les ventes forcées sont celles où l'on est *contraint par* « *l'autorité de la justice* pour un bien public ou autre juste « cause.

« Si une maison ou autre héritage se trouve nécessaire « pour un ouvrage public, comme pour y bâtir une église « paroissiale, ou pour l'augmenter, pour en faire un cime- « tière, pour faire une rue ou pour l'élargir, pour quelque « fortification ou autre ouvrage pour la commodité publique, « le propriétaire *est contraint par la justice* de vendre ce « fonds à un juste prix.

« Si dans le cas où l'on peut contraindre un propriétaire à « vendre son héritage, il consent volontairement à la vente,

« ce sera une convention dont les conditions seront telles « qu'on les aura réglées par le contrat et de gré à gré.

« Si le propriétaire refuse de vendre et se laisse contrain- « dre, *la sentence ou arrêt qui sera rendu contre lui* tien- « dra lieu de vente et de titre d'aliénation qui dépouillera ce « propriétaire de son droit et fera passer le fonds à l'usage « auquel il aura été destiné ». (1).

Il fallait donc un véritable jugement pour opérer le transfert de la propriété, mais cet effet avait lieu, que l'indemnité fût ou non fixée en même temps, et en tout cas avant qu'elle fût payée.

L'administration pouvait se mettre en possession immédiatement.

Le règlement de l'indemnité n'était considéré que comme un accessoire et fut compris dans les nombreuses attributions qui furent enlevées aux juridictions locales pour être confiées aux intendants. (2).

## SECTION II. — *Variations du droit depuis 1789 jusqu'à nos jours.*

La déclaration des droits de l'homme et du citoyen du 26 août 1789 établit le principe de l'indemnité préalable à la dé-

1. Domat. Les lois civiles et le droit public (Paris 1777). Lois civiles, livre I. titre II. section 13 : De quelques matières qui ont du rapport au contrat de vente. Tome I. page 59.

2. Aucoc — Conférences sur l'administration et le droit administratif, tome II, titre III. Des rapports de l'administration avec les propriétaires à l'occasion des travaux publics, page 322.

possession : Article 17 : « La propriété est un droit inviolable « et sacré ; nul ne peut en être privé, si ce n'est lorsque « la nécessité publique légalement constatée l'exige évidem- « ment et sous la condition d'une juste et préalable indem- « nité. » Nous pensons, dans le silence de nos lois constitutionnelles actuelles, que cet article est encore obligatoire pour le pouvoir législatif, sauf à entendre l'expressiou de nécessité publique dans son sens le plus large. Toutes les lois d'expropriation, ainsi que la constitution de 1848, ont remplacé les mots nécessité publique par ceux d'utilité publique. On peut voir là une interprétation aussi bien qu'une réforme.

En fait la substition du droit intermédiaire à l'ancien droit, ne donna pas de garanties suffisantes à la propriété privée. L'obligation de payer l'indemnité préalablement à la dépossession ne fut pas exécutée faute de sanction, et, par suite des idées alors dominantes sur la séparation des pouvoirs, les tribunaux judiciaires ne furent plus consultés sur l'opportunité de l'expropriation. D'après la loi du 11 septembre 1790, les demandes et contestations sur le *règlement des indemnités* dues aux particuliers en raison des terrains pris ou fouillés pour la confection des chemins, canaux ou autres ouvrages publics, devaient être portées par voie de conciliation devant le directoire de district et pouvaient l'être ensuite au directoire de département, lequel les terminait en dernier ressort conformément à l'estimation qui en était faite par le juge de paix et ses assesseurs.

Les questions relatives aux torts et dommages procédant

du fait personnel des entrepreneurs et non du fait de l'administration, devaient être portées à titre de conciliation devant la municipalité, et ensuite devant le directoire de district chargé de statuer en dernier ressort.

Ainsi quand l'administration prenait possession des immeubles des particuliers, elle était soumise à la juridiction administrative de directoire du département, mais seulement pour la fixation de l'indemnité.

Quand à l'acte même du pouvoir exécutif qui déclarait la nécessité publique et ordonnait l'expropriation, il était laissé à l'arbitraire de l'administration elle même.

La loi du 5 janvier 1791 spéciale au dessèchement des marais, crée pour les expropriations nécessaires à ces travaux un droit nouveau. Les directoires de département sont chargés après une enquête obligatoire et publique, de prononcer la dépossession des propriétaires, et ils restent en même temps juges en dernier ressort pour la fixation de l'indemnité, qui doit faire l'objet d'une expertise et être portée en premier ressort au directoire de district.

La loi du 10 juillet 1791 concernant la conservation et le classement des places de guerre donne le pouvoir de prononcer des expropriations au ministre de la guerre, sur le vu de conventions intervenues entre les corps administratifs et les agents militaires, et ordonne que dans ce cas l'indemnité sera réglée à l'amiable s'il se peut par les départements sur l'avis des districts, et en cas de désaccord par le tribunal du lieu.

La tendance à recourir aux tribunaux judiciaires pour la

fixation des indemnités s'accuse complètement dans l'article 27 du titre I de la loi du 28 juillet 1791 relative aux mines : « Toutes contestations relatives aux mines, demandes en ré-« glement d'indemnités, et toutes autres sur l'exécution du « présent décret seront portées par devant les juges de paix « ou les tribunaux de district, suivant l'ordre de la compé-« tence et d'après les formalités prescrites par les décrets sur « l'ordre judiciaire. »

Néanmoins pour les indemnités dues dans les cas généraux d'expropriation, la compétence restait aux directoires de département et aux directoires de district. Ces derniers furent supprimés par la Constitution de l'an III et leurs attributions furent transportées, par la loi du 21 fructidor de ladite année, aux municipalités.

Les directoires et les municipalités de l'an III disparurent à leur tour pour faire place à une nouvelle organisation administrative. La loi du 28 pluviôse an VIII, qui opéra cette transformation, donna aux conseils de préfecture créés par elle le jugement des réclamations des particuliers au sujet des torts et dommages procédant du fait personnel des entrepreneurs et non du fait de l'administration.

Et des demandes et contestations concernant les indemnités dues aux particuliers à raison des terrains pris ou fouillés pour la confection des ouvrages publics (article 4 de ladite loi).

Quelques perfectionnements furent apportés à ce système par la loi du 16 septembre 1807 dite relative au dessèchement des marais, dont le titre XI qui statue généralement sur les indemnités dues aux propriétaires pour occupations de terrains, étend à tous les cas l'obligation de procéder à une expertise dont il règle la forme, et d'effectuer le paiement de l'indemnité de dépossession avant le commencement des travaux; donne aux propriétaires la faculté de requérir l'acquisition totale des maisons ou bâtiments dont une partie doit être expropriée, et établit le principe de la compensation entre la plus-value et l'indemnité.

Mais par qui et dans quelle forme l'utilité publique devait-elle être déclarée et l'expropriation prononcée ?

Les textes législatifs restaient muets sur ce point.

D'après un avis du Conseil d'Etat du 17 août 1807, un décret était suffisant pour déclarer l'utilité publique; les mesures postérieures restaient confiées à la sagesse de l'autorité administrative.

La première loi générale et complète que nous ayons eue sur l'expropriation pour cause d'utilité publique est celle du 8 mars 1810. L'article 1er de cette loi est ainsi conçu: « L'ex« propriation pour cause d'utilité publique s'opère par l'auto« rité de la Justice ». On revenait ainsi aux anciens principes que nous avons vus exposés par Domat, mais avec des réserves et dans un but tout particulier, celui de donner une garantie à la propriété privée.

D'après le droit nouveau, les tribunaux judiciaires n'ont pas à se prononcer sur l'opportunité de l'expropriation.

Leur mission se borne à s'assurer de l'exécution et à contrôler la régularité des formalités imposées par la loi à l'administration dans l'intérêt des propriétaires.

Si toutes les formalités ont été remplies, ils doivent autoriser la dépossession : dans le cas contraire ils n'ont qu'à refuser cette autorisation pour que la propriété reste libre entre les mains de ses détenteurs.

La forme de procéder établie par la loi de 1810 était la suivante : Un décret impérial était toujours nécessaire pour ordonner les travaux ou les acquisitions de terrains ou édifices destinés à des objets d'utilité publique. A défaut de désignation suffisante résultant du décret même, le préfet devait indiquer les localités ou territoires auxquels l'application en serait faite. Une enquête publique, précédée du dépôt à la mairie du plan parcellaire des terrains à acquérir, était faite par une commission spéciale présidée par le sous-préfet. Le préfet prenait ensuite un arrêté déterminant les propriétés particulières dont la cession était nécessaire.

Le tribunal, sur le vu de cet arrêté et s'il n'apercevait aucune infraction aux règles prescrites, autorisait le préfet à se mettre en possession des immeubles qui y étaient désignés. Son jugement était publié et affiché.

Mais il n'était définitif que si aucune réclamation ne s'élevait dans les huit jours de la publication. Sur la demande d'un propriétaire faite dans ce délai, le tribunal pouvait revenir sur sa décision et reconnaître que les formes n'avaient pas été remplies. Il était alors sursis à toute exécution jusqu'à leur accomplissement.

Les tribunaux judiciaires étaient en outre chargés de fixer l'indemnité, sans être obligés de recourir à une expertise. Ils pouvaient apprécier l'urgence des travaux et ordonner au besoin la mise en possession de l'administration avant l'évaluation et le paiement de l'indemnité.

La loi du 7 juillet 1833 sur l'expropriation pour cause d'utilité publique, qui a remplacé celle de 1810, a eu pour but principal d'enlever aux tribunaux la fixation de l'indemnité qu'elle a confiée à un jury de douze membres dirigé par un magistrat. Les innovations les plus considérables apportées par cette loi se trouvant reproduites par celle actuellement en vigueur du 3 mai 1841, nous nous contenterons de les mentionner brièvement.

Tous les grands travaux publics ne peuvent être exécutés qu'en vertu d'une loi. Cette loi, comme l'ordonnance royale nécessaire pour autoriser les travaux de moindre importance doit être précédée d'une première enquête administrative.

L'arrêté du préfet, dit de cessibilité, déterminant les propriétés à céder, ne peut être pris contrairement à l'avis de la commission chargée de la seconde enquête qu'en vertu d'une décision de l'autorité supérieure. Les formes de cette enquête sont simplifiées par la suppression de la commission au cas où l'expropriation est demandée par une commune. Il n'y a qu'un seul jugement définitif prononçant l'expropriation et nommant le magistrat directeur du jury.

Le jugement ne peut être attaqué que par la voie du recours en cassation. L'envoi en possession de l'administration est prononcé par le magistrat directeur du jury aprés la fixation de l'indemnité. Les propriétaires sont autorisés en certains cas à demander la remise des terrains acquis pour des travaux d'utilité publique, qui ne recevraient pas cette destination.

Il restait encore des progrès à accomplir, auxquels la loi du 3 mai 1841 qui a abrogé celles de 1810 et de 1833, est venue donner satisfaction, notamment en facilitant l'acquisition amiable des biens des incapables, en autorisant les propriétaires à requérir eux-mêmes, en cas de trop long retard de l'administration, l'expropriation de leurs immeubles compris dans un arrêté de cessibilité, en limitant le pouvoir du jury pour la fixation de l'indemnité qui ne peut plus être inférieure à l'offre ni supérieure à la demande, et en édictant des formes rapides et spéciales aux cas d'urgence déclarée par le chef du pouvoir exécutif, seul compétent pour en apprécier les causes.

Le sénatus-consulte du 25 décembre 1852 avait conféré à l'empereur le droit d'ordonner par décret tous les grands travaux publics. Mais une loi du 27 juillet 1870 a remis en vigueur sur ce point les règles antérieures adoptées en 1833 et conservées presque sans modifications en 1841.

## CHAPITRE II

### PRINCIPALES DISPOSITIONS DES DEUX PREMIERS TITRES DE LA LOI.

La première partie de la loi composée des titres I et II contient l'énonciation du principe que l'expropriation s'opère par autorité de justice, et toutes les règles relatives aux formalités administratives qui doivent être accomplies avant que le jugement puisse être rendu.

§ 1er. — *La loi ou le décret.* — La déclaration d'utilité publique nécessaire pour légitimer toute la procédure postérieure doit être faite par une loi quand il s'agit de grands travaux publics ; un décret suffit pour ceux de moindre importance.

On trouve dans l'article 2 une énumération incomplète des travaux de chacune de ces catégories. Le législateur prend soin d'avertir qu'il n'y a pas lieu de distinguer s'ils sont entrepris par l'Etat, les départements, les communes, ou même des compagnies particulières.

L'utilité publique doit être déclarée (article 2). En pratique, les actes qui la constatent sont rédigés de façon à répondre littéralement à cette obligation. Mais il n'y a pas de termes sacramentels imposés, pourvu qu'il soit évident que l'esprit de la loi a été suivi. Enfin la loi ou le décret qui autorisent les travaux et qui sont plus ou moins explicitement déclaratifs d'utilité publique, doivent être précédés d'une enquête administrative dont les formes sont encore aujourd'hui déterminées par les dispositions des ordonnances réglementaires des 18 février 1834, 25 février 1835 et 23 août 1835.

Cette enquête est faite publiquement et le rapport en est confié, pour les travaux qui ne peuvent être exécutés qu'en vertu d'une loi, à une commission de 9 à 13 membres nommés par le préfet ; pour les travaux à autoriser par décret, à une commission aussi nommée par le préfet, mais composée seulement de 5 à 7 membres (ordonnance du 18 février 1834). La dernière ordonnance a édicté des règles spéciales aux travaux d'intérêt communal. Dans ce cas il n'y a plus qu'un seul commissaire nommé par le préfet, mais toute opposition au projet rend nécessaire une nouvelle délibération du conseil municipal.

Les chambres de commerce doivent toujours être consultées.

§ 2. — *Désignation des localités ou territoires.* — La loi ou le décret indiquent la direction générale des travaux. Ils peuvent contenir des détails suffisants pour permettre à une personne exercée de reconnaître les localités ou territoires, c'est-à-dire en général, les étendues assez considérables de terrain portant des noms particuliers, qui seront nécessairement atteintes en tout ou en partie par l'expropriation. Quelquefois la désignation de ces localités ou territoires résulte clairement de la loi ou du décret eux-mêmes. Dans ce dernier cas seulement on peut passer tout de suite à l'enquête préparatoire de l'arrêté de cessibilité. Dans les deux autres, c'est-à-dire toutes les fois qu'il y a lieu à interprétation sur la ligne à suivre, cette interprétation devra être faite auparavant par un acte spécial du préfet.

§ 3. — *Enquête qui précède l'arrêté de cessibilité.* — Tant qu'il s'est agi de déclarer l'utilité publique des travaux et d'en déterminer l'étendue ou la direction, on n'a eu à considérer que l'intérêt général sur lequel on a été éclairé par la première enquête. Ces mesures une fois prises, on ne doit poursuivre, pour les exécuter, que les expropriations qui en sont la conséquence nécessaire, et autant que possible dans les conditions les moins dommageables pour les particuliers. La seconde enquête a pour but de permettre aux propriétaires et autres personnes immédiatement et directement menacées par l'expropriation qui se prépare, de présenter leurs réclamations et toutes les déclarations qu'ils peuvent croire propres à la défense de leurs intérêts privés. L'administration doit donc d'abord faire connaître le tracé qu'elle a adopté et les biens qu'elle se propose d'acquérir. A cet effet elle fait dresser et déposer à la mairie dans chaque commune un plan parcellaire des propriétés dont la cession doit être demandée, indificatif des noms des propriétaires tels qu'ils sont inscrits sur la matrice des rôles.

Les parties intéressées sont averties du dépôt du plan et

de la faculté d'en prendre communication à la mairie, tant par des publications faites à son de trompe ou de caisse dans la commune, que par des affiches apposées à la principale porte de l'église du lieu, et à celle de la maison commune, et en outre par une insertion dans l'un des journaux de l'arrondissement, ou s'il n'en existe aucun, dans l'un des journaux d département (article 6).

La première partie de l'enquête se fait à la mairie de chaque commune; le maire reçoit les réclamations verbales ou écrites de toutes les personnes intéressées qui se présentent pendant les huit jours qui suivent la notification du dépôt du plan, et dresse un procès-verbal tant pour certifier que les publications et affiches nécessaires ont été faites que pour consigner ces réclamations (article 7).

L'enquête se poursuit au chef-lieu de la sous-préfecture devant une commission présidée par le sous-préfet, et composée conformément à l'article 8 de quatre membres du conseil général ou du conseil d'arrondissement désignés par le préfet, du maire de la commune où les propriétés sont situées et de l'un des ingénieurs chargés de l'exécution des travaux. Un nouveau délai de huit jours est donné à cette commission pour recevoir et provoquer si elle le juge utile les observations des propriétaires. Elle doit donner son avis le dixième jour au plus tard (article 9).

Le mandat de la commission est alors accompli et elle se trouve dissoute, mais si elle a proposé un changement au tracé, avis en est donné aux intéressés dans la forme indiquée par l'article 6 et l'enquête se continue encore pendant huit jours à la sous-préfecture où les pièces restent déposées, mais on ne reçoit plus que des observations écrites et il n'est pas dressé d'autre procès-verbal (article 10).

§ *4. Arrêté de cessibilité.* — L'arrêté de cessibilité indiquant les propriétés auxquelles devra s'appliquer le jugement d'expropriation est pris part le préfet. Il doit être motivé.

L'administration supérieure doit être consultée, et le préfet doit attendre qu'elle se soit prononcée, toutes les fois que la commission propose un changement au tracé des travaux (article 11).

§ *5. Disposition particulière à l'expropriation demandée par une commune dans un intérêt purement communal et aux travaux d'ouverture et de redressement des chemins vicinaux.*

Dans ces deux cas il n'y a pas lieu de former une commission spéciale. La première partie de l'enquête qui doit être faite par le maire ne subit pas de changement. La seconde partie est remplacée par un avis du conseil municipal et les observations du sous-préfet. L'arrêté de cessibilité est alors pris par le préfet en conseil de préfecture et sauf l'approbation de l'administration supérieure (article 12).

En matière d'ouverture et de redressement de chemins vicinaux il y a d'autres dérogations aux dispositions générales de la loi de 1841. La déclaration d'utilité publique résulte d'un vote du conseil général ou de la commission départe-

## CHAPITRE III

### NATURE DU JUGEMENT D'EXPROPRIATION

L'arrêté de cessibilité une fois rendu, la période des formalités purement administratives est terminée. La période judiciaire commence.

Le préfet transmet toutes les pièces relatives aux immeubles à exproprier situés dans le même arrondissement, au procureur de la République (article 13).

« Dans les trois jours, dit l'article 14 et sur la production des « pièces constatant que les formalités prescrites par l'article « 2 du titre Ier et par le titre II de la présente loi ont été rem- « plies, le procureur du roi requiert et le tribunal prononce « l'expropriation pour cause d'utilité publique des terrains « ou bâtiments indiqués dans l'arrêté du préfet ».

Le jugement que le tribunal doit rendre en vertu de cette disposition de la loi est d'un caractère tout particulier. En premier lieu ce n'est pas une contestation qui lui donne naissance ; à moins de convention amiable, l'autorité judiciaire doit être appelée à se prononcer, alors même que personne ne critiquerait l'accomplissement des formalités antérieures.

En second lieu l'expropriant n'intente pas une demande en

justice dans les formes ordinaires contre ceux qu'il veut atteindre. Il lui suffit d'envoyer les pièces au ministère public et c'est sur la réquisition obligatoire de ce dernier que l'instance est introduite.

Par suite elle n'est jamais contradictoire bien qu'on ait reconnu aux intéressés la faculté d'intervenir.

En troisième lieu le jugement d'expropriation n'est pas comme les jugements ordinaires la reconnaissance d'un droit antérieur, il crée ou contribue à créer au profit de l'administration un droit nouveau sur les propriétés qu'il désigne.

Enfin il produit des effets *erga omnes* aussi bien envers les tiers qu'il ne nomme pas, qu'envers les personnes y dénommées qu'on peut considérer comme parties, quoique n'ayant pas été appelées en cause devant le tribunal.

De là la nécessité de règles spéciales destinées à le porter à la connaissance des intéressés, et à mettre ces derniers en mesure de recevoir et de discuter les offres de l'administration pour l'indemnité qui leur est due.

## CHAPITRE IV

### DROIT DE PROVOQUER LE JUGEMENT D'EXPROPRIATION.

Quand l'expropriant à tous les points de vue est l'Etat, c'est-à-dire quand c'est dans son intérêt que la déclaration d'utilité publique a été prononcée, et qu'il doit lui-même exécuter les travaux et supporter la charge des indemnités, le préfet de chaque département a deux sortes de missions à remplir.

Comme agent du pouvoir exécutif, il prend des arrêtés et accomplit des actes d'administration pour lesquels son autorité est nécessaire.

En outre, comme agent de l'administration intéressée, il est chargé de la représenter dans toute la procédure et d'en poursuivre l'exécution.

La loi de 1841 ne distingue pas bien nettement ces deux sortes de fonctions. Elle dit dans son article 63 : « Les con-« cessionnaires de travaux publics exerceront tous les droits « conférés à l'administration et seront soumis à toutes les « obligations qui lui sont imposées par la présente loi ». Cette disposition est facile à appliquer aux cas où il a été dit en propres termes, l'administration fera telle chose ou supportera telle charge ; mais faut-il en rester là et décider que toutes les attributions confiées au préfet par la loi, statuant sur le cas le plus général, lui resteront même si l'Etat s'est subrogé un concessionnaire ?

En dehors de toute concession, les départements et les communes d'après la loi de 1841, et les associations syndicales autorisées, d'après la loi du 21 juin 1865 peuvent entreprendre des travaux publics pour lesquels des expropriations sont nécessaires. Certaines fonctions dévolues au préfet ne devront-elles pas être accomplies par lui dans le premier cas en sa qualité de représentant du département, dans le second cas par le maire représentant de la commune, et dans le troisième par les syndics représentants de l'association ? Il faut distinguer entre les formalités administratives prescrites par les titres I et II de la loi pour la garantie des droits des particuliers, dans lesquelles l'intervention de l'autorité préfectorale, toutes les fois qu'elle est requise, ne peut être remplacée par aucune autre, ni déléguée à qui que ce soit, et les simples actes de poursuite dont la procédure est indiquée dans les titres suivants. C'est pour ces derniers seuls que le doute est permis.

Spécialement en ce qui concerne le droit de provoquer le jugement d'expropriation en remettant les pièces au procureur de la République, reconnaître ce droit au préfet seul comme agent du pouvoir central en suivant à la lettre la disposition de la loi, c'est mettre en tutelle la personne morale publique ou le concessionnaire qui entreprend les travaux ; mais avec ce système qui est celui de la jurisprudence (1), on a l'avantage de ne pas voir l'administration supérieure se désintéresser complètement de l'expropriation qu'elle a préparée, au moment même où les particuliers vont en subir les effets.

D'un autre côté, l'arrêté de cessibilité étant irrévocable et créant un droit acquis au profit des propriétaires, il est plus logique de reconnaître que le bénéfice en appartient aussi d'une façon complète à la partie adverse, et de l'autoriser à en poursuivre elle-même l'exécution.

Nous rangeant à cette dernière opinion, nous dirons que le ministère public peut être mis en demeure de requérir l'expropriation par les représentants des personnes morales au profit desquelles l'arrêté de cessibilité a été rendu ou leurs concessionnaires. Le préfet ne peut donc pas prétendre avoir seul le droit de saisir l'autorité judiciaire quand il y a en cause une partie expropriante autre que l'Etat ou le département, mais les termes de la loi semblent l'autoriser à remplir lui-même cette formalité, dans l'intérêt et comme mandataire naturel à cet effet de ladite partie expropriante.

1. Cassation. Chambre civile, 27 décembre 1865. Devaux contre préfet de la Charente.

## CHAPITRE V

### ROLE DU MINISTÈRE PUBLIC.

Aux termes de l'article 14, le procureur de la République auquel les pièces ont été régulièrement transmises, doit requérir le tribunal de se prononcer.

Il est obligé de faire cette réquisition alors même qu'à son avis l'expropriation devrait être refusée. Il remplit alors une fonction spéciale qui lui est conférée par la loi de 1841, non pas, suivant nous, en qualité de mandataire légal et de représentant du préfet, mais comme intermédiaire nécessaire entre l'expropriant, quel qu'il soit, et le tribunal. Son intervention, à ce titre, fait partie de la procédure particulière qui doit être suivie pour le jugement d'expropriation. L'introduction de l'instance par voie d'ajournement était impraticable en cette matière, le législateur l'a reconnu et il a écarté également la voie de la simple requête peu compatible avec l'importance de la décision à rendre et l'autorité de l'administration intéressée.

Mais il n'a pas donné à l'expropriant le droit de réquisition directe ; c'eût été porter atteinte à la dignité de l'ordre judiciaire. Aussi croyons-nous que c'est en sa qualité de magistrat que le procureur de la République a été chargé de saisir le tribunal. De cette interprétation découlent deux conséquences admises aujourd'hui sans contestation; à savoir qu'il conserve cette attribution dans tous les cas et qu'il peut toujours conclure au rejet de la demande, quel que soit l'expropriant.

## CHAPITRE VI

### QUESTIONS SOUMISES AU TRIBUNAL ET ÉNONCIATIONS QUE LE JUGEMENT DOIT CONTENIR.

Le jugement a pour but de prononcer l'expropriation, mais le tribunal n'a pas à en apprécier les causes ni l'opportunité. Il doit seulement s'assurer, par l'examen des pièces qui lui sont présentées, de l'accomplissement des formalités prescrites par l'article 1er et par le titre II de la loi (article 14) ; et au cas où ces formalités n'auraient pas été remplies, refuser de prononcer l'expropriation (article 2) ; il en résulte qu'il a le pouvoir d'apprécier si les travaux pour lesquels l'expropriation est requise ont été compris dans la déclaration d'utilité publique (1). L'exécution de l'article 3 n'est pas de sa compétence, il ne peut donc connaître des irrégularités de la première enquête antérieure à la déclaration d'utilité publique, ni apprécier la légalité du décret qui, à défaut d'une loi, a autorisé les travaux. Le tribunal commet par le même jugement un de ses membres pour remplir les fonctions de

1. M. Batbie. *Traité de droit public et administratif*, 2e édition, 1885, tome VII, chapitre XL, page 34.

magistrat directeur du jury et désigne un autre membre pour le remplacer au besoin.

La loi ne suppose pas l'intervention des intéressés et semble n'imposer aucune forme spéciale aux juges pour la rédaction de leur sentence.

La jurisprudence développant l'esprit de la législation, pose en principe qu'aucun débat contradictoire n'est nécessaire devant le tribunal chargé de prononcer l'expropriation, mais elle admet les parties intéressées à fournir des observations orales ou des mémoires écrits qui pourront influer sur sa décision, jusqu'au moment où elle est rendue.

Quant à la forme même du jugement, la Cour de cassation considère comme indispensable qu'il porte en lui-même la preuve que le tribunal a procédé conformément aux dispositions de la loi, et qu'en conséquence il lui a été justifié de l'accomplissement des formalités qu'il est appelé à vérifier (1).

Il est admis que cette obligation peut être suffisamment remplie au moyen du visa des pièces que l'expropriant doit produire en vertu de l'article 14.

Enfin, il est de droit commun que le jugement doit contenir une désignation suffisante des immeubles auxquels il s'applique et des personnes entre lesquelles il est rendu. La nature de cette désignation se rattachant aux effets du jugement, sera traitée dans un autre chapitre.

1. Cassation, 10 juillet 1866. Dalloz, 1866, V. 204; 13 novembre 1878, Dall., 1879, I, 174.

## CHAPITRE VII

### EFFETS DU JUGEMENT

#### SECTION I. — *Des personnes atteintes par le jugement.*

Le droit d'exproprier conféré par la loi ou le décret déclarant l'utilité publique est un droit réel, en ce sens qu'il s'applique comme ferait une servitude aux immeubles dont l'acquisition est ou sera jugée nécessaire, en quelque mains qu'ils se trouvent.

Si on appliquait au jugement d'expropriation les règles ordinaires sur l'effet de la chose jugée, il ne serait opposable qu'aux parties contre lesquelles il aurait été rendu. L'administration devrait donc mettre en cause toutes les personnes intéressées, et resterait exposée à l'éviction totale ou partielle de la part des ayants-droit qu'elle n'aurait pas su découvrir. On comprend combien un tel système serait dangereux sitôt qu'il s'agirait de travaux importants, destinés à couvrir une superficie de terrain assez considérable. Il serait du reste incompatible avec le besoin d'économie et de rapidité relatives inséparable de l'utilité publique qui est le but à atteindre.

Le législateur a dû trouver le moyen de dispenser l'expropriant de faire de longues et minutieuses recherches, et lui permettre de s'assurer un droit absolument libre et irrévocable, sans trop diminuer les garanties que les particuliers auraient trouvées dans le droit commun.

Il a établi dans ce but au profit de l'expropriant la présomption suivante : Les propriétaires inscrits sur la matrice des rôles ont qualité suffisante pour que le jugement prononcé contre eux ait son plein et entier effet à l'égard de tous autres ayants-droit à la propriété qui ne se seraient pas fait connaître eux-mêmes (1), et à l'égard de tous autres intéressés alors même que ces derniers seraient connus. Par contre, les particuliers trouvent une garantie spéciale dans les mesures de publicité prescrites par l'article 6 et dans l'enquête qui précède le jugement.

La sentence rendue contre les propriétaires inscrits sur la matrice des rôles ou ceux qui se sont fait connaître est valable *erga omnes* (articles 18 et 21).

C'est au moment même de la sentence que l'expropriant doit prendre les noms sur la matrice et recevoir les dernières déclarations des véritables propriétaires (2).

Tel est le système adopté par la jurisprudence et la majorité des auteurs. Une autre opinion, autorisée par le peu de précision des termes de la loi, admet que les parties contre

1. Cassation, 4 août 1880, Dalloz, 81, I, 479 ; Cassation, 21 février 1882, Dalloz, 83, I, 29.

2. Cassation, 13 décembre 1865, Dalloz, 65, V, 186.

lesquelles il est permis à l'expropriant de procéder jusqu'au jour du jugement, sont déterminées à son profit par la matrice des rôles telle qu'elle existe au moment de la confection des plans parcellaires, sauf à lui à tenir compte des mutations survenues depuis sur la matrice et des déclarations antérieures ou postérieures, si bon lui semble et à ses risques et périls. Cette façon d'interpréter la loi a l'avantage de simplifier la procédure, mais elle nous paraît impossible à concilier avec l'esprit du deuxième paragraphe de l'article 15, d'après lequel un extrait du jugement contenant les noms des propriétaires doit leur être notifié au domicile qu'ils auront élu par une déclaration faite à la mairie.

On ne peut distinguer dans ce paragraphe les propriétaires dont le nom doit être inscrit dans le jugement de ceux auxquels l'extrait doit être notifié. Nous croyons donc que la déclaration qui y est prévue ou toute autre équivalente indiquant des prétentions à la propriété, donne à celui qui l'a faite, si ses prétentions sont justifiées et qu'il ne soit pas inscrit sur la matrice des rôles, le droit de ne pas se considérer comme lié par un jugement qui ne serait pas pris contre lui.

Sinon il faudrait lui refuser même la faculté d'exiger une notification particulière, conséquence qu'il est difficile d'admettre, étant donné que cette notification est le point de départ du délai pendant lequel il doit accomplir les obligations imposées à tout propriétaire par l'article 21. Bien entendu l'expropriant n'aura pas à se faire juge de la validité et de l'exactitude des déclarations qui lui seront faites. Il agira sagement au contraire, alors même qu'elles lui paraîtraient justifiées, en continuant les poursuites à la fois et contre les propriétaires inscrits à la matrice des rôles et contre tous autres prétendants. Quant aux mutations survenues sur la matrice, il est tout naturel de l'obliger à en tenir compte, dès le moment qu'on ne considère pas comme immuables à son profit les qualités de ceux qui y sont inscrits au jour de la confection du plan. Nous supposerons dans les développements qui vont suivre que le jugement a été régulièrement rendu contre les personnes qui avaient qualité à cet effet, de telle sorte qu'il soit opposable à tous les intéressés.

## SECTION II. — *Des droits conférés à l'expropriant et aux intéressés.*

Avant le jugement d'expropriation, les propriétaires et autres intéressés étaient seulement menacés de perdre leurs droits. Ils en conservaient la libre disposition et pouvaient toujours espérer un changement dans les projets de l'administration qui les aurait affranchis de toute crainte. Le jugement une fois rendu, la menace est accomplie. La propriété des immeubles qui y sont désignés se trouve irrévocablement transférée à l'expropriant, qui toutefois ne pourra en prendre possession qu'après le paiement des indemnités dont il devient débiteur à l'instant même.

On peut considérer aujourd'hui ce point comme ne faisant plus de doute en doctrine et en jurisprudence. Il y a eu cependant quelque résistance. Le principe constitutionnel qui exige que l'indemnité soit préalable à la privation de la propriété, interprété d'une façon absolue, avait en effet donné naissance à un autre système. Ses partisans, considérant que laisser la possession aux mains des particuliers jusqu'au moment du paiement de l'indemnité n'était pas une garantie suffisante de leurs droits, plaçaient à ce dernier moment le transfert de la propriété ; ce système est présenté et défendu par M. Cotelle dans son Cours de droit administratif (2e édition, tome III, page 487).

Nous trouvons l'influence de la même idée dans les considérants d'un jugement rendu sur une question d'alignement par le tribunal de la Seine le 5 juillet 1836, confirmé par la cour de Paris le 31 janvier 1837 et par la Cour de cassation le 19 mars 1838. Nous en extrayons le passage suivant : « Attendu que de la nécessité où se trouve l'Etat ou la commune de faire délivrance préalable de l'indemnité pour acquérir par voie d'expropriation, résulte la conséquence que la propriété, qui ne saurait demeurer en suspens, continue jusqu'au paiement de l'indemnité à reposer sur la tête de l'ancien propriétaire qui peut l'hypothéquer ». (1)

On peut se conformer à l'opinion actuellement reçue qui a pour elle contre la dernière que nous venons d'exposer le texte de la loi de 1841 et des lois précédentes, sans être obligé de se prononcer sur l'interprétation donnée par ses

1. Dalloz, Répertoire, V° Expropriation, page 521.

adversaires au principe constitutionnel d'où découle la nécessité du paiement préalable de l'indemnité.

En effet il n'est certainement pas sans intérêt de se demander si le législateur a outrepassé ses droits, mais au point de vue de l'application d'une loi spéciale quand cette question n'est pas directement posée, nous pensons qu'il y a lieu de rechercher le véritable esprit de la loi telle qu'elle a été faite plutôt que de s'attacher à des considérations extérieures.

Nous avons dit que le jugement était translatif de propriété. Il sert donc à l'expropriant non seulement pour lui fournir un titre exécutoire, mais encore pour créer un droit nouveau à son profit.

L'exécution est entourée de formalités dont une des premières consiste dans la notification qui doit en être faite aux parties ; quant à la translation de propriété au contraire, elle est immédiate, sans qu'il y ait lieu de distinguer si le propriétaire a été ou non averti du jour ou le jugement serait rendu, et s'il est ou n'est pas intervenu devant le tribunal. Cependant la comparaison des termes de la loi de 1841 avec ceux de la loi de 1833 au sujet de la purge, pourrait faire supposer que le principal effet du jugement est reporté au jour où les formalités de notification et de publication qui doivent le suivre sont accomplies. Désormais en effet ce n'est plus qu'après ces formalités que le jugement doit être transcrit (nouvel article 16), et dans la nouvelle rédaction de l'article 17 on a supprimé les mots *antérieurs au jugement*, limitatifs des privilèges et hypothèques qui devaient être inscrits dans la quinzaine de la transcription. Mais si ces changements avaient eu pour objet de modifier le fond du droit, les législateurs s'en seraient expliqués clairement. Quant aux raisons pour lesquelles ils ont été faits, nous les indiquerons en étudiant les formalités auxquelles ils se réfèrent.

A l'égard des intéressés autres que le propriétaire, le jugement est plutôt attributif que translatif de propriété. Il produit envers eux l'effet d'une véritable *addictio*, en ce sens qu'il est pour l'expropriant un titre originaire et complet, libre par conséquent de toutes les restrictions compatibles avec les autres modes d'acquérir. Leurs droits de quelque nature qu'ils soient ne peuvent plus subsister en face du droit nouveau qui vient d'être créé. La propriété en effet n'a pas seulement changé de mains, elle s'est renouvelée et aucune des charges qui pesaient sur l'ancienne ne peut porter sur la seconde (articles 18, 19 et 21).

Il n'est donc pas nécessaire que le jugement en contienne l'énumération ni même qu'il en prononce la résolution d'une façon générale. Mais il faut que la désignation des immeubles expropriés soit assez complète, pour que les personnes qui avaient des droits à exercer sur ces immeubles sachent à quoi s'en tenir sur l'étendue du sacrifice qui leur est imposé.

Les droits acquis aux tiers ne périssent pas complètement; ils sont seulement transformés, soit comme le droit du propriétaire lui-même en créance d'indemnité, soit dans certains cas spéciaux en créance sur l'indemnité. Nous étudierons successivement les conséquences de cette transformation pour chacune des catégories d'intéressés indiquées par la loi au sujet du règlement des indemnités.

Au point de vue général, elle se produit irrévocablement tant au profit des ayant droit antérieurs que contre eux, et ces derniers se trouvent acquérir contre l'expropriant au moment même ou il devient propriétaire, une créance directe ou indirecte qui tient sa nature du jugement, mais dont la cause est le préjudice qui leur est causé, et dont le titre primitif est celui même du droit qui leur est enlevé (article 48).

# CHAPITRE VIII

## PUBLICATION ET NOTIFICATION

En droit commun tout jugement, pour être valablement exécuté, doit avoir été signifié aux parties. Le jugement d'expropriation doit être dans le même but porté à la connaissance de tous les intéressés, mais ils sont trop nombreux en général et trop difficiles à découvrir pour qu'on puisse le signifier personnellement à chacun d'eux. Aussi la loi fait-elle une distinction :

La première partie de l'article 15 ordonne que le jugement soit publié et affiché par extrait dans la commune de la situation des biens de la manière indiquée en l'article 6, et qu'il soit en outre inséré dans l'un des journaux publiés dans l'arrondissement ou s'il n'en existe aucun dans l'un de ceux du département.

Cet avertissement collectif est le point de départ d'un délai de huit jours accordé aux intéressés qui doivent se faire connaître eux-mêmes en vertu de l'article 21, pour conserver leur droit à une indemnité.

Quant aux propriétaires contre lesquels le jugement a été rendu ; il doit leur être notifié par extrait individuellement dans les formes spéciales indiquées par la loi.

Nous avous déjà vu que l'extrait dont copie leur est laissée contient leurs noms. Il comprend en outre les motifs et le dispositif du jugement. Ces énonciations sont nécessaires pour qu'ils puissent voir s'ils sont dans le cas de former un recours, et quelles sont au juste les portions de leurs immeubles qui leur sont enlevées.

De même que l'expropriant n'est pas obligé de rechercher les véritables propriétaires, il est aussi dispensé de s'enquérir du domicile réel de ceux qui doivent recevoir des notifications. Les parties doivent faire élection de domicile dans l'arrondissement de la situation des biens par une déclaration à la mairie de la commune ou les biens sont situés. Les notifications auront lieu au domicile élu, ou s'il n'y a pas eu de déclaration, elles seront faites en double copie au maire et au fermier, locataire, gardien ou régisseur de la propriété. Il est à remarquer que la loi n'établit aucun ordre de préférence entre ces dernières personnes (1). Ces règles sont applicables au cas même ou l'expropriant connaîtrait officiel lement le domicile réel des propriétaires; il n'est pas obligé de s'y adresser. Mais on s'est demandé s'il ne conservait pas le droit de le faire, étant de droit commun que l'élection de domicile impose des obligations mais ne donne pas des droits à la partie qui l'a consentie, à moins de convention contraire.

Nous ne pensons pas qu'on puisse appliquer ici le droit

1. Cassation, 12 janvier 1870, Dalloz, 70, 1, 158.

commun. En effet, les dispositions de la loi sont trop impératives pour laisser place à l'interprétation, et les propriétaires peuvent avoir un trop grand intérêt à leur exécution pour permettre qu'on s'en écarte. Quand on songe à l'importance et au peu de durée des délais qui ont pour point de départ le jour même de la notification : trois jours pour le recours en cassation (art. 20), huit jours pour faire connaître toute une catégorie d'intéressés (art. 21), on ne peut admettre que la difficulté qui existe pour les parties à exercer leur droit ou à remplir leurs obligations en un temps si court, puisse être encore augmentée par l'incertitude du lieu où elles doivent recevoir cette notification. La loi veut que toute les formalités soient accomplies sur place, là ou seulement chacun peut trouver tous les renseignements qui lui sont nécessaires. Il ne peut appartenir à l'administration ou à ses délégués de chercher ailleurs que dans les règles qu'elle a formulées, des facilités qui pourraient être nuisibles aux intérêts des particuliers.

L'article 57 de la loi de 1841 est ainsi concu : « Les significations et notifications mentionnées en la présente loi sont faites à la diligence du préfet du département de la situation des biens. Elles peuvent être faites tant par huissier que par tout agent de l'administration dont les procès-verbaux font foi en justice. » Les mots « le préfet », « l'administration », se réfèrent aux cas généraux prévus principalement par la loi, où l'expropriation est poursuivie par l'État ou le département.

En ce qui concerne les agents chargés de faire les notifications, la jurisprudence admet sans difficulté qu'ils peuvent appartenir à l'administration communale ; et même qu'une compagnie concessionnaire peut faire faire les notifications par ses propres agents, pourvu qu'ils soient assermentés et que leurs procès-verbaux fassent foi en justice. C'est suivre l'esprit de la loi sans s'en tenir trop étroitement à son texte. Cette interprétation est aussi acceptée par la doctrine. Mais quand il s'agit d'appliquer la première partie de l'article 57 la jurisprudence est moins hardie.

Elle reconnaît aux compagnies et aux maires des communes expropriantes le droit de faire faire les notifications, au moins celles qui se rapportent au règlement de l'indemnité, mais sans refuser en général le même droit au préfet quand il s'agit de travaux d'intérêt purement communal. Plusieurs de nos meilleurs auteurs accusent ce système de manquer de logique. D'après eux le préfet, ne pouvant faire des actes de poursuite que comme représentant de l'État ou du département, doit laisser en pareil cas entièrement place au maire représentant de la commune. Nous croyons qu'on pourrait distinguer parmi les notifications exigées par la loi de 1841, entre celles qui confèrent des droits immédiats aux parties contre l'expropriant, et celles au contraire qui n'ont pour but que de faire courir des délais en sa faveur, en portant un fait accompli à la connaissance des intéressés. Le droit de faire les premières nous semble devoir être exclusivement réservé aux représentants de l'expropriant qui en supportera les conséquences, sauf la faculté qu'on ne peut lui refuser de donner mandat au préfet d'agir pour lui.

Pour les secondes au contraire nous nous rangeons du côté de la jurisprudence, le préfet pouvant les ordonner de sa propre autorité, comme agent du pouvoir central sans que personne ait à s'en plaindre, ni l'expropriant qui ne peut qu'y gagner, ni l'exproprié qui ne peut justifier d'aucun intérêt à ce qu'une notification de ce genre lui soit adressée directement par le maire ou la compagnie.

En d'autres termes pour exprimer notre opinion d'une façon plus générale : parmi les fonctions attribuées au préfet par la loi de 1841, en dehors des purs actes d'autorité pour lesquels il garde toujours une compétence exclusive, les unes peuvent être indifféremment remplies par lui soit comme agent du pouvoir exécutif soit comme représentant de l'État ou du département, et pour celles-là il reste compétent en la première de ces qualités, concurremment avec les représentants des autres expropriants. Pour les autres dont il ne peut s'acquitter qu'en la seconde des qualités que nous venons d'indiquer, elles passent tout entières entre les mains du maire de la commune ou du représentant de la compagnie autorisée à poursuivre des expropriations.

Si cette théorie est vraie, et il nous semble que c'est celle vers laquelle tend la jurisprudence, il en résulte que la notification du jugement d'expropriation peut être ordonnée par le préfet dans tous les cas, par le maire s'il s'agit de travaux d'intérêt communal, et en cas de concession par les représentants de la compagnie concessionnaire.

Le dernier paragraphe de l'article 15 est aussi général que l'article 57 : « Toutes les autres notifications, y est-il dit, « prescrites par la présente loi seront faites dans la forme ci- « dessus indiquée. » Cette disposition s'applique à l'élection de domicile et à la formalité de la notification en double copie au maire et au fermier, locataire, gardien ou régisseur de la propriété, à défaut de domicile élu. Nous aurons à l'interpréter en ce qui concerne les intéressés autres que les propriétaires quand nous nous occuperons du règlement des indemnités.

## CHAPITRE IX

### TRANSCRIPTION ET PURGE

Immédiatement après l'accomplissement des formalités de publication et de notification, le jugement d'expropriation doit être transcrit au bureau des hypothèques, conformement, dit la loi, à l'article 2181 du Code civil. Il résulte de cette dernière disposition que la transcription n'a pour but que la purge des privilèges et hypothèques, et c'est une preuve de plus que le jugement lui-même a été considéré par le législateur de 1841 comme translatif de propriété. Nous verrons même que les formalités de purge ne sont pas absolument nécessaires pour rendre irrévocable le droit de l'expropriant. Ces formalités sont du reste fort simplifiées puisque la transcription seule du jugement est prescrite. A partir de ce moment, un délai de quinze jours est laissé aux créanciers privilégiés et hypothécaires pour faire inscrire leur droit au bureau des hypothèques. L'expropriant n'est tenu de faire aucune notification du jugement aux créanciers déjà inscrits. Il est dispensé de toutes les obligations imposées par le droit commun aux acquéreurs d'immeubles pour la purge des hypothèques ordinaires ou des hypothèques légales non inscrites. Passé le délai de quinzaine, aucune inscription de privilège ou d'hypothèque conventionnelle, judiciaire ou légale ne peut plus être prise, qui lui soit opposable.

Toutefois les femmes, les mineurs, les interdits, conservent leur droit de préférence sur le montant de l'indemnité tant qu'elle n'a pas été payée ou que l'ordre n'a pas été réglé entre les créanciers (article 17 § 2).

La purge des hypothèques d'après le droit civil peut avoir pour effet, par suite de la faculté de surenchérir accordée aux créanciers inscrits, de résoudre le droit de propriété de l'acquéreur.

Que si ce dernier, en cas de surenchère, couvre les offres proposées et celles faites à l'audience par le public, et se fait ainsi maintenir en possession en se rendant adjudicataire, les créanciers privilégiés et hypothécaires ont comme compensation de la perte de leur droit réel, l'avantage de voir augmenter le prix qui doit leur être distribué.

En matière d'expropriation aucune surenchère n'est possible (§ 3). On ne pourrait aboutir par ce moyen qu'à des résultats inacceptables. Aussi la loi a-t-elle donné une garantie d'un autre genre aux droits des créanciers inscrits antérieurement à l'expiration du délai de quinzaine qui suit la transcription du jugement, en leur accordant la faculté d'exiger que l'indemnité représentative de la valeur de l'immeuble soit fixée par le jury. Quant à ceux qui n'ont pas pris d'inscription en temps utile, on pourra leur opposer toute convention intervenue au sujet de cette indemnité entre l'expropriant et le propriétaire.

Une autre conséquence de la transcription du jugement ordonnée par la loi de 1841, à l'égard des créanciers hypothécaires, est d'arrêter au quinzième jour le moment à partir duquel ils ne peuvent plus prendre d'inscription à l'effet de conserver leur droit de préférence sur le montant de l'indemnité.

Si donc l'administration indemnisait les propriétaires et poursuivait l'exécution des travaux sans avoir fait transcrire le jugement, comme elle est expressément autorisée à le faire pour toutes les acquisitions dont la valeur ne s'élève pas au-dessus de 500 francs, les créanciers privilégiés et hypothécaires conserveraient indéfiniment le droit de se faire inscrire, et par suite d'exiger que l'indemnité soit fixée par le jury et leur soit distribuée conformément à leur ordre de préférence ; en sorte que l'administration serait exposée à payer plusieurs fois la même indemnité. Néanmoins elle ne pourrait jamais être dépossédée, et en aucun cas elle ne serait tenue en vertu d'actes postérieurs au jugement (articles 18 et 19).

L'application de la loi de 1841, en ce qui concerne ses dispositions spéciales relatives à la purge telles qu'elles viennent d'être exposées, ne faisait pas difficulté avant la loi générale sur la transcription en matière hypothécaire du 23 mars 1855.

La jurisprudence, approuvée par la grande majorité des

auteurs (1), a uniformément continué d'appliquer le système suivi par le législateur de 1841, par la raison que ce dernier ne s'étant pas borné à renvoyer au droit commun alors existant, bien qu'il reproduisît quelques-unes de ses dispositions, a établi par là même sur ce point un droit spécial à la matière de l'expropriation, en dehors de l'action, par conséquent, de toutes les lois générales postérieures.

Mais elle a trouvé des adversaires, qui, se faisant une arme de la généralité même des dispositions de la loi de 1855, les ont déclarées applicables à tous les cas où la transcription était ordonnée même par des lois spéciales en conformité du droit antérieur. Les auteurs qui soutiennent cette théorie considèrent qu'il n'y a pas lieu de s'arrêter aux termes dans lesquels la loi de 1841 a emprunté au Code civil ou au Code de procédure un certain nombre de règles aujourd'hui modifiées ou abrogées ; et que le fait de les comprendre dans son texte n'a pu changer leur nature. Mais la difficulté consiste justement à distinguer les dispositions empruntées, de celles qui sont l'œuvre propre du législateur spécial. Une formalité tirée tout entière de droit commun, à l'effet de produire ses conséquences ordinaires, serait facile à remplacer par celle qu'établit une loi postérieure. Mais dès que cette formalité se trouve employée dans un but particulier, une modifica-

1. Aucoc, Conférences sur l'administration, tome II, page 362. — Dufour, Expropriation, n° 65. — Delalleau, 7e édition, tome II, n° 729, et les auteurs qu'il cite. — Daffry de la Monnoye, 2e édition, tome I, page 178, et les auteurs qu'il cite.

tion même de simple forme pouvant la rendre impropre à atteindre le but proposé, on est obligé de faire entre ses diverses parties un choix qui laisse une grande place à l'arbitraire. Aussi le système qu'on oppose à la jurisprudence a-t-il le tort grave de manquer d'unité, ses partisans n'étant pas d'accord sur tous les points. La divergence se manifeste au sujet de l'application des trois premiers articles de la loi de 1855 au jugement d'expropriation. Si cette loi avait pu modifier celle de 1841, elle devrait avoir pour effet, d'après une logique rigoureuse, d'obliger l'expropriant à faire transcrire le jugement dans tous les cas, à peine de se voir évincé même de son droit de propriété, par des acquéreurs postérieurs en date qui auraient fait opérer avant lui la transcription de leur titre. Les articles 18 et 19 se trouveraient ainsi en partie abrogés. On n'est pas allé aussi loin cependant, et voici la combinaison qui a été proposée (1) sans avoir du reste trouvé beaucoup d'adeptes : pour respecter la loi de de 1841, on considérait comme irrévocable à partir du jugement, même envers les tiers, le droit réel de l'expropriant, mais en même temps on laisserait jusqu'au moment de la transcription au propriétaire la faculté de faire sur son immeuble tous actes de disposition, dont l'effet serait reporté sur le prix et qui seraient opposables à l'administration comme débitrice de l'indemnité dans les termes du droit commun.

Ainsi une hypothèque conférée pendant le laps de temps

1. Mourlon, Traité de la transcription.

qui sépare le jugement de la transcription, produirait les mêmes effets que si elle avait été consentie par un acte antérieur. Cette doctrine a dû être rejetée comme créant sans nécessité une situation qui n'aurait certainement été admise ni par le législateur de 1841, ni par celui de 1855. L'article 3 de la loi sur la transcription établit en effet au profit des tiers qui y sont désignés une présomption absolue. Ils sont réputés ignorer l'acte non transcrit. Dès qu'une loi spéciale déclare qu'ils seront traités comme s'ils en avaient connaissance et emploie un autre mode de publicité, cet article n'est plus applicable. Et on ne peut dire que les dispositions de la loi de 1841 avec lesquelles on a voulu le concilier infirment notre manière de voir, sous le prétexte qu'indiquant des ménagements à garder envers les tiers (articles 16 et 17), elles seraient compatibles avec toutes les modifications apportées au droit commun en faveur des mêmes personnes; car ces dispositions sont exclusivement relatives à la purge, c'est-à-dire à une formalité établie dans son ensemble en vue de l'intérêt de l'acquéreur déjà nanti de son droit.

Les plus fortes attaques dirigées contre la jurisprudence ont trait à l'application de l'article 6 de la loi de 1855 en matière d'expropriation (1). La règle qui y est posée, supprimant le délai de quinzaine à compter de la transcription antérieurement accordé aux créanciers pour se faire inscrire, n'a rien de contraire à l'esprit général de la loi de 1841; elle

1. Mourlon, Traité de la transcription, n° 88. — Delalleau, *Op. cit.*, n° 292.

pourrait y être introduite sans inconvénient par le législateur, et il est à peu près sûr qu'on n'y aurait pas dérogé si elle avait existé à l'époque où on a créé la procédure spéciale de l'expropriation. En effet, les modifications apportées pour la purge au droit commun sont, en général, conçues dans l'intérêt de l'expropriant. Certains auteurs en ont tiré cette conclusion : que l'effet d'arrêter le cours des inscriptions produit par la transcription de tout acte translatif de propriété depuis 1855, ne touchant pas à un point sur lequel la loi de 1841 ait modifié le droit commun et ne diminuant pas les facilités spéciales qu'elle a voulu donner à l'expropriant, devait être produit aussi par la transcription du jugement.

C'est déclarer abrogé le premier paragraphe de l'article 17 qui dit formellement : « Dans la quinzaine de la transcription, « les privilèges et les hypothèques conventionnelles, judi- « ciaires ou légales seront inscrits ».

Or pour que cette abrogation ait eu lieu il faudrait que la loi nouvelle s'en fût expliquée, et elle ne l'a pas fait. En outre, la disposition de l'article 6 de la loi de 1855 nous semble n'être qu'une conséquence heureusement déduite du système de publicité spécial établi par cette loi pour les mutations de propriété entre-vifs ; et du moment qu'on recule devant l'application du principe (posé par l'article 3) à la matière de l'expropriation, nous pensons que la même solution doit être donnée pour les conséquences qui en découlent. Enfin ceci est décisif à notre avis : la loi de 1841, aux termes de ses articles 16 et 17, a fait aux créanciers privilégiés et hypothécaires inscrits ou non au jour de la transcription, une situation plus favorable qu'aux autres intéressés, dont le bénéfice n'a pu leur être enlevé même en partie par une loi postérieure étrangère à l'expropriation.

Comme intéressés, et s'ils veulent obtenir une indemnité particulière ainsi que nous le verrons tout à l'heure, ces créanciers n'ont qu'un délai de huit jours pour se faire connaître, à compter de la publication du jugement. En vertu de leur privilège ou de leur hypothèque ils ont pour se faire inscrire, à l'effet de pouvoir exiger que l'indemnité du propriétaire soit fixée par le jury, un délai de quinze jours à partir de la transcription. La transcription elle-même ne peut-être faite qu'après la publication. Cette dernière règle n'était pas expressément formulée dans la loi de 1833. Peu importe qu'elle y fût sous-entendue. Ce qu'il y a de certain c'est que le législateur de 1841 a statué sur ce point en dérogeant au droit commun dans l'intérêt des créanciers, par compensation avec les modifications apportées à la procédure ordinaire en faveur de l'expropriant, établissant ainsi une corrélation entre le délai de quinzaine qui leur est accordé et la publicité donnée au jugement.

La faculté qui en résulte pour eux peut s'exprimer ainsi : Pendant les quinze jours qui suivront la publication du jugement, si la transcription a eu lieu immédiatement, ou en cas contraire pendant les quinze jours qui suivront cette dernière formalité, les créanciers privilégiés ou hypothécaires inscrits pourront délibérer sur le droit qui leur appartient d'exiger que l'indemnité soit fixée par le jury. Leur inscription suffira pour conserver ce droit vis-à-vis de l'expropriant. Ceux qui ne seraient pas encore inscrits devront prendre inscription dans le même délai à peine de déchéance.

Nous avons dit tout à l'heure que la loi de 1841, si elle était refaite, s'accomoderait aisément du principe posé par l'article 6 de la loi de 1855. Il suffirait pour cela de reculer le moment de la transcription. Mais il nous semble évident que telle qu'elle existe, on ne peut lui en faire l'application sans aller contre l'intention manifestée par ses auteurs de faire profiter les créanciers privilégiés et hypothécaires de la publicité donnée au jugement.

La loi de 1841 n'a donc pas pu être modifiée par celle de 1855. Mais ce n'est pas à dire pour cela qu'aucune des dispositions de cette dernière loi n'est à considérer quand il s'agit d'expropriation.

Sont applicables au contraire de l'avis de tous, celles qui ne portent pas atteinte à la procédure spéciale, telles par exemple que les régles édictées par les articles 8 et 9.

La même solution doit être donnée en ce qui concerne la loi du 21 mai 1858 sur les ordres, insérée au code de procédure civile, dont l'article 772 n'a pu déroger à l'article 17 de la loi de 1841.

## CHAPITRE X

### DU DROIT A L'INDEMNITÉ

Quelles personnes ont droit à une indemnité ?

Toutes les personnes auxquelles l'expropriation porte un préjudice direct et immédiat doivent recevoir une indemnité égale à ce préjudice, à la condition que l'administration en ait connaissance en temps utile.

Aussi la loi qui désigne ces personnes par le nom général d'intéressés n'en a-t-elle pas donné une énumération limitative. Elle indique seulement d'une façon incidente, à propos des obligations imposées au propriétaire, quelques-unes de celles dont le droit est évident et qu'on peut considérer comme divisées en deux catégories : Les fermiers ou locataires, et les titulaires de servitudes personnelles ou réelles.

La loi fait une autre distinction entre les ayants-droit à l'indemnité. Les uns doivent lui être désignés par le propriétaire, les autres restent simplement soumis à la règle générale, qui les oblige à se faire connaître eux-mêmes dans le délai de huitaine à compter de la publication du jugement à peine de déchéance.

Nous allons successivement passer en revue les principaux intéressés et rechercher les moyens que chacun d'eux doit employer pour conserver son droit à l'indemnité.

## SECTION I. — *Du propriétaire.*

L'indemnité principale représentative de la valeur du fonds acquis par l'administration est évidemment due au propriétaire de ce fonds. Toutefois nous avons vu que la procédure antérieure pouvait être poursuivie et le jugement prononcé contre des personnes qui ne sont pas véritablement les propriétaires, par la seule raison qu'elles sont inscrites en cette qualité sur la matrice des rôles. Dans certains cas l'expropriant, après avoir reconnu que les inscriptions faites sur la matrice étaient manifestement erronées, a pu accepter d'autres adversaires sur leur simple déclaration. Souvent par prudence il se sera mis en mesure à la fois et contre les personnes désignées par la matrice et contre tous réclamants. Il est certain que le jugement ainsi obtenu est opposable à tous les tiers, et notamment en l'espèce au véritable propriétaire qui ne s'est pas fait connaître, au point de vue de l'effet translatif de la propriété.

Le droit de ce dernier se trouve donc transformé en une créance d'indemnité (article 18), mais faut-il aller plus loin et déclarer que l'administration continuera à jouir de la présomption établie à son profit, et pourra se libérer valablement en payant entre les mains des propriétaires apparents contre lesquels le jugement a été prononcé ?

Une première réponse est donnée par l'article 21, posant en règle générale que les intéressés qui ne se sont pas fait connaître dans un certain délai sont déchus de leur droit.

Cette règle s'applique sans nul doute au véritable propriétrire qui est au premier chef un intéressé atteint directement par l'expropriation.

Par suite, s'il a laissé passer le délai de huitaine sans réclamation, le payement fait au propriétaire apparent ne sera pas critiquable.

Mais deux questions restent à examiner : Quel est l'effet de cette réclamation produite en temps convenable, et quelles seraient les obligations de l'administration au cas où elle ne se produirait pas ?

On a le choix entre deux solutions absolues et un système mixte indiqué par la jurisprudence.

La première solution consiste à dire que le jugement qui a opéré la mutation de propriété et dont les formalités postérieures ne sont que l'exécution, a en même temps déterminé d'une façon définitive la situation et les obligations réciproques des parties entre lesquelles il a été rendu. Le fait pour le propriétaire apparent d'avoir figuré comme partie au jugement, n'aurait pas seulement pour effet de le faire considérer comme connu de l'expropriant, mais lui créerait un titre contre ce dernier à l'effet de le contraindre à régler avec lui l'indemnité et à lui en payer le montant. L'intervention du véritable propriétaire venant à un autre titre, simplement comme intéressé, ne serait considérée que comme un incident. Elle serait assimilée à celle d'un créancier hypothécaire en droit de réclamer une somme égale ou supérieure à la valeur de l'immeuble.

Par suite ce serait toujours la partie dénommée au jugement qui aurait à accomplir les obligations imposées au propriétaire par l'article 21, et qui devrait subir les conséquences de leur inexécution : elle aurait de plus qualité pour faire une convention amiable fixant le montant de l'indemnité, opposable aux créanciers privilégiés et hypothécaires qui n'auraient pas exigé sa fixation par le jury.

La solution contraire est tout aussi logique et nous semble plus conforme tant à l'esprit de la loi de 1841 qu'aux principes généraux de notre droit. Il est bien vrai que le règlement et le payement de l'indemnité ont pour but l'exécution du jugement, et que si le véritable propriétaire ne se fait pas connaître en temps utile, l'expropriant a la faculté de procéder contre les parties qu'elle a déjà eues devant elle et qui sont censées dans son intérêt représenter les véritables ayants-droit. Mais nulle part la loi ne dit qu'il sera lié par la présomption établie en sa faveur, et surtout lié au point d'être obligé de payer la valeur d'un immeuble à une personne qui reconnaîtrait n'en avoir jamais été propriétaire. Tel est pourtant le résultat auquel on arrive avec le système d'après lequel le jugement d'expropriation confère un droit aux parties par cela seul qu'elles y sont dénommées.

On ne peut nier que le jugement d'expropriation, ayant pour effet de transformer en créance d'indemnité la propriété et les autres droits, profite aux défendeurs et constitue pour eux un véritable droit acquis (article 55).

Mais quels sont les défendeurs qui deviennent ainsi créanciers; ce ne peut être que ceux qui avaient un droit antérieur susceptible de subir une pareille transformation, et non pas ceux qui n'ont fait que les représenter en vertu d'une fiction légale. Or cette fiction était nécessaire jusqu'au jour du jugement, parce que les intéressés n'étant pas tenus de se faire connaître et l'administration étant dispensée de les rechercher, il fallait que quelqu'un fût chargé à leur défaut, de la défense de leurs intérêts. La loi a tenu à ce que l'expropriant eût en face de lui des adversaires personnellement désignés, représentant la masse des ayants-droit auxquels le jugement, valable *erga omnes*, doit être opposable. Mais quand il s'agit du règlement des indemnités, la représentation cesse. Chacun des intéressés doit se faire connaître lui-même, aussi bien le véritable propriétaire que les autres, dans un délai déterminé, à défaut de quoi, dit la loi, ils seront déchus de tous droits à l'indemnité (article 21). Le premier paragraphe de l'article 21, sur lequel nous aurons à revenir et qui fait exception à cette règle surtout au point de vue des rapports de certains intéressés entre eux, recule seulement de quelques jours le moment où l'expropriant doit agir séparément contre toute personne ayant un intérêt distinct qui s'est trouvée atteinte par le jugement. A partir de ce moment, la procédure devient particulière, si on peut s'exprimer ainsi ; la liste des ayants-droit se trouve absolument déterminée et connue, et aucune réclamation ultérieure n'est à craindre de la part de ceux qui n'y figurent pas.

Dans quel but et de quel droit le propriétaire apparent contre lequel le jugement a été pris viendrait-il en cette qualité réclamer la fixation de l'indemnité, puisque l'expropriation ne lui cause directement aucun préjudice ? Ce ne peut être dans l'intérêt et comme exerçant les droits du véritable propriétaire, puisque celui-ci a encouru la déchéance s'il n'est pas intervenu à temps. Sera-ce comme exposé aux réclamations des intéressés que le propriétaire doit dénoncer aux termes de l'article 21. On ne pourrait voir là qu'un moyen détourné de faire payer indirectement à l'intéressé par l'expropriant une indemnité qu'il ne doit pas (article 21) (1).

Que s'il se prétend propriétaire, il rentre dans la catégorie générale des intéressés, et l'administration se conduira à son égard comme avec tous réclamants dont elle conteste les droits. C'est parce qu'on a voulu faire une distinction qui n'est pas dans la loi au point de vue du réglement de l'indemnité, entre les propriétaires d'une part et les autres intéressés de l'autre, qu'on se trouve si embarassé en présence des réclamations d'une personne qui ne rentre ni dans l'une ni dans l'autre de ces divisions. Selon nous, à partir de l'expiration du délai de huitaine prescrit par l'article 21, il n'y a plus

1. Cassation, 17 juillet 1844, Dalloz, 44, I, 371.

que des intéressés devant justifier d'un préjudice pour obtenir une indemnité, et des créanciers privilégiés ou hypothécaires ayant des droits spéciaux en vertu de l'article 17. C'est seulement à l'égard de ces derniers et comme conséquence du mode particulier de purge employé contre eux, que l'expropriant peut avoir intérêt à mettre en cause le propriétaire apparent inscrit dans le jugement, mais cet intérêt n'influe en rien ni sur le nombre ni sur les personnes des ayants-droit.

Dans cette opinion c'est le véritable propriétaire qui peut seul être tenu personnellement des obligations de l'article 21. C'est avec lui, s'il s'est fait connaître, que la fixation de l'indemnité opposable aux créanciers inscrits doit avoir lieu, et s'il ne s'est pas fait connaître, l'administration a l droit, mais non l'obligation, de traiter avec la partie qui a figuré au jugement.

Si elle n'use pas de cette faculté et pourvu qu'elle donne satisfaction aux droits des créanciers conformément à l'article 17, elle ne peut être contrainte à payer une indemnité représentative de la valeur de l'immeuble, ni au véritable propriétaire qui lui est inconnu, parce qu'il a encouru la déchéance de l'article 21, ni au propriétaire apparent, parce qu'il ne peut justifier d'un préjudice, seule base possible de l'indemnité.

Il semble résulter de la combinaison de quelques jugements et arrêts non encore contredits à notre connaissance, un système mixte d'après lequel l'indemnité représentative de la valeur de l'immeuble serait toujours due conformément au principe de la première opinion que nous avons exposée (1), mais qui admet toutes les autres conséquences de la seconde par suite de l'adoption des règles suivantes : Le véritable propriétaire se trouve substitué par le fait seul qu'il s'est fait connaître en temps utile aux lieu et place du propriétaire apparent (2). Ce dernier est tenu envers les intéressés qu'il aurait dû dénoncer, en dehors des applications du droit commun, parce que l'indemnité est réglée à son profit (3) ; mais le véritable débiteur personnel est celui au profit duquel la substitution doit s'opérer (4). Par contre l'indemnité payée au tiers non propriétaire ne lui est pas définitivement acquise, et il reste soumis aux réclamations de ceux qui ont supporté le préjudice (5).

Nous n'avons pas trouvé une critique complète de ce point de jurisprudence, dont l'intérêt pratique est assez restreint, les administrations expropriantes poursuivant toujours en fait le règlement de l'indemnité, et la responsabilité de l'article 21 étant supportée en général sans contestation par les propriétaires vrais ou supposés qui en ont touché le montant. Nous avons fait connaître par avance notre sentiment en parlant des théories entre lesquelles se tient la jurisprudence.

1. Tribunal civil de la Seine, 23 avril 1874. *Gazette des Tribunaux* du 3 mai 1874.

2. Nombreux arrêts.

3. Cassation, 29 décembre 1873, Dalloz 74, I, 195.

4. Cassation, 11 janvier 1865, Dalloz 65, I, 180.

5. Cour de Rennes, 2 juillet 1883. Sirey 84, II, 101.

Nous admettons que l'indemnité représentative de la valeur de l'immeuble n'est due et que par conséquent l'expropriant n'est tenu de faire des offres qu'au véritable propriétaire, et seulement si le jugement a été pris contre lui ou si en cas contraire il s'est fait connaître en temps utile.

## SECTION II. — *Des intéressés que le propriétaire est tenu de faire connaître.*

Ces intéressés sont limitativement énumérés par la loi ; ce sont les fermiers, les locataires, ceux qui ont des droits d'usufruit, d'habitation ou d'usage tels qu'ils sont réglés par le Code civil,et ceux qui peuvent réclamer des servitudes résultant des titres mêmes du propriétaire ou d'autres actes dans lesquels il serait intervenu. En d'autres termes ce sont tous ceux qu'il est présumé devoir connaître soit parce qu'il est obligé envers eux (fermiers et locataires), soit parce que leur droit a une trop grande importance et en même temps une origine trop récente pour qu'il puisse les ignorer (usufruitier, habitants et usagers), soit enfin parce qu'il est intervenu personnellement aux actes par lesquels des servitudes ont été créées. Il est à remarquer qu'il ne suffit pas que la servitude soit énoncée dans ces actes car, elle ne peut résulter d'une simple mention. Nous croyons même que l'obligation prise par le propriétaire dans son acte d'acquisition de supporter des servitudes antérieures spécialement déterminées, ne créant aucun droit nouveau au profit de leurs titulaires,ne contient aucun engagement de les dénoncer en cas d'expropriation.

Quel est le propriétaire qui est tenu de faire les dénonciations? Celui contre lequel le jugement a été rendu et qui en a reçu la notification, répond-on en général. Cette réponse n'est pas complètement juste, car elle conduirait à cette conséquence irrationnelle qu'au cas où le véritable propriétaire se ferait connaître et toucherait l'indemnité sans avoir été nommé au jugement, il jouirait de tous les avantages de l'expropriation et laisserait une autre personne supporter les inconvénients de sa propre négligence. On ne peut en effet le déclarer responsable de ce que les dénonciations n'ont pas été faites et dire en même temps qu'il n'y était pas tenu.

Nous comprenons autrement le système de la loi sur ce point. D'après nous, la notification du jugement prescrite par l'article 15 qui se trouve dans le titre III, est une formalité pour laquelle la représentation obligatoire des ayants-droit par les propriétaires apparents est admise. Cette représentation se continue au profit d'un certain nombre de tiers désignés par le premier paragraphe de l'article 21, à l'effet d'obliger l'administration à tenir compte des déclarations à elle faites au sujet de ces tiers par le propriétaire apparent, auquel le jugement a été notifié. C'est l'administration en effet qui leur a imposé ce mandataire et elle serait mal venue à le récuser. Mais, s'il y a un lien obligatoire entre ce dernier et l'administration, il n'en est pas de même entre lui et les intéressés. Le plus souvent il se prétendra propriétaire et se soumettra volontairement aux charges que ce titre impose avec l'espoir d'en retirer l'émolument. Si au contraire il déclare qu'il n'a aucun droit, la simple notification d'un jugement qui ne le touche pas ne peut entraîner pour lui aucune obligation.

Quant au véritable propriétaire au contraire, il est tout naturel que sa responsabilité soit engagée. C'est lui qui est d'avance soumis aux réclamations de ses fermiers ou locataires, c'est lui qui connaît les usufruitiers qui ont la jouissance de ses immeubles, c'est lui enfin qui possède les titres de propriété d'où peuvent résulter des servitudes. Il ne peut prétendre qu'il n'a pas été averti à temps de l'expropriation, parce que en droit il était représenté par la personne inscrite sur la matrice des rôles à la place que son nom devrait occuper s'il n'avait pas été négligent, et parce que en fait le jugement a dû être porté à sa connaissance par les personnes chargées de la garde de son immeuble. Il devra donc dénoncer les intéressés, sinon, dit la loi, il restera seul chargé en vers eux des indemnités qu'ils pourront réclamer.

Ce résultat admis en pratique quand le propriétaire s'est fait connaître lui-même et doit recevoir une indemnité, serait peut-être difficilement accepté si, par suite de sa déchéance encourue aux termes du deuxième paragraphe de l'article 21, l'administration expropriante le laissait exposé aux poursuites des intéressés après avoir refusé de payer la valeur de l'immeuble. Ce serait le cas de dire : *Summum jus, summa injuria*. Nous sommes heureux de constater que si le raisonnement nous a conduit à une pareille conséquence, nous n'en avons pas vu un seul exemple.

Il peut arriver qu'un immeuble soit grevé d'hypothèques pour une somme supérieure à sa valeur et que le propriétaire soit insolvable. Les intéressés, qui doivent être dénoncés par lui, seraient complétement à sa merci si on suivait à la lettre les termes de l'article 21, qui décharge l'administration de toute responsabilité envers eux à défaut de cette dénonciation.

En effet, la règle générale énoncée par le deuxième paragraphe de cet article commence par ces mots : « Les autres intéressés. » Elle semble donc exclure les premiers. Cependant, tant en vertu de l'esprit général de la loi que par application de l'article 23, relatif aux offres, dans lequel il n'est fait aucune distinction, tout le monde est d'accord pour accorder aux personnes qui doivent bénéficier des déclarations du propriétaire le droit de se faire connaître elles-mêmes dans le délai de huitaine, à l'effet de pouvoir poursuivre leur indemnité devant le jury.

On suit encore l'esprit plutôt que la lettre de l'article 21, en admettant que l'obligation imposée au propriétaire d'appeler et de faire connaître les intéressés est suffisamment remplie par une simple dénonciation faite à l'expropriant ; la formalité des offres et la convocation devant le jury tenant lieu de tout autre mode d'appel en justice.

La loi n'indiquant aucune forme pour la dénonciation, elle peut être faite aussi bien par lettre missive que par ministère d'huissier.

Les sous-locataires doivent-ils être considérés comme compris dans l'expression de locataires employés par le premier paragraphe de l'article 21 ? La négative n'est pas douteuse, étant donné qu'il faut interpréter cet article restrictivement, puisqu'il crée pour les intéressés qu'il détermine une situation exceptionnelle par rapport au droit commun des intéressés en matière d'expropriation. Donc, au point de vue tant de l'administration expropriante que du propriétaire, les sous-locataires doivent se faire connaître eux-mêmes dans la huitaine à peine de déchéance (1).

Cette solution admise, la rigueur des principes conduirait à décider : 1° que personne n'a qualité pour les dénoncer à l'administration (2) ; 2° que s'ils ne sont pas régulièrement connus de l'expropriant, aucune indemnité, à raison du préjudice qu'ils éprouvent, ne peut être réclamée par qui que ce soit.

Mais la jurisprudence a adopté au profit des sous-locataires un système tout particulier qu'on peut formuler de la façon suivante : le propriétaire, en faisant connaître à l'administration le locataire principal, conserve le droit des sous-locataires qui ne sont plus alors soumis à la déchéance de l'article 21 ; néanmoins, l'administration n'est tenue envers eux que si avant la convocation du jury, ils se dénoncent eux-mêmes ou

1. Cassation, 20 avril 1859, Dalloz, 1859, I, 166. Cour d'Angers, 14 juillet 1864. Dalloz, 1864, II, 188.
2. Voir cependant : Cassation, 17 juin 1868. Dalloz, 1868, I, 326.

sont dénoncés par le principal locataire; ils ont un recours contre le principal locataire, mais ce dernier peut s'affranchir de toute responsabilité en les avertissant en temps utile de faire valoir leurs droits contre l'expropriant (Cassation, 7 décembre 1857, 9 mars 1864, Dalloz, 1864, I, 441). Ce système ne peut avoir été tiré en entier de la loi de 1841; il résulte d'une combinaison plus équitable que juridique des dispositions de cette loi avec le droit commun en matière de louage.

Nous croyons qu'il aurait été plus rationnel d'appliquer séparément et d'une façon absolue les règles spéciales à l'expropriation pour tout ce qui concerne les délais et la conservation des droits des intéressés envers l'administration, et les règles générales du louage au point de vue des rapports des intéressés entre eux.

Si le propriétaire ne fait pas connaître, dans la huitaine qui suit la notification, les intéressés dont parle le paragraphe 1er de l'article 21, il reste seul chargé de les indemniser. L'indemnité qu'il leur devra est absolument celle qu'ils auraient pu réclamer de l'expropriant, et non des dommages-intérêts basés sur l'exécution d'un contrat ou des obligations générales du propriétaire.

Le jugement, en effet, opposable à tous les tiers, a transformé tous les droits que ceux-ci pouvaient avoir soit sur l'immeuble, soit contre le propriétaire à raison de la chose, en une créance spéciale d'indemnité qui les remplace complètement dans leur patrimoine. Peu importe que cette créance soit plus ou moins élevée que celle qui pourrait résulter en toute autre circonstance de leurs titres, en vertu d'une clause pénale, par exemple. Il n'y a donc pas lieu de distinguer à ce point de vue entre les locataires ou fermiers et les possesseurs de droits réels.

Le préjudice qui leur est causé reste seul à évaluer, quelle que soit la personne chargée de les désintéresser.

Il serait naturel de supposer que l'autorité qui doit faire l'évaluation de l'indemnité reste la même dans tous les cas. Cependant la doctrine (1) et la jurisprudence (2) décident le contraire, et reconnaissent la compétence des tribunaux de droit commun pour le règlement des indemnités dues par le propriétaire comme substitué à l'administration en raison de sa négligence.

C'est qu'en effet, dans ce cas spécial, les motifs qui ont déterminé l'établissement du jury n'existent plus, et les règles de la procédure indiquée pour la fixation ordinaire de l'indemnité ne pourraient être appliquées.

Une autre différence résultant du changement de débiteur est que l'indemnité ne sera plus forcément préalable, l'expropriant ne pouvant être tenu d'attendre pour se mettre en possession que le propriétaire ait rempli ses obligations.

Le droit à l'indemnité ne résulte évidemment pas des dénonciations qui doivent être faites dans le délai de l'article 21. Cet article n'a trait qu'à la conservation d'un droit préexis

1. **Daffry de la Monnoye, tome I, page 255.**
2. **Cassation, 29 décembre 1873, Dalloz, 1874, I, 195.**

tant. Il faut donc se demander à quelles conditions chaque intéressé devient créancier de l'expropriant et dans quels cas il est exposé à encourir la déchéance.

Nous allons répondre à ces deux questions en nous en tenant aux seuls cas prévus par la loi de 1841 et en appliquant ses dispositions successivement aux diverses personnes dont elle s'est occupée.

### § I. — *Fermiers et locataires.*

Les droits des fermiers et locataires devront être fixés d'une manière différente selon le parti qu'on prendra sur les effets produits par le jugement d'expropriation à leur égard.

Si on assimile l'expropriation à une vente, on aura pour conséquence la subrogation de l'administration à tous les droits du propriétaire. Il en résultera pour celle-ci la faculté de continuer les baux et locations, sauf aux intéressés à la mettre en demeure de se prononcer sur son intention à ce sujet. Elle pourra profiter de toutes les clauses que le propriétaire aurait stipulées à son profit, mais elle sera en même temps subrogée à ses obligations sur tous les points dont une disposition expresse de la loi ne l'aura pas dispensée, et n'étant pas réputée avoir la qualité de tiers vis-à-vis des locataires, elle ne pourra exiger que leurs baux aient date certaine.

Un second système plus favorable à l'administration consiste à dire que les locataires ne sont atteints par l'effet du jugement qu'au moment de la dépossession qui équivaut pour eux à la perte de chose. Aucun préjudice ne leur étant causé si l'expropriant déclare prendre à sa charge les obligations du propriétaire, ils n'auront rien à réclamer. A défaut de cette déclaration, et en cas de dépossession, ils devront justifier de leurs droits vis-à-vis de l'expropriant de la même façon que vis-à-vis d'un tiers ordinaire.

Le défaut de ces deux opinions d'ailleurs contredites par le texte de l'article 23 est de reposer sur une distinction qui n'est pas autorisée par la loi, entre les fermiers et locataires d'une part et les autres intéressés d'autre part, tant au point de vue de l'effet du jugement qu'au point de vue du droit à l'indemnité.

L'expropriation a lieu envers et contre tous. Elle atteint tous les intéressés au moment même où elle est prononcée et les rend immédiatement créanciers d'une indemnité à raison de la perte irrévocable de leur droit. Qu'à ce premier préjudice il ne vienne pas s'en ajouter d'autres tels qu'une dépossession précipitée, notamment quand l'administration a déclaré qu'elle entendait respecter les engagements du précédent propriétaire, cela ne peut avoir d'intérêt qu'au point de vue de la fixation postérieure du montant de l'indemnité. Il n'y a guère de contestation possible à ce sujet. La conclusion adoptée par les auteurs et la Cour de cassation (1), est que les

1. Cassation, 16 avril 1862. Dalloz, 1862, I, page 300.
Cassation, 20 juin 1864. Dalloz, 1864, I, page 278.
Cassation, 4 juillet 1864. Dalloz, 1864, I, page 443.
Cassation, 9 août 1864. Dalloz, 1864, I, page 444.
Cassation, 2 août 1865. Dalloz, 1865, I, page 257.
Cassation, 23 novembre 1880. Dalloz, 1881, I, page 258.

baux sont résiliés de plein droit tant au profit des intéressés qu'en faveur de la partie expropriante ; et que cette dernière est tenue de faire des offres même aux locataires maintenus en jouissance jusqu'à l'expiration du temps fixé par leur titre.

L'administration ne peut donc se substituer au propriétaire pour faire exécuter les baux dans son intérêt.

Elle a quelquefois manifesté la prétention de profiter des clauses qui peuvent y être contenues relatives à la cessation de la jouissance du preneur. En général l'effet de ces clauses est soumis à l'appréciatiou du jury en vertu de l'article 48 de la loi de 1841. Mais il peut arriver que le locataire ait déclaré dans l'acte renoncer d'avance à l'indemnité à laquelle il aurait droit en cas d'expropriation. Une telle renonciation est certainement valable au regard du propriétaire. Quelques arrêts en ont étendu le bénéfice à l'administration quand la clause était générale dans ses termes (1). D'autres l'ont restreint au bailleur par interprétation de la volonté du locataire (2). Nous préférons de beaucoup le système de ces derniers, car on ne voit guère pourquoi le preneur serait supposé, quand il ne le dit pas expressément, faire une concession gratuite de sa part et sans profit pour le bailleur. Nous reconnaissons cependant que la clause de renonciation pourra influer sur la décision du jury dans certains cas, si, jointe à d'autres in-

1. Paris, 9 avril 1842. Seine, 31 juillet et 25 novembre 1858.

2. Cour de Rouen, 12 février 1847. Dalloz, 1849, II, 11.

Cour de Paris, 2 avril 1852. Dalloz, Répertoire, V° Expropriation, n° 610.

dices, elle lui donne lieu de croire que le bail a été fait en prévision de l'expropriation.

L'administration n'étant pas subrogée aux droits du propriétaire ne succède pas à ses obligations. Reste à savoir s'il y a lieu de faire l'application dans ses rapports avec les locataires de l'article 1328 du Code civil, et si on peut en conséquence lui accorder la faculté de ne tenir compte que des baux écrits ayant date certaine contre les tiers. La jurisprudence a varié sur ce point ; après avoir admis l'affirmative(1), elle décide maintenant la négative en faveur des locataires et reconnaît comme suffisante la production d'un acte sous seing privé non enregistré et même l'allégation justifiée d'un bail verbal, sauf, bien entendu, le cas de fraude (2). Cette solution nous paraît devoir être admise, mais elle a besoin d'être établie juridiquement et mise en harmonie avec le système que nous avons adopté sur l'effet du jugement d'expropriation. L'administration n'est pas plus l'ayant-cause du propriétaire au point de vue passif qu'au point de vue actif. Il faut donc d'autres raisons pour qu'on puisse lui opposer tous les baux passés avec ce dernier.

En premier lieu, le vœu de la loi de 1841, comme des lois précédentes sur l'expropriation, est certainement que toute personne qui souffre un préjudice direct et immédiat soit

1. Cassation, 2 février 1847. Dalloz, 1847, I, page 73.
2. Cassation, 17 avril 1861. Dalloz, 1861, I, page 145.
Cassation, 26 décembre 1860. Dalloz, 1861, I, page 134.
Cassation, 28 juin 1864. Dalloz, 1865, V, page 180.

indemnisée et les dispositions de ses articles 48 et 49 faisant aux intéressés une situation plus favorable que le droit commun au point de vue de la preuve, indique de quel côté l'interprétation doit se diriger lorsqu'un mode de preuve se trouve contesté dans un cas qu'elle n'a pas prévu. On pourrait même soutenir par un raisonnement d'analogie que si les jurés ont un pouvoir discrétionnaire pour apprécier la sincérité des titres et l'effet des actes qui sont de nature à modifier l'évaluation de l'indemnité (article 48), les juges ordinaires doivent avoir la même liberté pour l'examen des pièces qui peuvent établir un droit contre l'expropriant. Mais sans s'arrêter à discuter la valeur de cet argument, il nous semble qu'il y a lieu d'opposer à l'article 1328 du Code civil, dont les partisans du système opposé font l'application à notre matière, l'article 1348 du même Code qui permet tous les modes de preuve pour les obligations qui naissent de quasi-contrats, et pour celles contractées en cas d'accidents imprévus où l'on ne pourrait avoir fait des actes par écrit.

Du moment en effet que le jugement d'expropriation ne produit pas les effets des jugements ordinaires, qui ne sont que la confirmation de droits déjà existants au profit de l'une des parties contre l'autre, les obligations qui en découlent tant pour l'administration que pour les intéressés sont d'une nature toute particulière. Si donc on est obligé de leur appliquer des règles de droit commun dans certains cas sur lesquels la loi spéciale est restée muette, il faut autant que possible choisir celles qui sont relatives à des obligations d'un caractère analogue. Or la poursuite d'une expropriation dont le jugement n'est que la conséquence et dont l'administration apprécie seule l'opportunité, est bien de sa part, à l'égard de tous intéressés un fait purement volontaire dont doit résulter en fin de compte un engagement envers les tiers, l'engagement de les indemniser du préjudice qu'elle leur cause. Ce sont à peu près les termes employés par l'article 1371 du Code civil pour la définition des quasi-contrats. Nous en concluons que le droit à l'indemnité peut-être prouvé par tous les moyens et même par témoins, conformément à l'article 1348, parce qu'il a sa source dans un fait volontaire de l'expropriant, et parce qu'il n'a pas été possible au créancier de se procurer une preuve littérale de l'obligation qui a été contractée envers lui.

Il est à remarquer en effet que le jugement ne peut-être considéré comme une preuve ni comme un titre suffisant de la créance particulière de chaque intéressé, puisque la plupart d'entre eux n'y sont même pas nommés.

Reste la question de la date certaine des actes. On peut nous concéder la dispense de produire des baux écrits, tout en prétendant que si l'intéressé veut en faire usage il reste soumis à l'obligation de justifier d'une date certaine, d'après la règle générale de l'article 1328 du Code civil. Nous répondrons que pour que cet article fut applicable il faudrait que l'acte fut opposé à un tiers. Or si l'expropriant a cette qualité, en ce sens qu'il n'est pas subrogé au précédent propriétaire, il se trouve directement débiteur de l'indemnité, à raison du préjudice dont il s'agit de fournir la preuve.

Le locataire a vu changer son droit et changer son débiteur par l'effet d'une double novation produite par le jugement, mais son titre est resté le même puisqu'on ne lui a pas donné les moyens de s'en procurer un nouveau. Il doit donc pouvoir continuer de s'en servir contre le second débiteur dans les mêmes formes et avec les mêmes facilités que contre le premier, sauf les dérogations expressément apportées à ses droits par les termes de la loi. Décider autrement conduirait à un résultat inacceptable. Le titulaire d'un bail sans date certaine se trouverait n'avoir plus aucun obligé direct en vertu de cet acte : ni l'administration qui exciperait de sa qualité de tiers, ni le propriétaire qui ayant rempli les obligations de l'article 21 serait déchargé de toute responsabilité. Cela tient à ce que le cas qui nous occupe ne peut être assimilé à celui prévu par l'article 1328 du Code civil ; cet article ne suppose aucune relation entre l'effet que peuvent produire les actes à l'égard des tiers et l'extinction des obligations du débiteur principal. En droit commun, les actes ayant date certaine sont opposables en même temps aux parties et aux tiers, il peut donc y avoir deux dettes et plusieurs débiteurs. En matière d'expropriation, les conventions faites avec le propriétaire conférant des droits sur la chose, produisent leur effet ou contre le propriétaire lui-même ou contre l'administration, suivant la distinction établie par l'article 21, à la condition que les déchéances prévues par la loi ne soient pas encourues. Il n'y a donc à quelque moment qu'on se place qu'une dette et qu'un débiteur.

§ 2. — *Des usufruitiers.*

Les usufruitiers se distinguent des autres intéressés en ce qu'ils n'ont pas droit en cette qualité à une indemnité particulière (article 39). Ils exercent leur droit sur le montant de la valeur de l'immeuble. La loi ajoute : « L'usufruitier « sera tenu de donner caution, les pères et mères ayant l'usu- « fruit légal des biens de leurs enfants enseront seuls dis « pensés ». On a donné les raisons de cette dérogation au système généralement suivi pour le règlement des indemnités : difficulté d'assigner à un usufruit et par suite à une nue propriété leur valeur exacte, avantage de laisser à chacun des ayants-droit sa situation respective conformément à leur intention présumée ou à celle de leurs auteurs, économie probable au profit de l'expropriant sans préjudice pour les intéressés.

L'obligation de fournir caution est imposée même aux usufruitiers qui n'y étaient pas tenus pour leur titre originaire ; ce qui s'explique par la nature même de l'objet nouveau sur lequel leur droit se trouve transporté. Il est bien évident en effet que l'intérêt du nu-propriétaire ne serait pas sauvegardé si on le laissait exposé à perdre, par suite de l'insolvabilité de l'usufruitier, le capital mobilier qui doit représenter dans son patrimoine l'immeuble exproprié. Il faut en conclure que la caution qui aurait été antérieurement donnée par ce dernier comme garantie de sa gestion, devient insuffisante de plein droit dès qu'il prétend toucher l'indemnité. Mais on ne peut lui refuser la faculté de faire emploi dans les termes du droit commun, la disposition de la loi n'étant pas limitative à cet égard. Tous ces points ne font pas difficulté.

Une question souvent soulevée est celle de savoir si on doit traiter l'emphytéote comme l'usufruitier. La Cour de cassation a pris ce parti (1). En conséquence elle décide qu'une seule indemnité doit être fixée pour le propriétaire et l'emphytéote et qu'elle doit être versée à ce dernier sous l'obligation de fournir caution ; l'emphytéote a la jouissance des revenus mais il doit continuer de payer au propriétaire la redevance à laquelle il est tenu par son titre. La jurisprudence n'étend pas cette mesure aux baux à vie ni aux baux à long terme. Bien qu'ainsi restreinte et malgré l'assentiment qui lui a été donné par plusieurs auteurs, nous la trouvons inconciliable avec les termes de l'article 39 de la loi de 1841.

A l'emphytéose considérée comme droit réel, on fait l'application de l'article 18, mais on ne peut transporter les dispositions de cet article, relatif seulement à l'irrévocabilité du jugement d'expropriation, dans le domaine du titre IV de la loi, qui règle toutes les questions relatives à la fixation de l'indemnité.

1. Cassation, 12 mars 1845. Dalloz, 1845, I, page 105. — Cassation, 1er avril 1868. Dalloz, 1868, I, page 220.
*Contrà:* Rouen, 20 novembre 1878, Dall., 79, II, 256.

Il résulte de ses dispositions que le droit de l'emphytéote sera transporté sur le prix et que l'immeuble en demeura affranchi, étant entendu que le prix c'est l'indemnité représentative de la valeur de l'immeuble. La manière dont le droit doit être exercé après sa transformation n'est prévue que par l'article 39, qui ordonne d'allouer des indemnités distinctes en faveur des parties qui les réclament à des titres différents, sauf une seule exception pour l'usufruit.

Nous reprochons au système suivi par la Cour de cassation ou d'étendre l'exception en assimilant l'emphytéote à l'usufruit ou d'être en contradiction avec la règle générale ; l'emphytéote ayant à nos yeux un titre différent de celui du propriétaire aussi bien que l'usager et se trouvant compris dans les intéressés du deuxième paragraphe de l'article 21.

§ 3. *Des habitants usagers et titulaires de servitudes.*— Le propriétaire n'est pas obligé de dénoncer toutes les personnes qui ont sur son immeuble des droits d'habitation, d'usage ou de servitude, mais seulement celles qui sont comprises dans l'énumération faite par la loi. Ce n'est pas à dire que les autres titulaires de droits de même nature ne devront pas être indemnisés, mais ils seront obligés de se faire connaître eux-mêmes, conformément à la règle générale.

## SECTION III. — *Des intéressés qui doivent se faire connaître eux-mêmes.*

L'administration est dispensée de rechercher les ayants-droit qui auront à souffrir directement de l'expropriation.

Le propriétaire ne peut être obligé de les connaître tous. Tant que leur intérêt a été commun et que leur rôle est resté passif, ils ont pu être représentés en masse sans inconvénient par une personne à laquelle la loi imposait ce mandat. Un pareil procédé devient impossible quand il s'agit d'établir les droits de chacun pour la fixation de l'indemnité. L'expropriant devenu débiteur doit savoir quels sont ses créanciers pour faire liquider sa dette et pour pouvoir se libérer entre leurs mains. Qui donc lui en donnera la liste complète? Les intéressés eux-mêmes sont chargés de ce soin. Il leur suffit de se faire connaître pour établir un lien entre eux et l'administration. Et cette faculté est aussi large que possible, la loi n'ayant à dessein limité par aucun texte précis les faits antérieurs qui peuvent donner naissance à la créance d'indemnité. Chacun apprécie lui-même s'il y a droit et n'est tenu au moment où il se dénonce à aucune justification (1). L'expropriant doit recevoir sa déclaration dans tous les cas, sauf à contester ensuite ses prétentions, mais sans pouvoir l'écarter de la procédure. Aucune forme n'est imposée aux intéressés pour se faire connaître; une notification par huissier sera le mode le plus sûr pour éviter toute contestation ultérieure, mais une simple lettre missive pourrait suffire. (Cassation, 17 juin 1868, Dalloz, 1868, I, page 326.)

Les déclarations doivent être faites dans un délai déter-

1. Cassation, 15 juin 1858. Dalloz, 1858, I, page 324.
Cassation, 5 août 1873. Dalloz, 1874, I, page 446.
Cassation, 17 novembre 1873. Dalloz, 1874, I, page 447.

miné. Toutes celles qui seraient postérieures à l'expiration de la huitaine qui suit les publications et notifications prescrites par l'article 15 sont dénuées d'effet ; sur ce point tout le monde est d'accord. Mais il n'en est pas de même en ce qui concerne le point de départ du délai, c'est-à-dire le moment à partir duquel les déclarations sont valables et n'ont pas besoin d'être renouvelées. D'après les termes de la loi, les intéressés sont mis en demeure par l'avertissement énoncé en l'article 6. Or l'avertissement de l'article 6 est celui qui est relatif au dépôt du plan à la mairie. C'est le premier acte qui porte officiellement à la connaissance des intéressés la déclaration d'utilité publique et les invite en même temps à s'assurer du préjudice qu'elle peut leur causer. L'application littérale de la loi conduit donc à leur accorder pour se mettre en mesure en se faisant connaître, tout le temps que durent l'enquête et les formalités postérieures jusqu'à la notification du jugement, en plus du délai de huitaine qui suit cette notification. Ce résultat n'est pas admis par tout le monde, et la jurisprudence qui tend à l'accepter se base sur d'autres raisons (1).

On a fait remarquer que le deuxième paragraphe de l'article 21 se référait aux dispositions contenues dans le premier, notamment en ce qui concerne le délai, puisqu'il dit que les intéressés devront se faire connaître dans le même délai de huitaine, et on en a conclu qu'il fallait le corriger, et

1. Cassation, 6 décembre 1842, Dalloz, Répertoire. V°. Expropriation, n° 387.

Cass. 9 mars 1864. Dalloz, 64, 1, 441.

que l'avertissement qui met les parties en demeure est non pas celui de l'article 6, mais celui de l'article 15, ou pour parler plus correctement est la publication du jugement prescrite par ce dernier article. C'est une modification assez considérable apportée au texte puisqu'on remplace non seulement un numéro par un autre, mais encore le mot avertissement par le mot publication, qui n'a pas tout à fait le même sens. Elle ne présente du reste d'avantages que pour ceux qui prétendent que la huitaine de la notification est seule utile, et demandent que toute déclaration antérieure soit renouvelée dans ce délai. Dans un autre système on admet la rectification, mais on décide que la mise en demeure relative à la déchéance qui doit suivre n'ouvre pas le droit des intéressés, qui ont pu par conséquent se faire connaître valablement à une époque antérieure et ne sont pas tenus de réitérer. Il reste alors à trouver le moment de l'ouverture du droit, qu'on peut faire résulter soit du jugement, soit de l'arrêté de cessibilité, soit de l'avertissement de l'article 6. Nous aurions à nous décider entre ces trois époques si nous ne préférions appliquer simplement les termes de l'article 21.

Il serait difficile de faire une énumération complète de tous les intéressés qui doivent se faire connaître eux-mêmes. Nous avons déjà rangé dans cette catégorie le véritable propriétaire contre lequel le jugement n'aurait pas été rendu (1) et l'emphytéote. Quelques autres personnes se trouvent na-

1. Cassation, 10 janvier 1883, Dalloz, 1883, I, page 460.

turellement indiquées par le seul fait que le propriétaire est expressément dispensé de les dénoncer. Tels sont les titulaires de droits d'habitation ou d'usage non réglés par le Code civil, et ceux qui peuvent réclamer des servitudes résultant de titres inconnus au propriétaire.

Comme règle générale, d'après les auteurs et la jurisprudence, le droit à l'indemnité prévu par la loi de 1841 ne peut résulter que d'un préjudice direct et immédiat causé par l'expropriation elle-même.

Les autres atteintes portées aux droits des tiers par l'administration n'en engagent pas moins sa responsabilité, mais en vertu des lois ordinaires relatives à ses rapports avec les particuliers.

Il faut donc pour figurer parmi les intéressés de l'article 21 avoir subi un préjudice direct et immédiat.

Seront écartées en conséquence toutes les personnes qui n'auraient à se plaindre que d'un intérêt lésé sans arguer d'un droit acquis sur les biens expropriés, car alors le dommage ne peut être qu'indirect (1). Ce serait le cas d'un syndicat de propriétaires envers lequel l'exproprié se serait engagé soit à faire bâtir, soit à ne louer ou à ne vendre son immeuble que dans des conditions déterminées, alors même que l'expropriation détruirait de fond en comble les combinaisons de ce syndicat.

Est indirect à un autre point de vue le dommage causé par

1 Cassation, 21 avril 1856. Dalloz. 1856. I, page 158.
Cassation, 13 mai 1868. Dalloz, 1868, I, page 319.

l'expropriation au locataire d'une servitude appartenant au propriétaire voisin et grevant le fonds acquis par l'administration (1).

Quant on dit que le préjudice doit être immédiatement causé par l'expropriation,on ne repousse pas les titulaires de droits conditionnels ou à terme, s'il figurent déjà à ce titre dans le patrimoine des intéressés; tels qu'il existaient et bien que leur exercice fût impossible au moment du jugement,ils se sont trouvés transformés en créance d'indemnité.

Mais on a en vue les droits auxquels le jugement n'a porté aucune atteinte, et qui sont simplement menacés dans leur existence ou dans leur exercice d'une façon conditionnelle et éventuelle par le but que poursuit l'administration. On exclut ainsi du nombre des intéressés de l'article 21 tous les propriétaires dont les immeubles n'ont pas été compris dans l'arrêté de cessibilité et le jugement, et qui pourront avoir à se plaindre soit de l'exécution des travaux, soit des servitudes d'utilité publique résultant de l'affectation donnée aux terrains expropriés. Il en est de même et à plus forte raison de tous les locataires de ces immeubles et de toutes personnes possédant sur eux des servitudes ou autres droits réels.

## Section IV. — *De la déchéance du droit à l'indemnité.*

Une indemnité n'est due par l'administration expropriante

1. Cour de Paris, 22 avril 1872. Gazette des Tribunaux du 25 avril 1872.

qu'aux intéressés dont les droits lui ont été officiellement déclarés avant l'expiration du délai de huitaine fixé par l'article 21, mais cet article ne prononce pas la déchéance de tous les intéressés dans les mêmes termes : D'après le paragraphe 1er le propriétaire négligent doit rester seul chargé envers ceux qu'il était tenu de faire connaître, des indemnités que ces derniers pourront réclamer. D'après le paragraphe 2me ceux qui doivent se faire connaître eux-mêmes, à défaut d'avoir accompli cette obligation dans le délai indiqué, seront déchus de tous droits à l'indemnité.

En ce qui concerne les premiers, nous avons déjà dit notre sentiment. Leur droit a été transformé par le jugement d'expropriation en une créance d'indemnité dont le débiteur est l'administration ou le propriétaire, selon que ce dernier s'est ou non conformé aux prescriptions de la loi. C'est donc cette indemnité qu'ils réclameront contre le propriétaire négligent. Elle sera fixée par les tribunaux ordinaires, mais l'évaluation en sera faite d'après les bases établies par la loi de 1841.

Quant aux intéressés que le propriétaire n'est pas tenu de dénoncer, quelle sera sa situation vis-à-vis d'eux, s'ils ont encouru par leur faute la déchéance prononcée par l'article 21 ? Il ne leur doit rien personnellement en sa seule qualité de propriétaire, (1) mais les obligations qu'il aurait pu contrac-

1. Batbie. Droit public et administratif, 2me édition tome VII, page 67. Dalloz Répertoire, V° Expropriation n° 375. *Contra* : Delamarre et de Peyronny, page 250, n° 92. Daffry de la Mounoye, tome I, p. 267, (2e édit.) Cass. 14 mai 1867. Dall. 1867, I, 199.

ter envers eux autrement qu'à titre de bail ou de constitution de servitude sont-elles éteintes, ou continuent-elles de subsister à l'effet de donner lieu à des dommages-intérêts ? Nous croyons qu'il y a là une question de fait à résoudre d'après le droit civil par les tribunaux, qui auront à se demander sur chaque espèce s'il n'entrait pas dans les engagements du propriétaire, interprétés selon l'intention des parties, de faire la dénonciation ou tout au moins d'avertir l'intéressé pour le mettre en mesure de faire valoir lui-même ses droits.

En cas de promesse de vente par exemple, on pourrait soutenir qu'il y a déjà une obligation de garantie pouvant entraîner des dommages intérêts à raison de l'inaction et du silence voulu du propriétaire. Mais il est impossible de tirer cette conclusion de la loi de 1841, qui suppose en général une déchéance compléte.

## SECTION V. — *Des créanciers privilégiés et hypothécaires et des titulaires d'actions réelles.*

Nous venons d'étudier les dispositions de l'article 21 dont nous avons suivi le texte. Nous allons rechercher maintenant dans quelle mesure l'application peut en être faite aux personnes dont les droits sont mentionnés dans d'autres parties de la loi, c'est-à-dire aux créanciers privilégiés ou hypothécaires et aux titulaires d'actions réelles, en supposant que la formalité de la purge a été accomplie.

En premier lieu et pour ne pas traiter à nouveau une question déjà vue, nous faisons remarquer que le second paragraphe de l'article 17 réglant complètement les droits des femmes,des mineurs et des interdits,dont l'hypothèque légale est dispensée d'inscription, ces intéressés conservent leur droit sur l'indemnité jusqu'à son paiement ou jusqu'à l'ordre définitif, sans être aucunement tenus de se faire connaître dans la huitaine de la publication du jugement.

Quant aux créanciers privilégiés et hypothécaires ordinaires nous ne pensons pas qu'ils soient exposés en cette qualité à la déchéance prononcée par l'article 21. On l'a cependant soutenu en se basant sur une modification apportée par la loi de 1841 à la procédure antérieurement suivie à leur égard.

Sous l'empire de la loi de 1833, l'administration était tenue de notifier des offres aux créanciers inscrits,comme aux propriétaires et à tous autres intéressés désignés ou intervenus en temps utile. On a supprimé les mots: « aux créanciers inscrits », dans la nouvelle rédaction de l'article 23, dont le premier paragraphe se trouve maintenant ainsi conçu : « L'ad-« ministration notifie aux propriétaires et à tous autres inté-« ressés qui auront été désignés ou qui seront intervenus « dans le délai fixé par l'article 21, les sommes qu'elle offre « pour indemnités ». Mais en même temps on y a ajouté ce second paragraphe qui est une disposition entièrement nouvelle. « Ces offres seront en outre affichées et publiées con-« formément à l'article 6 de la présente loi ».

Nous ne voyons pas que le législateur de 1841 ait fait autre chose que de remplacer, au point de vue des créanciers inscrits, les notifications individuelles par des publications. S'il avait voulu les assimiler à des intéressés ordinaires, il n'aurait pas laissé subsister les dispositions de l'article 22 ou tout au moins les aurait transportées dans le titre III. Pourquoi dire en effet que les créanciers de l'usufruitier seront traités comme ceux du propriétaire, (et la place de l'article indique que c'est au point de vue du règlement de l'indemnité), si ces derniers n'ont pas des droits spéciaux ? Dira-t-on que tombant dans un inconvénient que nous avons signalé en parlant de l'emphytéose, nous voulons appliquer au règlement de l'indemnité les indications données par la loi sur l'effet du jugement et de la purge ? Nous répondrons que notre solution repose sur le texte et la place même des articles 22 et 23, et que ce serait au contraire faire influer des dispositions toutes spéciales au règlement de l'indemnité, sur une question antérieurement et autrement tranchée par l'article 17, que d'obliger les créanciers privilégiés et hypothécaires à intervenir dans les huit jours de la publication du jugement à peine de déchéance. Le droit qui leur est accordé en compensation de la faculté de surenchérir est d'exiger que l'indemnité soit fixée conformément au titre IV, de forcer par conséquent l'administration à accomplir les formalités indiquées dans cette partie de la loi. Ce droit est complètement distinct de celui de réclamer une indemnité ou une part directe de l'indemnité prévu par l'article 21, dont la disposition finale a été transportée sans modification de la loi de 1833 dans celle de 1841. Il n'y a donc rien d'illogique à ce que le droit des créanciers soit conservé d'une autre façon, et la loi leur en donne le moyen : c'est de faire inscrire leur privilége ou leur hypothèque dans la quinzaine de la transcription. Voilà pour le droit de suite. Pour le droit de préférence, on est obligé de leur accorder la même faculté, à peine de rendre inutile au moins la moitié de ce délai de quinzaine, puisque son point de départ ne peut être antérieur à celui des huit jours de l'article 21.

Les privilèges et hypothèques inscrits en temps utile ne suffisent pas pour obliger l'administration à accomplir les formalités du titre IV. Elle se trouve vis à vis de leurs titulaires dans la situation d'un acquéreur qui a fait transcrire : si elle a traité avec le propriétaire, elle sera bien obligée d'en avertir les créanciers, puisqu'elle ne peut se libérer qu'entre leurs mains, et qu'elle ne peut entrer en possession qu'après avoir payé. Elle les mettra ainsi en demeure de déclarer s'ils acceptent la fixation amiable de l'indemnité.

Si le propriétaire a refusé de traiter, la publication des offres qui lui sont faites vaut notification aux créanciers inscrits, et s'ils ne les trouvent pas suffisantes c'est à eux d'intervenir, la fixation de l'indemnité faite par le jury devant dans tous les cas leur être opposable.

Leur intervention pourra avoir lieu dans la quinzaine de cette publication en vertu de l'article 28, dont la nouvelle rédaction conforme à la modification apportée à la procédure, n'a pas changé le fond de leur droit (article 59).

Une conséquence du système que nous avons adopté est que si le propriétaire renonçait à toute indemnité, ou se trouvait déchu de son droit, l'administration tout en conservant ses privilèges devrait être regardée comme un acquéreur à titre gratuit. Elle ne pourrait donc pas écarter les créanciers inscrits même le dernier jour de la quinzaine à compter de la transcription, sous le prétexte que l'indemnité qui devait leur être distribuée est égale à zéro. Elle conservera le droit de leur faire des notifications individuelles, ou de les avertir simplement par la voie des publications indiquant une offre pour tel immeuble exproprié sous le nom de telle personne, et les créanciers auront pour ce cas comme pour les autres la faculté d'exiger que la fixation de l'indemnité représentative de la valeur de la propriété soit faite par le jury.

Indépendamment des droits qui leur sont conférés par l'article 17, les créanciers privilégiés et hypothécaires peuvent comme tous autres intéressés et dans le délai imposé par l'article 21, faire connaître à l'administration qu'ils entendent recevoir des notifications individuelles d'offres, soit relatives à l'indemnité représentant la valeur de la propriété, soit comme prétendant à des indemnités particulières non conservées par leur inscription. La perte de leur droit réel peut en effet leur causer un préjudice qui ne pourrait être compensé par le remboursement pur et simple de leur créance, bien que l'expropriation en soit la cause directe et immédiate.

Prenons par exemple le cas où une indemnité de remboursement anticipé aurait été stipulée du propriétaire, mais avec convention que la garantie de l'hypothèque ne s'étendrait pas à cette clause. Si la purge était faite par un acquéreur ordinaire, le créancier n'aurait droit contre lui qu'à la somme principale et à ses accessoires déterminés par le droit commun, l'ancien propriétaire restant seul chargé de l'indemnité. Mais en matière d'expropriation, l'obligation de désintéresser les ayants-droit incombant à l'administration et non au propriétaire, nous pensons que cette indemnité devrait lui être demandée dans les formes de l'article 21.

Nous avons vu jusqu'ici deux sortes de personnes envers lesquelles l'expropriant se trouve obligé. Les intéressés, y compris le propriétaire,qui peuvent réclamer des indemnités, et les créanciers privilégiés ou hypothécaires,qui ont comme conséquence de leur droit de suite, la faculté d'exiger que les formalités du titre IV soient remplies, et en vertu de leur droit de préférence, celle de demander à l'administration le paiement de leurs créances si elles arrivent en ordre utile. Les premiers sont soumis à la déchéance de l'article 21, les seconds à celle de l'article 17.

Les titulaires d'actions en résoulution ou en revendication et de toutes autres actions réelles, dont le droit se trouve transporté sur le prix d'après les termes mêmes de la loi, ne nous paraissent pas devoir former une troisième catégorie. Vis-à-vis de l'expropriant, ce ne peuvent être que des intéressés réclamant une indemnité, soit au même titre que le propriétaire comme le demandeur en revendication ou en résolution, soit à un titre différent si l'on comprend les mots actions réelles employés par l'article 18 dans le sens de droits réels. Ils devront donc se faire connaître à l'administration dans la huitaine de la publication du jugement, à défaut de quoi ils n'auront rien à lui réclamer. La jurisprudence approuvée par les auteurs est constante en ce sens. Mais où nous ne pouvons la suivre, c'est quand elle considère le prix ou l'indemnité représentative de l'immeuble comme substitué à l'immeuble lui-même, au point de vue de l'exercice des actions réelles, dans l'application de la loi de 1841.

La question est de savoir si dans les rapports des intéressés entre eux, quand une action réelle ne peut plus être exercée sur l'immeuble par suite de l'expropriation, cette action continue de subsister telle quelle sur le prix, ou si elle n'est pas remplacée soit par une créance directe d'indemnité soit par un droit sur les restes de la chose analogue à celui qui est indiqué par l'article 1303 du Code civil.

La solution n'est pas sans importance pratique car, s'il y a concours de plusieurs réclamants, au premier cas une seule indemnité devra être fixée pour la valeur de l'immeuble, sauf aux droits que chacun peut avoir à exercer sur elle a être réglés postérieurement ; au second cas il faudra établir autant d'indemnités qu'on aura vu se produire d'actions différentes, et le jugement à intervenir indiquera celles qui devront être payées.

Si au contraire une seule personne s'est présentée devant l'administration et a touché le montant de la valeur de l'immeuble, dans le premier système l'émolument lui en sera retiré en totalité ou en partie par l'effet de toute action réelle antérieure, tandis que l'application de l'article 1303 du Code civil lui en laisserait le bénéfice contre tout réclamant, tant que son propre droit ne serait pas dénié. Nous admettons le second système comme plus conforme au texte des articles 21 et 39 (nouvelle rédaction) placés au siège de la matière.

Ainsi un acheteur a réméré contre lequel le jugement d'expropriation a été rendu réclamera selon nous une indemnité égale à la valeur pour laquelle l'immeuble, tel qu'il est grevé, figure dans son patrimoine, et son vendeur sera désintéressé par l'expropriant, s'il se fait connaître en temps utile, du préjudice qu'il éprouve par suite de la perte de son droit de rachat. Que si ce dernier a encouru la déchéance, il ne pourra ni exercer le droit perdu par sa faute sur l'indemnité touchée par l'acheteur, ni recourir en aucune façon contre celui-ci, car la condition à laquelle il pouvait devenir son créancier est devenue irréalisable.

Nous déciderions en sens inverse que le propriétaire apparent et le demandeur en revendication ne peuvent exiger qu'une seule indemnité (1), parce que le droit de l'un est la négation de celui de l'autre. La même raison nous conduit à dire que le premier serait tenu de restituer au second, dont les prétentions seraient reconnues fondées même après sa

1. Batbie, Droit public et administratif, 2me édition, tome VII, page 65. Cassation 24 avril 1866. Dalloz, 1866, V, page 212.

déchéance vis-à-vis de l'expropriant, l'indemnité qu'il aurait indûment touchée. Elle n'est en effet entre ses mains, à défaut de titre personnel, que comme un reste de la chose qui ne lui appartenait pas, et il en est demeuré débiteur comme il était débiteur de la chose même.

## CHAPITRE XI

### DES OFFRES.

L'administration doit notifier aux propriétaires et à tous autres intéressés qui ont été désignés ou qui sont intervenus dans le délai de l'article 21, les sommes qu'elle offre pour indemnités (article 23, paragraphe 1er). La notification doit en être faite dans les formes prescrites par les articles 15 et 57, à la requête ou tout au moins sur les poursuites et diligences des représentants de la partie expropriante (1), car il s'agit d'un acte contenant obligation de sa part. C'est en effet non seulement une formalité de procédure indispensable pour arriver à la fixation de l'indemnité par le jury, mais encore une proposition ferme que l'intéressé peut accepter s'il la juge convenable et dont il pourra ensuite exiger l'exécution. Il n'est donc pas douteux que le préfet n'a pas qualité suffisante pour établir des offres de sa propre autorité, aux cas où l'expropriation est poursuivie par une commune ou une compagnie concessionnaire.

Les offres de cette nature peuvent donc être considérées

1. Cassation, 6 août 1883. Dalloz, 1884, 1, page 335.

comme nulles tant par l'expropriant qu'il ne représente pas et qui par suite ne sera pas tenu, que par les intéressés qui les auront reçues ; ceux-ci ne seront pas obligés de les discuter. Toutefois, comme les rapports qui doivent s'établir entre l'administration et les intéressés au sujet du règlement des indemnités se rapprochent du droit commun, en ce sens que chacun doit agir séparément pour son compte personnel sans être chargé de représenter les autres, rien n'empêche les parties de renoncer à se prévaloir des irrégularités qui pourraient avoir été commises. On pourra donc procéder valablement à la discussion de l'indemnité, même sur des offres faites par le préfet en dehors de sa compétence, sauf aux tribunaux à apprécier en fait, en cas de contestations ultérieures, si elles ont été librement ratifiées par les réclamants. La ratification pourra résulter soit de l'acceptation, soit d'une simple réponse (1), soit de la comparution devant le jury, pourvu que l'intéressé ait agi en connaissance de cause et sans faire de réserves (2).

On s'est demandé si les offres pouvaient être notifiées aux propriétaires en même temps que le jugement et par le même acte. La Cour de cassation s'est prononcée en ce sens (Cassation, 27 janvier 1869. Dalloz, 69, I, pages 244 et 245), mais il est douteux que le vœu de la loi soit ainsi rempli, car en donnant le même point de départ au délai de l'article 21 et

1. Cassation, 2 août 1870, Dalloz, 1870, I, page 407.
2. Cassation, 1er juillet 1867. Dalloz, 1867, I, page 253. Cassation, 25 mai 1868, Dalloz, 1868, I, page 406. Cassation, 24 juillet 1877. Sirey, 1877, I, 478.

à celui de l'article 24, et en les faisant courir en même temps on diminue les facilités qu'elle a voulu donner aux parties pour l'accomplissement de leurs obligations.

Une indemnité doit être offerte aux termes de la loi aux propriétaires et à tous autres intéressés qui ont été désignés ou se sont fait connaître dans le délai de l'article 21. Ainsi deux conditions sont exigées pour qu'une personne puisse réclamer l'accomplissement de cette formalité à son égard. Elle doit être propriétaire ou intéressée, et de plus officiellement connue de l'administration au plus tard le huitième jour qui a suivi la notification et la publication du jugement.

Si l'une de ces qualités manque évidemment, il n'y aura pas d'offres et l'administration ne pourra pas être inquiétée.

Au cas où il y aurait doute soit sur le droit originaire à une indemnité, soit sur la déchéance de l'article 21, l'expropriant n'est pas tenu de prendre parti avant de notifier ses offres, ce qui le mettrait dans l'alternative ou de s'engager envers des personnes auxquelles il croit ne rien devoir, ou de retarder son entrée en possession. Par contre, il ne peut pas mettre les intéressés en demeure de justifier de leurs prétentions dans un délai déterminé autrement que par la procédure spéciale indiquée dans la loi. Si donc il a intérêt à entrer rapidement en possession et s'il ne veut s'exposer à aucun danger, il fera des offres même aux intéressés dont les droits ne lui paraîtraient pas suffisamment établis, simplement pour les mettre en mesure de former leur demande, mais sans reconnaître leur qualité.

La manière de procéder est très simple quand il y a plusieurs prétendants à une seule indemnité, certainement due à l'un d'entre eux ; une seule et même somme leur sera offerte, sauf à ne leur être délivrée qu'après la terminaison du litige.

Mais si l'indemnité était de nature à ne pouvoir être due qu'au réclamant, comme par exemple au cas où le droit contestable est une servitude, le même système ne pourrait être suivi. Nous croyons que dans ce cas le vœu de la loi est que l'administration fasse une offre conditionnelle et hypothétique, devant servir de base à l'indemnité aussi hypothétique à déterminer par le jury conformément à l'article 49. Une simple sommation d'avoir à faire connaître le montant de ses prétentions nous semblerait insuffisante pour obliger l'intéressé à répondre et à comparaître devant le jury. Il n'est pas douteux que ce mode de procéder mettrait les dépens relatifs à la fixation de l'indemnité à la charge de l'administration, si un jugement postérieur donnait gain de cause à son adversaire.

La jurisprudence a varié : après avoir admis la nécessité pour l'expropriant de faire des offres, même quand il soutient que le dommage n'existe pas (Cassation, 2 mai 1859, Dalloz, 1859, I, page 208), elle paraît adopter la décision contraire (Cassation, 20 mai 1879. Dalloz, 1879, I, page 349).

Les offres doivent être publiées et affichées conformément à l'article 6. L'utilité de cette publication est surtout considérable pour les créanciers privilégiés ou hypothécaires qui n'ont pas reçu de notification individuelle. Elle leur permet de voir s'ils ont intérêt à exiger que l'indemnité soit fixée par le jury ou s'ils sont assurés d'arriver en ordre utile.

Mais ils ne sont pas les seuls qui peuvent en profiter. Un certain nombre d'intéressés, en effet, apprendront par ce moyen les offres qui les concernent personnellement. Ce sont ceux qui n'auront pas fait élection de domicile dans l'arrondissement, et n'auront pas eu connaissance de la notification faite en double copie au maire et au locataire ou gardien de la propriété (Cassation, 1er décembre 1880. Dalloz, 1882, I, page 80). Enfin, ceux que l'administration aurait omis en seront ainsi avertis et une simple réclamation immédiate de leur part pourra éviter des lenteurs préjudiciables à tout le monde.

Les notifications et publications d'offres sont le point de départ d'un délai de quinzaine, pendant lequel les propriétaires et autres intéressés pleinement capables sont tenus de déclarer leur acceptation ou d'indiquer le montant de leurs prétentions (article 24), à peine d'être condamnés aux dépens de la procédure faite devant le jury (article 40). Une simple déclaration de refus, ne fixant aucun chiffre de demande, ne suffirait pas pour éviter la condamnation aux dépens (Cassation, 3 février 1880, Dalloz, 1882, I, page 268).

La réponse aux offres, de même que la dénonciation des intéressés exigée par l'article 21, n'est assujettie à aucune forme. Cela résulte des termes mêmes de la loi, qui demande seulement une déclaration ou une indication. Mais le ministère des huissiers n'est pas interdit, et il sera prudent de l'employer toutes les fois qu'on ne pourra obtenir de l'expropriant une preuve écrite qu'on a satisfait aux prescriptions de la loi.

Le délai de quinzaine est porté à un mois en faveur des incapables ordinaires du droit civil et des personnes morales administratives. Les femmes mariées sous le régime dotal assistées de leurs maris, les tuteurs, ceux qui ont été envoyés en possession provisoire des biens d'un absent, et autres personnes représentant des incapables, peuvent accepter les offres de l'administration après autorisation du tribunal donnée sur simple requête en la chambre du conseil, le ministère public entendu. Il s'agit là, pour eux, d'une simple faculté. Rien ne les oblige à demander cette autorisation s'ils jugent que les offres sont insuffisantes. Cette règle spéciale édictée par la loi de 1841 déroge au droit commun et doit par suite être strictement interprétée. On en conclut que l'autorisation ne peut-être donnée dans tous les cas que par le tribunal du lieu de la situation des biens (1) et qu'il n'est pas nécessaire de consulter auparavant les conseils de famille des mineurs ou des interdits (2). La même solution doit être donnée pour les mesures de conservation ou de remploi que le tribunal peut ordonner en même temps qu'il autorise l'acceptation des offres.

Quant aux offres faites à l'Etat et aux départements, com-

1. De Lalleau, 7e édition, tome II, n° 697.
2. Batbie, *opere citato*, tome VII, pages 58 et 62.

munes ou établissements publics, elles peuvent être acceptées respectivement par le ministre des finances, par les préfets s'ils y sont autorisés par délibération du conseil général, et par les maires ou administrateurs s'ils y sont autorisés par délibération du conseil municipal ou du conseil d'administration, approuvée par le préfet en conseil de préfecture.

Enfin il faut remarquer que le délai d'un mois n'existe que pour l'acceptation des offres, le défaut d'avoir formulé des prétentions supérieures de la part des personnes que nous venons d'énumérer ne pouvant influer sur la liquidation des dépens, au détriment des incapables qu'elles représentent.

D'après l'article 28, si les offres ne sont pas acceptées dans les délais, l'administration citera les intéressés devant le jury. Une citation antérieure à l'expiration des délais serait donc irrégulière aux termes de la loi. Le bénéfice du temps accordé aux parties pour délibérer et se procurer les pièces qui leur sont nécessaires ne peut évidemment pas leur être enlevé. D'après l'opinion courante et la jurisprudence, ce n'est pas la citation mais le débat devant le jury qui doit être postérieur à la quinzaine (Cassation, 15 mai 1855, Dalloz, 1855, I, page 204 ; Cassation, 27 décembre 1864, Dalloz, 65, V, page 171). Les intéressés peuvent ne pas tenir compte de la citation anticipée sans compromettre l'exercice de leurs droits. Et les incapables ou leurs représentants ne sont pas obligés, pour jouir de cette faculté pendant toute la durée du mois, d'avoir justifié de leur qualité, ni même de l'avoir noti fiée à l'expropriant (1). Celui-ci n'est plus dispensé, quand il s'agit de la procédure devant le jury, de savoir à qui il a affaire, et il doit s'enquérir lui-même des causes qui peuvent placer quelques-uns de ses adversaires dans une situation privilégiée à son égard.

Sont compris dans les intéressés auxquels la citation doit être faite, non-seulement tous ceux qui ont reçu des offres directement, mais encore ceux qui ont pu intervenir comme prétendant qu'ils ont été omis à tort par l'administration, ou comme ayant succédé aux droits des personnes antérieurement désignées (2). Nous pensons qu'il y aurait lieu d'appeler les créanciers inscrits au cas où ils auraient usé de la faculté qui leur est réservée par le dernier paragraphe de l'article 17.

La citation, dit la loi, contiendra l'énonciation des offres qui auront été refusées. Cette disposition a pour but de préciser le débat qui va s'engager, et en même temps elle rend obligatoire une dernière tentative de conciliation en remettant sous les yeux des intéressés les propositions qui leur ont été faites.

La prise de possession définitive des terrains expropriés ne sera autorisée qu'après que les indemnités auront été réglées avec tous ayants-droits, et à ce point de vue la procédure à

1. Cassation, 12 juin 1860. Dalloz, 60, I, page 405.
Cassation, 26 août 1867. Dalloz, I, page 316.
Cassation, 10 février 1869. Dalloz, 1869, I, page 175.
2. Cassation, 4 juillet 1860. Dalloz, 1860, I, page 411.
Cassation, 10 février 1869. Dalloz, 69, I, page 175.

suivre en matière d'offres et devant le jury conserve un certain caractère d'unité; mais à d'autres égards, elle se subdivise en autant de procédures distinctes qu'il y a d'indemnités différentes à réclamer. La Cour de cassation a fait une heureuse application de ce principe en décidant que l'administration n'était pas tenue d'en poursuivre simultanément le règlement, et qu'elle pouvait agir contre les titulaires de servitudes sans provoquer contre le propriétaire la fixation de l'indemnité (1).

1. Cassation, 12 mai 1863. Dalloz, 1863, I, page 255.

## CHAPITRE XII

### COMPOSITION DU JURY.

Les tribunaux administratifs depuis 1810, les tribunaux judiciaires depuis 1833, ne sont plus compétents pour fixer les indemnités auxquelles donne lieu directement l'expropriation. Cette fonction est dévolue à un jury de 12 membres à la désignation duquel doivent concourir le conseil général, la cour ou le tribunal du chef-lieu judiciaire de chaque département, et enfin dans certains cas le magistrat directeur nommé dans chaque arrondissement par le jugement d'expropriation.

Nous allons étudier successivement le rôle de ces trois autorités en nous en référant surtout à la jurisprudence, dont les nombreuses décisions sont en général plutôt indiquées que discutées par les auteurs.

### SECTION I. — *Rôle du conseil général.*

Le conseil général doit tous les ans désigner pour chaque arrondissement de sous-préfecture, parmi les électeurs ayant leur domicile réel dans cet arrondissement, trente-six personnes au moins et soixante-douze au plus qui pourront être appelés à faire partie du jury d'expropriation (article 29). Le nombre de ces personnes est porté à 600 pour le département de la Seine par la loi de 1841 elle même qui ne tient pas compte de sa division en arrondissements. Une loi du 22 juin 1854 l'a élevé à 200 pour l'arrondissement de Lyon. Enfin la loi du 3 juillet 1880 a décidé que le nombre fixé par l'article 29 pourrait être augmenté en cas de circonstances exceptionnelles et pour tout arrondissement, par des décrets rendus en Conseil d'Etat, sans pouvoir dépasser 144.

La première question à résoudre en tout ce qui touche la procédure relative à la désignation du jury, et qui se représente continuellement à ses diverses phases, est celle de savoir dans quelle mesure, sur les points passés sous silence par la loi de 1841, on doit recourir à l'application de la loi du 21 novembre 1872 relative à la constitution du jury criminel. La jurisprudence admet que les dispositions de cette dernière loi concernant la capacité des jurés doivent être suivies en matière d'expropriation. Cependant elle n'en fait pas une obligation pour le conseil général auquel elle reconnaît un véritable pouvoir discrétionnaire dans l'accomplissement du choix qui lui est confié (1).

Ce conseil peut donc porter sur sa liste des électeurs âgés de moins de trente ans ou condamnés à des peines afflictives

1. Cassation, 24 novembre 1846. Dalloz, 1847, I, page 208.

et infamantes, et même, malgré le texte formel de la loi de 1841, des personnes qui ne seraient pas électeurs ou qui n'auraient pas leur domicile réel dans l'arrondissement, sans que les décisions du jury spécial pris sur une pareille liste puissent être annulées pour cette seule raison. Sur un seul point la Cour de cassation se montre inflexible, en vertu du principe que le droit de récusation des parties ne peut être gêné même indirectement par quelque autorité que ce soit. Elle attribue cet effet à toute augmentation ou diminution du nombre des personnes que doit désigner le conseil général. Pour peu que le minimum de 36 ne soit pas atteint ou que le maximum de 72 soit dépassé, elle voit là une nullité d'ordre public à laquelle restent soumis tous les actes postérieurs des jurys spéciaux (1). Mais elle ne tient pas le même compte d'une irrégularité de nombre survenue ou découverte postérieurement à la confection de la liste, et provenant par exemple d'une désignation erronée ou insuffisante d'un juré ou de son domicile. L'impossibilité de reconnaître ou de trouver ce juré n'est pas une preuve suffisante que le conseil général n'ait pas rempli ses obligations, et doit être considéré comme un cas de force majeure. La gêne qui en résulte pour l'exercice du droit de récusation n'est imputable à personne et doit être supporté sans réclamation par les parties.

Aux termes de l'article 47 les noms des jurés qui auront

1. Cassation, 9 mars 1881. Dalloz, 1882, I, page 461. Cassation, 11 août 1875. Dalloz, 1876. V, page 234. Cassation, 7 février 1883. Dalloz, 1883, V, page 267.

fait le service d'une session ne pourront être portés sur le tableau dressé par le conseil général pour l'année suivante. Cette disposition n'étant pas prescrite à peine de nullité et n'étant pas ordonnée dans l'intérêt des parties, ce qui est indiqué par la place même où elle se trouve dans la loi, il faut en conclure que le tableau qui comprendrait les noms de quelques jurés ayant fait le service de la session précédente resterait valable, sauf à ces jurés à se faire excuser s'ils étaient appelés. Enfin cet article ne doit pas recevoir une interprétation extensive. Les mêmes jurés peuvent donc être appelés à siéger plusieurs fois pendant le cours d'une seule année, et la dispense de ceux qui ont siégé ne dure que jusqu'au second renouvellement du tableau.

La loi sur les conseils généraux du 10 août 1871 qui a créé la commission départementale, n'a pas fait une énumération limitative des affaires pour lesquelles elle peut statuer valablement par délégation du conseil général. On doit donc se demander si elle pourrait être chargée de désigner les personnes qui devront être appelées à faire partie des jurys d'expropriation.

La question a été soulevée une fois devant la Cour de cassation mais le moyen manquant en fait, la juridiction suprême n'a pas eu à se prononcer (1). L'opinion de la plupart des auteurs est que cette désignation a été exclusivement confiée au conseil général et qu'il ne peut déléguer son

1. Cassation, 24 novembre 1874. Dalloz, 1875, I, page 305.

pouvoir en pareille matière. Une des meilleures raisons qu'on en puisse donner est la nature même de l'acte dont il est chargé par la loi de 1841. La commission départementale a en effet surtout été instituée pour remplacer les conseils généraux dans l'intervalle des sessions, comme un moyen terme entre la continuité de ces conseils et l'inconvénient de laisser en souffrance ou de remettre entre les mains du préfet seul la solution des questions administratives qui peuvent se présenter dans un moment où ils ne sont pas réunis. Un autre but de la commission départementale est de débarrasser le conseil général des affaires de peu d'importance dont il peut être encombré, et qui gagneront à être examinées à loisir par une assemblée moins nombreuse et non astreinte à les terminer dans un délai fixe. Mais il serait en dehors de l'esprit de la loi de 1871 d'étendre la faculté de délégation du conseil général à celles de ses fonctions qu'il tient de lois spéciales étrangères à l'administration du département, surtout lorsque comme dans le cas qui nous occupe, elles ne sont pas continues et que leur accomplissement ne peut être indifféremment ajourné.

Enfin il peut arriver que par suite de décès ou autres causes, le tableau dressé par le conseil général ne contienne plus un nombre suffisant de noms de personnes aptes à remplir les fonctions de juré. Ce cas n'est pas prévu par la loi de 1841 qui n'indique pas le moyen de remplacer les manquants. Nous pensons que ni la commission départementale ni l'autorité judiciaire n'ont qualité pour combler les vides qui peuvent se produire sur le tableau définitivement arrêté. On ne pourrait procéder au remplacement ni par voie de tirage au sort en vertu de l'article 388 du Code d'instruction criminelle parce qu'on ne saurait où prendre les noms à mettre dans l'urne, ni par voie d'élection en vertu de l'article 30 de la loi de 1841, parce que l'élection d'après cet article ne peut porter que sur des personnes antérieurement inscrites sur le tableau. Il est sans doute regrettable qu'une pareille lacune existe dans la législation, surtout à cause du nombre relativement restreint des jurés désignés, mais il est bien difficile de suppléer à son silence.

## SECTION II. — *Rôle de la cour ou du tribunal.*

Les noms des jurés qui doivent participer aux travaux de chaque session, c'est-à-dire concourir à la fixation des indemnités pour les expropriations prononcées par chaque jugement, ne sont pas tirés au sort comme ceux des jurés criminels. Ils sont désignés par l'autorité judiciaire. Mais ce n'est pas le tribunal qui a prononcé l'expropriation qui est chargé de ce soin en cette qualité. Une compétence spéciale est attribuée à cet effet à la première chambre de la Cour d'appel dans les départements qui sont le siége d'une Cour d'appel et dans les autres à la première chambre du tribunal du chef-lieu judiciaire. Dans les deux cas la première chambre de la cour ou du tribunal doit se réunir en la chambre du conseil pour choisir sur la liste dressée par le conseil général relative à chaque arrondissement, seize jurés titulaires et quatre jurés supplémentaires, qui auront compétence pour la fixation de toutes les indemnités dues en raison d'expropriations d'immeubles situés dans leur arrondissement.

En cas d'abstention ou de récusation des membres du tribunal pour les causes prévues au Code de procédure civile, le choix du jury est déféré à la cour d'appel.

La cour ou le tribunal, d'après la jurisprudence, ne sont pas chargés d'apprécier la régularité des désignations faites par le conseil général (1). Ils ne sont donc pas tenus de s'occuper des incapacités ou des incompatibilités générales pouvant frapper les personnes parmi lesquelles ils ont à faire leur choix, ou tout au moins cette obligation qui semble bien résulter de la disposition finale de l'article 32 manque de sanction, mais il y a un certain nombre d'incompatibilités prévues par la loi de 1841 elle-même qui peuvent limiter le nombre des personnes aptes à être désignées par l'autorité judiciaire. « Ne peuvent être choisis, dit l'article 30, 1° Les « propriétaires, fermiers, locataires des terrains et bâtiments « désignés en l'arrêté du préfet pris en vertu de l'article 11, « (il s'agit de l'arrêté de cessibilité), et qui restent à acquérir ; « 2° les créanciers ayant inscription sur lesdits immeubles ; « 3° tous autres intéressés désignés ou intervenant en vertu « des articles 21 et 22. » La loi écarte donc de la liste des ju-

1. Cassation, 1er mai 1861. Dalloz, 61, 1, page 397.

rés toutes les personnes atteintes par l'expropriation et non encore désintéressées, alors même que l'immeuble sur lequel portait leur droit serait situé en dehors de l'arrondissement, car l'arrêté de cessibilité dont elle parle s'étend à tout le département.

Il est à remarquer que les dernières dispositions que nous venons de rapporter ont été transportées sans changement, de la loi de 1833 dans celle de 1841. Le rapprochement de l'article 23 et de l'article 30 n'infirme pas l'opinion que nous avons soutenue, d'après laquelle les créanciers ont conservé même sous l'empire de la nouvelle loi en ce qui concerne la fixation des indemnités, une situation spéciale; il en résulte seulement que la qualité de créancier inscrit est suffisante pour créer une incompatibilité, même sans que les droits qu'elle peut conférer aient été exercés.

Il est facile de reconnaître si un juré se trouve dans un des cas d'incompatibilité prévus par la loi de 1841 quand il est lui-même personnellement propriétaire ou directement intéressé.

La question est plus délicate quand les véritables intéressés sont des personnes morales. On écarte sans hésitation leurs représentants directs, tels par exemple que les maires des communes (1), les administrateurs des établissements publics ou des compagnies, les associés en nom collectif des sociétés touchées par l'expropriation. La jurisprudence est

1. Cassation, 6 mars et 10 juillet 1861. Dalloz, 1861, I, pages 182 et 284.

moins sévère, bien qu'il y ait eu des variations sur ce point et que l'appréciation des faits tienne une grande place dans ses décisions, à l'égard des personnes dont les actes particuliers n'engagent pas la responsabilité de ces personnes morales ou qui ne se rattachent à elles que par un lien d'intérêt collectif. Elle admet à siéger dans le jury les conseillers généraux du département (1), les conseillers municipaux des communes (2), et les actionnaires des compagnies expropriantes ou expropriées.

L'article 30 se termine par une disposition relative aux septuagénaires qui doivent être dispensés, s'ils le requièrent, des fonctions de juré. La place même de ce paragraphe indique que la réquisition de dispense peut être formulée devant la cour ou le tribunal, qui sera obligé d'en tenir compte. Mais aucun délai n'étant imposé à peine de déchéance, rien n'empêcherait un septuagénaire de réclamer sa radiation s'il se trouvait porté sur la liste du jury dressée par l'autorité judiciaire. Il serait alors pourvu à son remplacement selon les cas soit par la cour ou le tribunal, soit par le magistrat directeur du jury.

La désignation des jurés n'est ni un arrêt ni un jugement. La décision par laquelle elle est faite n'a rien de contradictoire. Il est donc impossible aux parties d'en surveiller la régularité. La Cour de cassation en avait d'abord conclu que

1. Cassation, 8 août 1853. Dalloz, 53, I, page 233.

2. Cassation, 12 décembre 1863 et 12 janvier 1864. Dalloz, 64, V, page 154.

l'acte qui la constate, quoique n'étant soumis par la loi à aucune rédaction devait porter en lui-même la preuve que toutes les formalités exigées avaient été remplies (1). Il fallait y énoncer que le choix des jurés avait été fait sur le tableau dressé par le conseil général, en la chambre du conseil, indiquer le nombre et les noms des magistrats qui y avaient concouru et mentionner leur qualité de membres de la première chambre de la cour ou du tribunal. Quelques arrêts récents se sont un peu départis de cette rigueur dans des cas où il était constant en fait qu'aucune prescription de la loi n'avait été négligée (2).

## Section III. — *Procédure devant le magistrat directeur.*

Le jury désigné par la cour ou le tribunal n'est pas encore acquis aux parties, qui n'ont pas eu à concourir à sa formation et auxquelles elle n'est pas immédiatement notifiée. D'après l'article 31, la liste des 16 jurés titulaires et des 4 jurés supplémentaires est transmise par le préfet au sous-préfet, qui après s'être concerté avec le magistrat directeur du jury, convoque les jurés et les parties. Cette disposition, diversement interprétée par les auteurs, et sur laquelle la pratique a été longue à se former, a donné lieu à de nombreux arrêts. En doctrine, la logique rigoureuse des raisonnements juridiques

1. Cassation, 22 février et 22 novembre 1841.
2. Cassation, 3 février 1880. Dalloz, 1882, I, page 268.

a produit deux opinions opposées déduites chacune d'un point de départ différent. Si on s'en tient aux termes de l'article 31 dont la violation est une cause de nullité, on est amené à conclure à la compétence exclusive du préfet et du sous-préfet, même en cas d'expropriation d'intérêt purement communal. Si au contraire on admet que cet article n'a pour but que de régler l'exercice d'un droit de poursuite, on est conduit à écarter complètement ces fonctionnaires toutes les fois qu'ils ne pourront agir comme représentants de l'expropriant.

Voici le système mixte qu'on peut dégager des solutions données par la Cour de cassation et qui nous paraît concilier heureusement l'application des termes de la loi avec son esprit: La convocation des jurés et des parties de concert avec le magistrat directeur rentre dans la catégorie des actes qui peuvent être accomplis par le préfet sauf délégation au sous-préfet, quand c'est l'Etat ou le département qui exproprie, soit en vertu de son droit de poursuite comme représentant de l'administration intéressée, soit comme agent du pouvoir exécutif chargé d'exécuter les formalités des expropriations. Il en résulte que quand c'est une commune ou une compagnie concessionnaire qui est en cause, le préfet conserve le pouvoir de faire ces convocations d'office (1) sans préjudice du droit du maire ou du représentant de la compagnie de le devancer en poursuivant eux-mêmes cette partie de la procédure (2). S'ils ne sont pas diligents, ils seront con-

1. Cassation, 4 juin 1855. Dall. 55, I, 285.

2. Cassation, 29 août 1854. Dalloz, 1854, I, page 320. Cassation, 21 février, 1860, Dall. 60, I, 167.

voqués (1) comme principaux intéressés en même temps que les parties adverses, et les débats s'ouvriront au jour indiqué.

Ce système n'est évidemment pas sans défauts. Formé de concessions faites à deux opinions opposées, il est combattu par l'une pour ce qu'il accorde à l'autre. L'extension du principe qu'il suppose pourrait prêter à l'arbitraire. Enfin il ne peut facilement être soutenu dans son ensemble ni par des raisons de texte ni par la simple logique. Mais au point de vue du résultat, il a l'avantage de permettre dans tous les cas l'application stricte de la lettre de la loi sans priver les parties par un formalisme trop rigoureux du droit de poursuite qui leur est certainement acquis.

Les notifications doivent indiquer au moins huit jours à l'avance le lieu et le jour de la réunion du jury. Celles qui sont faites aux parties leur font connaître les noms des jurés (article 31). Les parties autres que l'expropriant, et l'expropriant lui-même, si les convocations sont faites d'office en dehors de lui, reçoivent ainsi connaissance de la liste dressée par la Cour ou le Tribunal et jouissent d'un délai minimum de huitaine, tant pour préparer leurs moyens de demande ou de défense que pour s'enquérir des reproches qu'elles pourront formuler contre les jurés. Du jour où la liste de ces derniers leur est notifiée, elle se trouve définitivement arrêtée

1. Cassation, 30 novembre 1857. Dalloz, 1858, I, page 82. Cassation, 17 décembre 1867. Dalloz, 1868, I, page 15.

à leur égard (1) et ne peut plus subir aucune modification autre que celles qui résulteront des radiations à prononcer en séance publique par le magistrat directeur. Si les convocations sont faites par l'expropriant en vertu de son droit de poursuite, nous pensons que le jury désigné lui est acquis dès qu'il en connaît officiellement la composition, soit que l'acte qui la constate lui soit transmis directement sur sa demande par le ministère public, soit qu'il en ait pris communication au greffe ou à la préfecture. Les notifications doivent être adressées aux intéressés au domicile par eux élu dans l'arrondissement, ou en double copie au maire et au fermier, régisseur ou gardien de la propriété, conformément à la règle générale (2). Pour les jurés, auxquels on ne peut appliquer aucune de ces dispositions, la convocation sera faite à leur personne ou à leur domicile réel; en cas de changement ou de désignation insuffisante de ce domicile, il semble qu'on doive recourir aux formalités prescrites par l'article 389 du Code d'instruction criminelle (3).

La première partie de l'article 32 est relative à l'amende qui doit être prononcée par le magistrat directeur contre les

1. Cassation, 29 juin et 26 août 1868. Dalloz, 1868, I, page 445.
Cassation, 25 août 1875. Dalloz, 1876, I, page 56.

2. Cassation, 25 mai 1846. Dalloz, 1846, I, page 211.

3. Voir cependant dans le sens de l'article 69 du Code procédure civile et dans le sens du domicile porté sur la liste du jury:
Cassation, 28 février et 2 mars 1853. Dalloz, 1853, I, 63 et 136.
D'après un arrêt récent, l'expropriant est dispensé de rechercher le nouveau domicile des jurés qui ont quitté l'arrondissement.
Cassation, 26 novembre 1883. Dalloz, 1884, I, page 136.

jurés qui manquent aux séances ou refusent de prendre part aux délibérations. La décision de ce magistrat est sans appel. Il statue lui-même sur l'opposition qui y serait formée. Enfin, il y a lieu de remarquer que l'amende de 100 francs au moins et de 300 francs au plus peut être prononcée plusieurs fois, mais ne croît pas avec le nombre des infractions commises par chaque juré et ne peut entraîner la déchéance de ses fonctions.

Le dernier paragraphe du même article et les articles suivants indiquent le rôle du magistrat directeur au point de vue de la formation du jury de session définitif et de la constitution des jurys de jugement.

Il prononce en dernier ressort sur les causes d'empêchement que les jurés proposent, ainsi que sur les exclusions ou incompatibilités dont les causes, dit la loi, ne seraient survenues ou n'auraient été connues que postérieurement à la désignation faite en vertu de l'article 30.

Le magistrat directeur se trouve donc investi du pouvoir de rayer de la liste des jurés, sur leur réclamation ou sur celle des parties intéressées, des personnes qui ont été désignées successivement par le Conseil général et par la Cour ou le Tribunal. Malgré la restriction que le texte semble apporter à ce pouvoir relativement aux clauses d'exclusion ou d'incompatibilité connues antérieurement au choix fait par l'autorité judiciaire, la jurisprudence, considérant qu'il n'y a pas eu auparavant de procédure contradictoire, admet les parties au jour de la convocation à présenter leurs reproches contre tous les jurés, et oblige le magistrat à statuer sans distinction, paraissant réputer nouvellement connus tous les moyens proposés. Il résulte de ce système, combiné avec l'infaillibilité présumée du Conseil général, qu'une personne irrégulièrement portée sur la liste pourra toujours être écartée par le magistrat directeur, mais siégera valablement si son exclusion ne lui a pas été demandée (1). Mais la Cour de cassation a admis qu'un magistrat est autorisé à se prévaloir de l'article 5 de la loi du 27 ventôse an VIII qui le dispense de toute réquisition relative à un service public. (Cassation, 20 mars 1854; Sirey, 54, I, page 638).

Les radiations prononcées par le magistrat directeur pour quelque cause que ce soit, ne peuvent avoir pour effet de porter à moins de seize le nombre des personnes qui doivent composer le jury de session définitif dans lequel doivent être pris les jurys du jugement.

Les quatre jurés supplémentaires sont appelés successivement et dans l'ordre de leur inscription à remplacer les jurés titulaires ainsi rayés. Le magistrat ne pourrait intervertir cet ordre, et par exemple faire siéger le dernier inscrit, s'il n'y avait que trois places à remplir et que les trois premiers fussent présents et non dispensés ni exclus. Si plus de quatre

1. Cassation, 2 décembre 1863 et 12 janvier 1864. Dalloz, 1864, V, page 154 ; Cassation, 10 avril 1866. Dalloz, 1866, V, page 205; Cassation, 8 avril 1868. Dalloz, 1868, I, page 297 ; Cassation, 11 mars 1878, Sirey, 1878, I, p. 180 ; Cassation, 12 mai 1880. Dalloz, 1881, I, page 260; Cassation, 30 janvier 1883. Sirey, 1884, I, page 285 ; Cassation, 6 février 1884. Sirey, 1884, I, page 440.

radiations ont été opérées, les jurés supplémentaires deviennent insuffisants, mais ils doivent être d'abord tous appelés, et le magistrat directeur choisit ensuite lui-même sur la liste dressée par le Conseil général les personnes nécessaires pour compléter le nombre de seize jurés.

Aucune forme n'est imposée à l'acte qui constate ce choix, pas plus qu'aux décisions antérieures du magistrat directeur. (Cassation, 3 janvier 1872; Dalloz, 1872, V, p. 231), et la loi n'indique aucun moyen particulier pour le faire parvenir à la connaissance de ceux qui en sont l'objet. Assimiler à ce point de vue les jurés choisis au dernier moment aux jurés ordinaires et demander qu'ils soient convoqués au moins huit jours à l'avance, ce serait créer des causes de retard préjudiciables à tout le monde et contraires au but poursuivi par le législateur. On admet, au contraire, que le magistrat directeur jouit de la plus grande liberté et doit surtout chercher à former rapidement le jury. On le dispense de rendre une ordonnance spéciale (1), sa décision devant être rapportée au procès-verbal. Si une ou plusieurs personnes réunissant les conditions voulues se trouvent dans la salle, une invitation à venir prendre place parmi les jurés, faite de vive voix sera suffisante. Rien ne s'oppose à ce que le magistrat envoie sur le champ un exprès chez plusieurs personnes, en déclarant que la première qu'on rencontrera chez elle devra remplir la

1. Cassation, 4 mars 1844. Dalloz, Répertoire, V° Expropriation, p. 470.

fonction de juré, surtout si lorsque celle-ci se présente il la désigne à nouveau comme investie de cette qualité.

Une seule liste de seize jurés est dressée par le magistrat directeur et reste commune en principe à toutes les parties intéressées aux expropriations qui ont eu lieu dans l'arrondissement, sauf au cas où des jurés titulaires ou supplémentaires remplacés pour cause d'absence se représenteraient, à les y réintégrer pour la formation des jurys de jugement non encore constitués (1), et sauf à la renouveler complètement si par suite d'absence ou d'empêchement elle devenait insuffisante. Le magistrat devrait alors recommencer l'appel des jurés titulaires et supplémentaires, (Cassation, 11 février 1861, Dalloz, 1861, I, page 281).

Mais il doit être formé autant de jurys de jugement composés de 12 membres qu'il se trouve d'affaires distinctes à régler. Sont comprises dans la même affaire les demandes d'indemnité se rapportant à l'expropriation d'un seul immeuble quel que soit le nombre des propriétaires ou des intéressés, sauf au jury à formuler autant de décisions qu'il sera nécessaire par application de l'article 39. A ce point de vue on doit entendre le mot immeuble dans un sens large, comprenant toutes les parcelles bâties ou non bâties appartenant au même propriétaire dans la même région et pouvant être considérées comme formant un tout, soit à cause de leur contiguïté, soit comme faisant partie de la même exploitation ou comme

1. Cassation, 26 avril 1853. Dalloz, 1853, I, page 190.

étant des dépendances les unes des autres. Mais comme la compétence du jury est territoriale, quand une propriété expropriée s'étend sur plusieurs arrondissements, le jury de l'arrondissement du chef-lieu d'exploitation ou de la portion principale n'a pas à se prononcer sur les indemnités relatives aux parcelles situées hors de son ressort (Batbie, op. cit. tome VII, page 74).

La forme de procéder réglée par l'article 34 pour la formation des jurys de jugement est la suivante : Le greffier ou commis-greffier du Tribunal, qui assiste le magistrat directeur et est chargé de tenir le procès-verbal des opérations, appelle successivement les causes ou affaires pour chacune desquelles un jury spécial doit être composé (§ 1er). Lors de l'appel l'administration a le droit d'exercer deux récusations péremptoires, la partie adverse a le même droit (§ 2). Si quatre jurés se trouvent ainsi récusés, les douze restants se trouvent tout naturellement désignés pour siéger dans l'affaire, et après l'avoir constaté dans le procès-verbal, on passe a une autre cause.

Si le droit de récusation n'est point exercé ou s'il ne l'est que partiellement, le magistrat directeur du jury réduit les jurés au nombre de douze en retranchant les derniers noms inscrits sur la liste (§ 4). L'ordre d'inscription des jurés a donc une grande importance. C'est celui dans lequel ils figurent sur le tableau dressé par la cour ou le tribunal. Le magistrat directeur ne peut y faire aucune interversion. Nous avons vu qu'au cas où il opérait des radiations il devait appeler successivement les jurés supplémentaires en commençant par les premiers désignés, puis en cas d'insuffisance, des jurés complémentaires choisis par lui. Mais les jurés supplémentaires ou complémentaires ne prennent pas le rang d'inscription de ceux qu'ils remplacent et dont les noms ont été rayés. Il a été jugé au contraire qu'ils devaient être inscrits à la fin de la liste à la suite les uns des autres et dans l'ordre où ils ont été appelés. Il en résulte que si le droit de récusation n'est pas complétement exercé, ce seront toujours les jurés titulaires qui seront appelés à siéger de préférence aux jurés supplémentaires, et ces derniers de préférence aux jurés complémentaires introduits sur la liste par le magistrat (1). Dans le cas où plusieurs intéressés figurent dans la même affaire, si on avait donné à chacun d'eux, ou même simplement à chacun de ceux qui réclament une indemnité à un titre différent, le droit d'exercer deux récusations, le nombre de seize jurés se serait presque toujours trouvé insuffisant. La loi a prévu cette difficulté. La liste ne doit jamais contenir plus de seize noms et il ne peut jamais être fait pour la même affaire plus de quatre récusations, dont deux par l'administration ; quant aux au- tres parties elles s'entendront pour l'exercice du droit qui leur appartient indivisément, sinon le sort désignera celles qui doivent en user.

La manière dont le sort devra être consulté est laissée à

1. Cassation, 25 février 1874 ; Dalloz, 1874, I, page 248 ; Cassation, 14 décembre 1875 ; Dalloz, 1876, V, page 223 ; Cassation, 22 mai 1878 ; Dalloz, 1878, I, page 437.

l'appréciation des intéressés qui sont libres de faire toutes conventions à ce sujet. Ils peuvent aussi se concerter pour exercer une récusation et laisser l'exercice de la seconde à celui d'entre eux que le hasard doit désigner. S'ils ne parvenaient à se mettre d'accord sur aucun point le magistrat directeur procéderait lui-même au tirage au sort, séance tenante, entre tous les intéressés figurant dans l'affaire, sans distinguer à quel titre ils se présentent, et retirerait les noms de deux d'entre eux qui seraient chargés d'exercer chacun une récusation.

Il résulte des termes de la loi que les récusations péremptoires doivent être faites au moment de l'appel de la cause. Sinon elles sont immédiatement et de plein droit réputées porter sur les jurés derniers inscrits. La jurisprudence à longtemps décidé que le magistrat directeur était tenu d'avertir les parties de la faculté qui leur est conférée par la loi, et que cet avertissement devait être mentionné au procès-verbal (1). Elle ne lui en fait plus actuellement une obligation aussi stricte et se contente d'exiger qu'en fait il soit certain que les parties aient eu la pleine liberté d'exercer leurs récusations (2).

On pourrait admettre comme conséquence du nombre limité des jurés inscrits et des récusations qu'au moment de

1. Cassation, 29 juin 1869 ; Dalloz, 1869, I, page 344; Cassation, 11 août 1873; Dalloz, 74, I, page 447 ; Cassation, 17 mars 1874; Dalloz, 74, I, page 424 ; Cassation, 21 mars 1877; Dalloz, 1878, I, page 439.

2. Cassation, 28 juillet 1879 ; Dalloz, 1880, I, page 81.

l'appel des causes, postérieur d'après la loi à la confection de la liste, le magistrat directeur se trouve avoir épuisé son pouvoir de juridiction, et ne puisse plus écarter que les jurés ou péremptoirement récusés ou inscrits les derniers conformément au 4me paragraphe de l'article 34. Il peut arriver cependant qu'une personne désignée pour être juré se trouve vis-à-vis de quelques intéressés dans l'un des cas prévus par l'article 278 du Code de procédure civile. D'après un premier système c'est à la partie à exercer contre elle son droit de récusation péremptoire, aucun reproche ne devant être admis en dehors des termes de la loi de 1841, qui ne prévoit que des causes d'empêchement, d'exclusion ou d'incompatibilité (1). La Cour de cassation moins formaliste autorise le magistrat directeur, par application de l'article 32 dont les dispositions ne sont pas prescrites à peine de nullité, à tenir compte jusqu'à la fin de la procédure non-seulement des réclamations de cette nature, mais de toutes celles que les parties peuvent présenter à l'effet de conserver libre et intact leur droit de récusation péremptoire. Ainsi jugé qu'il peut écarter de la liste les parents d'une des parties (2), les jurés dont l'identité par suite d'une erreur de nom ou de domicile paraîtrait douteuse (3), et tous intéressés non compris dans l'énu-

1. Dalloz, Répertoire, V° Expropriation, n° 470.

2. Cassation, 20 mai 1845; Dalloz, 1845, I, p. 295; Cassation, 12 avril 1870; Dalloz, 1870, I, p. 390.

3. Cassation, 2 février 1869; Dalloz, 1869, I, p. 184; Cassation, 8 juin 1874; Dalloz, 1874, I, p. 387; Cassation, 25 avril 1875; Dalloz, 1876, I, p. 56.

mération de l'article 30 (1). Il a même été décidé par un arrêt récent que le magistrat directeur doit dans certains cas, après la formation du jury de jugement, annuler la liste précédemment établie et procéder à une nouvelle désignation des jurés (2).

Lorsqu'il s'agit de travaux importants et que par suite un grand nombre d'immeubles ont été expropriés par le même jugement, on peut dans un intérêt de rapidité réunir plusieurs affaires en une seule catégorie devant être soumise au même jury de jugement ; mais cette réunion ne peut avoir lieu que du consentement des parties qui doivent alors s'entendre pour exercer les deux récusations auxquelles elles ont droit.

Cette méthode étant généralement suivie dans la pratique la jurisprudence a eu souvent à en apprécier la validité. Il résulte des solutions qui sont intervenues que le consentement des parties n'est soumis à aucune forme, et qu'il suffit qu'il n'y ait pas opposition de leur part à la jonction de leurs affaires opérée en séance par le magistrat directeur avant les récusations (3), pourvu qu'elles soient présentes ou représentées (4).

Il est inutile de consulter les intéressés si le classement

1. Cassation, 5 avril 1854 ; Dalloz, 1854, I, p. 161 ; Cassation, 11 juillet 1859; Dalloz, 1860, I, p. 412 ; Cassation, 11 mars 1878; Dalloz, 1878, I, p. 435.

2. Cassation, 11 juillet 1883; Dalloz, 1884, I, p. 360.

3. Cassation, 28 août 1876 ; Dalloz, 1877, I, p. 23 et nombreux arrêts antérieurs.

4. Cassation, 6 août 1883 ; Dalloz, 1884, I, p. 335.

des affaires par catégories n'a lieu qu'après les récusations, par le seul rapprochement de celles pour lesquelles le jury se trouve identiquement composé, les mêmes jurés ayant été écartés par les parties, ou retranchés par le magistrat directeur. Au moyen de ces division et classement on arrive à avoir un nombre assez restreint de jurys de jugement diversement constitués, quoique en majeure partie formés des mêmes membres.

Un jury spécial n'est constitué que lorsque les 12 jurés qui le composent sont présents (article 35). Chacun d'eux doit prêter serment de remplir ses fonctions avec impartialité (article 36). La Cour de cassation décide que la formule du serment doit contenir les termes mêmes indiqués par la loi (1). Il n'est pas nécessaire que le serment soit prêté plusieurs fois par le même juré faisant partie de plusieurs jurys de jugement formés en même temps et remplissant cette formalité en une seule opération dans la même séance ; mais il n'est valable que pour les fonctions déjà dévolues à ces jurys, et si l'on procédait ensuite à la composition d'un nouveau jury, même identique au précédent, dans lequel ce juré serait appelé à siéger, la réitération du serment serait nécessaire, de même que pour toutes affaires dont la jonction ne serait consentie que postérieurement à la première prestation (2).

Ce n'est qu'après l'accomplissement de toutes ces formalités

1. Cassation, 31 janvier 1881 ; Dalloz, 1881, I, p. 318.
2. Cassation, 28 décembre 1880 ; Dalloz, 1881, I, p. 259 ; Cassation, 14 février 1883 ; Dalloz, 1884, I, p. 191.

constatées par le procès-verbal, que les jurés ont qualité pour faire des actes d'instruction et délibérer (1). A partir de ce moment ils peuvent commencer leurs fonctions et les continuer valablement tant que leur nombre ne se trouve pas réduit au-dessous de neuf (article 35).

Avant même que les jurés aient prêté serment, par le seul fait qu'ils sont régulièrement constitués en jury de jugement, ce jury est acquis aux parties. En conséquence, alors même qu'un juré titulaire remplacé pour cause d'absence se présenterait avant l'ouverture des débats, il en demeurerait exclu, le droit de récusation des parties n'ayant pu être exercé à son égard (2), et il n'y aurait pas lieu de procéder à une nouvelle constitution du jury (3). Quelles que soient les causes qui peuvent empêcher quelques-uns d'entre eux de siéger, il n'y a jamais lieu à les remplacer par des jurés complémentaires (4). Ceux qui ont manqué à une ou plusieurs séances ne prennent plus part aux délibérations. Si les jurés restants sont au moins neuf, les débats auront lieu devant eux et ils prendront seuls la décision. Dans le cas contraire les opéra-

1. Cassation, 7 mai 1872; Dalloz, 1873, I, p. 62; Cassation, 22 décembre 1875; Dalloz, 1876, V, p. 234; Cassation, 29 janvier 1877; Sirey, 1877, I, p. 278; Cassation, 6 août 1877; Dalloz, 1878, I, p. 54; Cassation, 30 avril 1883; Dalloz, 1883, I, p. 391.

2. Cassation, 28 mai 1861; Dalloz, 1861, I, p. 286.

3. Cassation, 21 mars 1877; Dalloz, 1878, I, p. 439; Cassation, 22 juillet 1878; Dalloz, 1878, I, p. 434.

4. Cassation, 30 novembre 1859; Dalloz, 1860, I, p. 168; Cassation 11 août 1869; Dalloz, 1869, I, p. 503; Cassation, 17 mars 1875; Dalloz, 1875, I, p. 268.

tions ne pourront pas être continuées et il faudra former un nouveau jury chargé de recommencer et de terminer toute la procédure.

Une autre cause peut nécessiter la formation d'un nouveau jury. C'est le renouvellement de la liste générale dressée chaque année par le Conseil général (1), à moins que le jury constitué antérieurement n'ait commencé ses opérations (article 45). Les opérations sont censées commencées à ce point de vue et le jury de jugement reste compétent pour toutes les affaires dont il est chargé, dès que les débats sont ouverts sur l'une de ces affaires (2), et les débats sont réputés ouverts du jour de la prestation du serment (3).

1. Cassation, 22 décembre 1869; Dalloz, 1870, I, p. 16 ; Cassation, 11 février 1873; Dalloz, 1873, I, p. 326; Cassation, 29 janvier 1877; Sirey, 1877, I, p. 278 ; Cassation, 11 juillet 1883 ; Sirey, 1884, I, p. 440.

2. Cassation, 13 mars 1861 ; Dalloz, 1861, I, p. 181.

3. Cassation, 16 mai 1860 ; Dalloz, 1860, I, p. 216.

# CHAPITRE XIII

## FIXATION DE L'INDEMNITÉ PAR LE JURY

### SECTION I. — *Eléments de l'indemnité.*

L'indemnité à payer à chaque intéressé doit être l'équivalent exact de la perte que l'expropriation lui a fait subir. On y ajoute à titre accessoire l'évaluation des dommages certains et directs que l'exécution des travaux produira nécessairement. Le jury a donc à rechercher non pas seulement la valeur vénale des immeubles acquis par l'administration, mais encore l'étendue de la diminution des patrimoines qui est la conséquence forcée de l'expropriation ou des travaux qui en sont la suite. Il en résulte que l'évaluation de l'indemnité ou des indemnités relatives au même immeuble peut être de beaucoup supérieure aux avantages à en retirer par l'expropriant comparativement aux autres.

Le premier élément de l'indemnité due au propriétaire est évidemment la valeur de l'immeuble qui lui est enlevé, calculée au moment ou il a perdu son droit, c'est-à-dire au jour du jugement d'expropriation. Les augmentations ou diminutions survenues depuis ne doivent pas entrer en ligne de compte (1). La transmission de la propriété a transporté à l'acquéreur les risques de la chose, dont la perte totale même serait à sa charge et ne le dispenserait pas de désintéresser tous les ayants-droit antérieurs. L'estimation de l'immeuble exproprié doit comprendre tous ses accessoires, tels que les immeubles par destination indiqués aux articles 524 et 525 du Code civil et le droit à une redevance pour l'exploitation d'une mine située sur le fonds, dont la séparation ne peut être exigée par aucune des parties sans le consentement de l'autre (2). Elle a trait à la totalité de la propriété expropriée telle qu'elle est désignée par l'arrêté de cessibilité et le jugement, alors même que l'administration prétendrait qu'un certain nombre de parcelles lui sont inutiles et qu'elle renonce à en prendre possession, si cette renonciation n'est pas acceptée par l'intéressé (3). La valeur d'affection que le propriétaire attachait à son bien doit être comptée. Il en est de même de la valeur spéciale qu'il avait dans son patrimoine à raison des services particuliers qu'il en retirait personnellement ; tel serait le cas d'un fonctionnaire public dont l'immeuble serait affecté à son cautionnement pour une somme plus considérable que son prix actuel. Mais il faut considérer la propriété telle qu'elle existe au jour du jugement et non telle qu'on au-

1. Cassation, 7 février 1876 ; Dalloz, 1876, I, p. 273.
2. Conseil d'Etat, 19 avril 1859; Dalloz, 1859, III, p. 83.
3. Cassation, 14 juillet 1863 ; Dalloz, 1866, V, p. 199 ; Cassation, 7 juillet 1868 ; Dalloz, 1868, I, p. 328; Cassation, 5 mars 1873 ; Dalloz, 1873, I, p. 184.

rait pu la rendre au moyen de travaux ou d'améliorations qui n'ont pas été entrepris. Ainsi l'exproprié ne serait pas fondé à exiger qu'une carrière non exploitée ni ouverte soit estimée à part, en plus de l'augmentation de valeur qu'elle donne au sol, ni qu'il soit tenu de compte de la facilité d'utiliser pour une industrie ou dans un but d'agrément une source ou un ruisseau jusque là laissés à leur cours naturel.

Il faut comprendre dans l'indemnité du propriétaire pour les immeubles non loués, indépendamment de la valeur du fonds acquis par l'administration, celle des fruits pendants qu'une dépossession trop rapprochée le mettrait dans l'impossibilité de recueillir, ou le montant des frais de labours et semences et autres de même nature selon les espèces de culture et l'époque à laquelle il a été empêché de les continuer. S'il habitait lui-même l'immeuble exproprié, ses frais de déménagement et de nouvelle installation lui seraient comptés, de même que s'il y exerçait une industrie ou un commerce, le préjudice porté à ses affaires par la nécessité du déplacement devrait être réparé (1). Enfin il sera remboursé de toutes les dépenses qu'il a dû faire pour remplir les obligations qui lui sont imposées par la loi, notamment en ce qui concerne la dénonciation de ses co-intéressés.

Une question débattue est de savoir s'il convient de lui allouer en outre, à titre d'indemnité de remplacement, le montant des frais nécessaires pour qu'il puisse se procurer

1. Cassation, 25 juillet 1883 ; Dalloz, 1884, I, p. 344.

une nouvelle propriété remplissant les mêmes conditions que l'ancienne. L'affirmative nous semble devoir être admise au cas où le remplacement est obligatoire comme quand il s'agit d'un bien dotal. La femme à qui il appartenait ne serait pas complètement désintéressée si la valeur qui doit y être substituée dans son patrimoine se trouvait grevée des dépenses relatives à son acquisition et à la constatation du remploi. Elle se trouverait en définitive avoir subi un dommage direct égal au montant de ces dépenses. Mais quand l'expropriation a porté sur des biens libres, nous croyons que le jury aurait à examiner en fait dans chaque affaire si la transformation de l'immeuble en une somme d'argent a pour effet d'augmenter le préjudice souffert, seule base possible de l'indemnité. L'existence de ce préjudice sera admise en général, mais il y a des cas où une pareille prétention ne pourrait être soutenue et où la somme ajoutée pour frais de remplacement, tous autres chefs de demande ayant été compris, se trouverait faire double emploi ou être un pur gain pour l'intéressé. Le propriétaire est obligé de justifier de la valeur de convenance ou d'affection qu'avait pour lui son immeuble ; la même obligation ne doit-elle pas lui être imposée s'il soutient qu'il lui est préjudiciable de ne pas en obtenir un autre à la place ? Il faut remarquer que quoi qu'il arrive, il touchera toujours une somme d'argent et sera toujours libre de l'employer comme bon lui semblera. Le parti qu'il en tirera peut être heureux ou malheureux, mais la considération d'un résultat postérieur et incertain ne peut influer sur l'évaluation de l'indemnité qui lui est seule due en raison du dommage qu'il éprouve au moment de l'expropriation. Sur tous les chefs de demande relatifs aux parcelles expropriées, c'est à cette époque qu'il faut se placer pour en apprécier les causes, sans tenir compte des modifications survenues depuis dans les droits de l'exproprié et ne provenant pas du fait de l'administration. Ainsi un commerçant qui postérieurement au jugement qui a prononcé l'expropriation de l'immeuble où se trouvait le siège de ses affaires, se déciderait à liquider et à vendre son matériel, ne pourrait être privé de son indemnité de déplacement sous le prétexte qu'elle est devenue sans objet ; il ne serait pas autorisé à demander la valeur totale de son fonds de commerce sans prouver que la continuation de ses affaires était impossible ailleurs.

Mais tous les faits de l'administration qui ont pu être une cause directe de préjudice antérieurement ou postérieurement au jugement, devront entrer en ligne de compte à titre accessoire pour la fixation de l'indemnité, à la condition qu'ils se rapportent à la même expropriation. On comprend dans cette catégorie, les dégradations et les pertes résultant des études préparatoires des travaux, des fouilles et sondages qui ont pu être opérés dans ce but, et tous dérangements causés aux propriétaires avant la dépossession par des mesures administratives n'ayant pu être prises qu'en conséquence de l'expropriation.

Un autre chef accessoire très important de la fixation de l'indemnité due au propriétaire, quand une partie de son immeuble seulement est expropriée, est la diminution de valeur et autres dommages directs apportés aux parties restantes, tant par les causes que nous venons d'énumérer que par le retranchement même de la parcelle enlevée, ou l'exécution des travaux.

Il est remarquable que le jury se trouve cumuler dans ce cas avec ses pouvoirs ordinaires, une compétence qui serait dévolue au conseil de préfecture si les mêmes portions de terrain appartenaient à des propriétaires non atteints par le jugement. Ainsi il devra tenir compte de l'occupation temporaire, des extractions de matériaux, des servitudes de droit civil imposées à ces immeubles, en même temps que de la dépréciation résultant de leur morcellement. Quant aux dommages que l'exécution des travaux doit entraîner, ne seront compris dans l'indemnité d'expropriation que ceux qui seront d'avance certains (1). Pour les autres, une fois cette indemnité fixée, on rentrera dans le droit commun de la compétence administrative (2). Mais qu'ils soient évalués par le jury ou par le conseil de préfecture, les règles relatives à leur appréciation restent les mêmes.

Le propriétaire doit recevoir en général pour les parcelles restantes de son immeuble, une somme égale à la diminution

1. Cassation, 28 juillet 1879. Dalloz, 1880, I, page 81.
2. Conseil d'Etat, 3 juin 1881. Dalloz, 1882, III, p. 115.
Cassation, 23 juin 1862. Dalloz, 62, I, p. 380.
Cassation, 5 mai 1873. Dalloz, 1873, I, p. 244.
Cassation, 16 janvier 1877. Dalloz, 1877, I, p. 471.
Cassation, 8 janvier 1883. Dalloz, 84, I, p. 192.

de valeur vénale qu'elles subissent du fait de l'expropriation, augmentée du montant des frais nécessaires pour les communications et clôtures qui doivent être rétablies à leur usage ; à laquelle il y aura lieu d'ajouter suivant les cas la réparation des autres dommages résultant de l'exercice prévu des droits de l'administration en matière de travaux publics. Mais le fait que ces terrains se trouvent soumis par suite de leur nouvelle situation à des servitudes ordinaires d'utilité publique, n'impliquant sur eux aucune entreprise matérielle et immédiate, imposées identiquement à tous les propriétaires riverains sans indemnité spéciale, ne peut pas être pris en considération pour la fixation de l'indemnité générale d'expropriation.

L'article 51 de la loi du 3 mai 1841 est ainsi conçu : « Si « l'exécution des travaux doit procurer une augmentation de « valeur immédiate et spéciale au restant de la propriété, « cette augmentation sera prise en considération dans l'éva- « luation du montant de l'indemnité ». Malgré les termes généraux de cet article on a longtemps hésité, et des auteurs très considérables se refusent aujourd'hui comme auparavant, à admettre que la plus-value ainsi procurée à une partie de la propriété puisse influer sur l'estimation de la valeur même de l'autre partie. Elle n'aurait d'effet qu'à l'égard des indemnités accessoires qui viennent s'y ajouter. On évite ainsi une inégalité choquante entre les propriétaires atteints par le jugement qui pourraient être dépouillés d'une portion de leurs biens, sans pouvoir rien réclamer directement en échange sous prétexte qu'ils jouiraient de certains avantages, et les propriétaires voisins non expropriés auxquels les mêmes avantages seraient acquis sans qu'ils aient eu à fournir aucune compensation. On n'est pas en effet dans le cas de l'article 54 de la loi du 16 septembre 1807 qui suppose une plus-value à recevoir et une compensation à établir jusqu'à due concurrence entre deux dettes réciproques, de façon à ce que l'une d'elles soit complètement éteinte. La Cour de cassation faisant une application littérale du texte, décide que la considération de la plus-value peut faire abaisser l'indemnité au-dessous de la valeur vénale de la partie expropriée, sans cependant autoriser le jury à la supprimer complètement (1). Par suite ce sera une question de fait de savoir, quand l'indemnité fixée sera très faible, égale à un franc par exemple, si la décision du jury devra être cassée comme l'ayant indirectement supprimée (2), ou si au contraire elle devra être maintenue comme ayant satisfait au vœu de la loi (3).

Ce système permet de tenir compte de la plus-value, toutes les fois que le propriétaire n'a aucune autre indemnité à réclamer que le prix de la parcelle expropriée.

Pour les intéressés autres que les propriétaires, l'élément principal de l'indemnité qui leur est due est la réparation du préjudice qu'ils éprouvent par suite de la perte de leur droit

1. Cassation, 26 janvier 1857. Dalloz, 1857, I, p. 44.
2. Cassation, 26 janvier 1857. Dalloz, 1857, I, p. 44.
Cassation, 1er juin 1864. Dalloz, 1864, V, p. 148.
3. Cassation, 1er juin 1864. Dall., 64, V, 147, 31 décembre 1867. Dall., 1868, I, 15, 28 juillet 79. Dall., 1880, I, 81.

de bail, d'usufruit, d'habitation, d'usage, de sertitude, etc. Ils peuvent en outre présenter des chefs de demande accessoires s'ils se trouvent dans une situation où le propriétaire aurait pu le faire lui-même, pour cause de déménagement, perte de fruits ou frais de culture dommages industriels de déplacement et tous autres dommages résultant directement de l'expropriation. Si l'immeuble sur la totalité duquel porte leur droit n'est exproprié qu'en partie, et qu'ils puissent continuer de l'exercer sur les portions restantes, ils n'ont droit qu'à une indemnité proportionnelle à leur privation de jouissance. Cependant les fermiers et locataires se trouvent à ce point de vue dans une situation spéciale, la continuation partielle de leur bail pouvant ne présenter aucun intérêt ou même devenir une charge pour eux. La Cour de cassation leur fait l'application de l'article 1722 du Code civil en ce qui concerne leurs droits tant contre l'expropriant que contre le bailleur (1).

Quant aux créanciers inscrits agissant en cette seule qualité, il ne leur est pas dû d'indemnité particulière, leur droit se bornant ainsi que nous l'avons vu à exiger que la valeur de l'immeuble qui appartenait à leur débiteur soit fixée par le jury, toute convention passée à ce sujet avec le propriétaire ne leur étant pas opposable s'ils ont notifié leur demande à l'expropriant dans la quinzaine ou dans le mois de la publication des offres, suivant les distinctions établies au chapitre Ier du titre IV (article 59).

1. Cassation, 7 juillet 1847. Dalloz, 1847, I, p. 250.

La loi dans son article 52 suppose qu'un intéressé a fait des constructions, plantations ou améliorations dans le but de spéculer sur l'indemnité, et à titre de punition elle décide qu'il ne lui sera rien dû de ce chef. La jurisprudence a étendu cette règle à tous actes ou conventions faits même de bonne foi en prévision de l'expropriation, et notamment aux baux passés à une époque où elle n'était pas douteuse, postérieurement au décret d'utilité publique (1). Elle considère que le locataire s'est alors soumis volontairement aux inconvénients qui pourraient en résulter pour lui.

Il résulte de l'ensemble des règles édictées par la loi du 3 mai 1841 que l'indemnité d'expropriation ne peut consister qu'en une somme d'argent (2) et qu'elle doit être certaine et liquide, le tout sauf convention contraire entre les parties (3). De nombreux arrêts ont fait l'application de ces principes en déclarant que le jury était incompétent pour condamner l'administration à exécuter certains travaux en réparation de dommages (4), ou à céder des matériaux dont la valeur serait

1. Cassation, 15 février 1860. Dalloz, 1860, I, p. 117. Cassation, 14 mars 1860. Dalloz, 1860, I, p. 279.

2. Cassation, 31 mai 1864. Dalloz, 1864, V, p. 148. Cassation, 3 décembre 1873. Dalloz, 74, I, p. 64. Cassation, 19 décembre 1877. Dalloz, 1878, I, p. 54.

3. Cassation, 16 avril 1862. Dalloz, 1862, I, p. 379. Cassation, 3 avril 1865. Dalloz, 1865, V, p. 175. Cassation, 3 décembre 1873. Dalloz, 74, I, p. 64. Cassation, 19 décembre 1877. Dalloz, 1878, I, p. 54.

4. Cassation, 19 décembre 1871. Dalloz, 1873, I. p. 71. Cassation, 19 mars 1872. Dalloz, 1873, I, p. 72. Cassation, 7 janvier 1874. Dalloz, 1874, I, p. 215.

déduite de l'indemnité, ainsi que pour donner un point de départ particulier aux intérêts des sommes allouées aux parties (1), et en annulant toutes les décisions dans lesquelles le chiffre de l'indemnité n'était pas fixé d'une façon précise (2), ou se trouvait seulement déterminable par un mode de calcul nécessitant des opérations matérielles sujettes à contestation (3), alors qu'aucun litige n'existait entre les parties.

## SECTION II. — *Instruction des affaires.*

La procédure d'instruction devant le jury est publique; elle est en général contradictoire. Elle doit se continuer sans interruption pour chacune des affaires présentées dans la même séance. L'appréciation des moyens d'information appartient au jury, mais seulement en ce qu'ils se rapportent à l'évaluation de l'indemnité et non au fond du droit et à la qualité des réclamants.

Le magistrat directeur du jury concourt à cette procédure dont le greffier tient le procès-verbal. Il en a la police et prononce sur les incidents. Elle commence à la prestation de serment des jurés pour se continuer jusqu'à ce que ce magistrat en ait prononcé la clôture. Pendant toute sa durée il

1. Cassation, 20 mai 1845. Dalloz, 1845, I, p. 295.
2. Cassation, 8 avril 1879. Dalloz, 1879, I, p. 207.
3. Cassation, 9 février 1846. Dalloz, 46, I, p. 79. Cassation, 3 février 1858. Dalloz, 1858, I, p. 126.

n'est pas fait de nouvelles assignations aux jurés ni aux parties qui sont simplement averties en séance publique des jours et des lieux où elle doit être poursuivie (1). La jonction des affaires consentie au moment de l'appel des causes n'a pas besoin d'être renouvelée. L'instruction peut donc avoir lieu simultanément pour toutes les affaires comprises dans la même catégorie et soumises en conséquence aux mêmes jurés (2), mais il y aurait nullité si des jurys distincts quoique composés en majeure partie des mêmes membres procédaient en commun ou alternativement dans le cours de la même séance à leurs opérations respectives (3).

La première formalité que le magistrat directeur doit remplir après que les jurés ont prêté serment, est de mettre sous les yeux du jury le tableau des offres et demandes notifiées par l'administration et les intéressés en exécution des articles 23 et 24, et en outre les plans parcellaires et les titres ou autres documents produits par les parties à l'appui de leurs offres et demandes (article 37).

Cette formalité est prescrite à peine de nullité (article 42) mais il n'est pas nécessaire que le jury soit mis en possession des originaux des plans parcellaires ou autres pièces. Il suffit qu'il en ait des copies entre les mains si leur exactitude n'est pas contestée (4).

1. Cassation, 24 décembre 1851. Dalloz, 51, V, p. 244.

2. Cassation, 7 août 1875. Dalloz, 1876, I, p. 120. Cassation, 10 février 1879. Dalloz, 1879, I, p. 175. Cassation, 19 juillet 1881. Dalloz, 1882, I, p. 267.

3. Cassation, 4 janvier 1870. Dalloz, 1870, I, p. 12.

4. Cassation, 7 août 1867. Dalloz, 1867, I, p. 494.

Le jury quand il en a pris connaissance peut à son choix ordonner un transport sur les lieux, demander des renseignements à toutes personnes qu'il juge convenable, ou entendre immédiatement les débats.

Le magistrat directeur n'a pas qualité pour faire ce choix.

Si les jurés ont décidé qu'ils se transporteraient sur les lieux, ni lui ni le greffier ne sont tenus mais il ne leur est pas interdit de s'y rendre.

Cette opération peut être confiée par délégation à un ou plusieurs jurés et la dispense donnée à quelques-uns d'y assister, même au dernier moment, vaut délégation aux autres (1). Le jour du transport doit être annoncé en séance publique, afin que les parties puissent s'assurer qu'aucune irrégularité ne sera commise. Le magistrat directeur indique en même temps où et quand la séance devra être reprise. Pendant la durée du transport, pas plus qu'aux autres moments de la procédure, les jurys ne doivent être confondus. Toute participation de jurés étrangers à la composition de celui qui doit statuer sur une affaire ou une catégorie d'affaires déterminée serait une cause de nullité. Mais cette règle n'est applicable qu'à une visite officielle opérée par des jurés dans l'exercice de leurs fonctions. Il en serait autrement de la visite officieuse faite par un ou plusieurs d'entre eux ou même par tous les jurés ensemble, qui ne pourrait vicier les opéra-

1. Cassation, 8 juin 1874. Dalloz, 1874, I, p. 387. Cassation, 17 août 1875. Dalloz, 1876, I, p. 120. Cassation, 16 janvier 1877. Dalloz, 77, I, p. 471.

tions alors même qu'elle aurait eu lieu avant la prestation du serment (1). Mais il ne suffirait pas de qualifier un transport d'officieux pour qu'il fût considéré comme étant en dehors de la procédure, sa nature dépendant des conditions dans lesquelles il a été décidé et exécuté et non des termes employés pour le constater dans le procès-verbal (2).

Le jury est libre d'entendre toutes les personnes qu'il croira pouvoir l'éclairer (article 37, § 3). On est d'accord pour reconnaître que cette faculté ne peut comprendre ni le droit de faire une enquête complète, ni celui de faire procéder à une expertise. Les personnes que le jury désire consulter seront interpellées à l'audience si elles s'y trouvent, ou invitées à se présenter par le magistrat directeur sans plus de formes qu'il n'en est exigé pour la convocation des jurés complémentaires. Elles n'ont pas à prêter serment. Mais sont-elles tenues de déférer à l'invitation qui leur est faite et de répondre aux questions des jurés ? Les articles 19 et 20 de l'ordonnance du 18 septembre 1833, réglant l'indemnité de transport qui peut leur être allouée, paraissent supposer l'affirmative. Mais la loi de 1841 ne donnant aucune sanction à cette obligation, le magistrat directeur serait, à notre avis, incompétent pour prononcer une amende contre les défaillants.

En outre des deux actes d'instruction sus-énoncés qui sont facultatifs, le jury puise les éléments de sa décision dans les

1. Cassation, 23 mai 1870. Dalloz, 1870, I, p. 391.
2. Cassation, 23 mai, 25 mai, 30 mai 1864. Dalloz, 1864, V, p. 172. Cassation, 6 août 1877. Dalloz, 1878, I, p. 52.

débats qui ont lieu devant lui et dans les observations écrites présentées par les parties ou leurs fondés de pouvoirs. Les représentants de l'administration peuvent, à l'audience, augmenter ou diminuer les offres qui n'auraient pas encore été acceptées.

La nécessité de les notifier quinze jours ou un mois à l'avance, imposée par les articles 24 et 27, ne s'étend pas à ces modifications (1). Mais toute offre nouvelle, résultant d'un changement de situation des parties prévu par la loi de 1841, y resterait soumise. Les intéressés peuvent aussi, au cours des débats, augmenter ou diminuer le chiffre de leur demande. Il sont même autorisés à la formuler devant le jury pour la première fois, sauf à supporter les dépens conformément à l'article 40. La procédure relative à la fixation des indemnités, quoique en général contradictoire, a lieu sans ministère d'avoués et sans qu'il soit nécessaire de produire des conclusions écrites (2). Les prétentions des parties sont consignées au procès-verbal si elles se présentent. Elles résultent, en cas contraire, du tableau des offres et demandes. La compétence du jury reste entière une fois qu'il est valablement constitué, pour toutes les affaires qui lui sont soumises, alors même que l'administration ou les intéressés s'abstiendraient de comparaître.

1. Cassation, 18 mars 1874. Dalloz, 1874, I, p. 212. Cassation, 28 mai 1877. Dalloz, 77, I, p. 470. Cassation, 20 mars 1882. Dalloz, 84, I, p. 184.

2. Cassation, 29 juin 1869. Dalloz, 1869, I, p. 344.

L'administration et les intéressés peuvent faire devant le jury et au cours des débats toutes conventions relatives au montant de l'indemnité. Il y a alors contrat judiciaire. Les parties peuvent même faire, si elles sont pleinement capables et maîtresses de leurs droits, des compromis à l'effet de confier au jury le règlement des sommes à payer par l'administration pour l'acquisition de terrains non compris dans l'expropriation (1). Le jury a le pouvoir de statuer sur les questions qui lui sont ainsi posées, mais il n'est pas obligé de donner une solution à celles qui sont manifestement étrangères aux affaires dont il est chargé (2). Il est radicalement incompétent, malgré les conventions contraires qui pourraient intervenir entre les parties, pour statuer sur le fond du droit ou la qualité des réclamants, toutes contestations y relatives devant être soumises aux tribunaux ordinaires (3), et, pour la fixation des indemnités encore éventuelles pouvant dépendre de l'exécution des travaux, rentrant dans les attributions du conseil de préfecture (4).

Si ce sont les intéressés qui ne s'entendent pas entre eux sur leurs droits respectifs à une même indemnité d'expropriation, le jury en fixe le montant indépendamment du litige (art. 39), à moins que la considération de la personne qui

1. Cassation, 18 mars 1874. Dalloz, 1874, I, p. 211.
2. Cassation, 7 février 1883. Dalloz, 1883, V, p. 266.
3. Cassation, 20 décembre 1882. Dalloz, 84, I, p. 136.
4. Cassation, 28 juillet 1879. Dalloz, 1880, I, p. 81. Cassation, 8 janvier 1883. Dalloz, 1884, I, p. 192.

triomphera dans ses prétentions ne doive en modifier l'évaluation.

Si c'est l'administration qui conteste à un intéressé le droit à une indemnité, le jury, sans s'arrêter à la contestation, fixe l'indemnité comme si elle était due (article 49). C'est ce qu'on appelle une indemnité hypothétique. Et l'obligation de la prononcer s'impose au jury, quelle que soit la valeur juridique de la prétention des parties (1).

Il résulte de la combinaison de ces deux régles qu'il y a souvent lieu à la fixation d'une indemnité dite alternative comprenant l'indication de deux ou plusieurs sommes distinctes, dont l'une seulement sera définitive ; la désignation de celle qui sera allouée à la partie devant être la conséquence du jugement à intervenir sur une contestation pendante.

Ce cas se présentera toutes les fois qu'on ne sera pas d'accord sur la question de savoir si deux intéressés ont droit à des indemnités distinctes ou à une seule, si un dommage particulier présenté comme chef de demande accessoire est ou n'est pas une conséquence directe de l'expropriation, et toutes les fois qu'il y aura compétition pour l'indemnité principale entre des réclamants pouvant présenter des demandes accessoires différentes.

Une autre cause justifiant la fixation d'indemnités alternatives est l'incertitude de l'exécution de certains travaux que l'administration peut se proposer de faire et qui seraient de

1. Cassation, 20 mai 1879. Dalloz, 1879, I, p. 349. Cassation, 28 juin 81. Dalloz, 83, I, p. 28.

nature à atténuer les dommages produits par l'expropriation, tels que chemins, ponts, aqueducs, etc.

Nous avons vu que le jury est incompétent pour condamner l'administration à les exécuter. S'il y a convention entre elle et les parties pour que la fixation de l'indemnité ait lieu en tenant compte de ces travaux on rentre dans le cas ordinaire. Mais il peut arriver que l'accord ne se fasse pas, l'expropriant prétendant n'être obligé de réparer pécuniairement que le préjudice tel qu'il existera après l'exécution des travaux qu'il déclare vouloir accomplir, l'exproprié prétendant au contraire que son indemnité doit être fixée en argent, de façon à le désintéresser complètement même au cas où les choses resteraient en état, et qu'on ne peut y comprendre une obligation de faire prise par son débiteur.

Le jury donnera alors une décision alternative allouant à l'exproprié une somme différente pour le cas où les travaux projetés seraient accomplis et pour celui où ils ne le seraient pas (1).

La désignation de celle qui devra être payée résultera donc non pas de la solution d'un litige déjà existant, mais d'une simple constatation à propos de laquelle un différend pourra ultérieurement se produire.

Ce système peut être étendu à tous les cas où un élément d'information manquant au jury, le fait qui reste douteux, étant de nature à modifier l'évaluation de l'indemnité, peut

1. Cassation, 18 juin 1861. Dalloz, 1861, I, p. 288.

être établi postérieurement d'une façon certaine et absolue.

La fixation d'une indemnité à tant par mètre carré ou à tant par pied d'arbre quand la contenance du terrain ou le nombre des arbres ne sont pas connus est une des formes de son application (1).

La loi de 1841 ayant édicté des formalités spéciales pour habiliter les incapables ou leurs représentants à accepter les offres faites par l'administration, il faut en conclure qu'aucune autorisation particulière, soit du conseil de famille, soit du tribunal, ne leur est nécessaire pour en suivre la fixation devant le jury. Ainsi les tuteurs, les mineurs émancipés assistés de leur curateur, les femmes même dotales autorisées de leurs maris ou de justice, peuvent valablement faire toutes demandes et présenter toutes conclusions sur les matières qui sont de la compétence naturelle du jury. Mais en ce qui concerne les contrats judiciaires permis aux parties pleinement capables, ces personnes restent soumises aux règles du droit commun, la loi spéciale ne leur étant applicable que pour les actes qu'elle a manifestement prévus.

Quant aux contestations sur le fond du droit qui seraient soulevées contre elles ou qui pourraient résulter de leur compétition avec d'autres prétendants, elles n'ont pas à y répondre devant le jury; le maintien de leurs demandes d'indemnité n'étant pas au point de vue de ces litiges un acte de défense, c'est seulement lorsqu'elles devront comparaître de-

1. Cassation, 19 juin 1861. Dalloz, 1861, I, p. 285.

vant les tribunaux ordinaires qu'elles auront besoin de la capacité ou de l'autorisation d'ester en justice.

Le magistrat directeur du jury assiste aux débats. Il donne la parole aux parties quand elles le demandent et règle l'ordre dans lequel elles seront entendues. Il fait constater leurs déclarations au procès-verbal quand il le juge utile ou s'il en est requis, sauf à refuser l'insertion de celles qui seraient inconvenantes ou étrangères à la fixation de l'indemnité. Il écarte les affaires qui ne sont pas en état, notamment pour défaut de production de pièces constatant les offres et demandes, et les renvoie à la session suivante. A la fin de chaque séance, il annonce publiquement le jour et le lieu fixés pour la nouvelle réunion des jurés et des parties (article 37). Il peut prononcer les suspensions de séance qui sont nécessaires (1).

Mais comme l'instruction a pour but d'éclairer les jurés qui doivent seuls et librement prendre leur décision, le magistrat directeur doit s'abstenir de tout acte qui aurait pour effet d'influencer leur opinion sur les affaires qu'ils ont à juger (2). Il a été décidé en ce sens par la Cour de cassation qu'il lui était interdit d'interrompre les parties ou leurs avocats pour exprimer son opinion personnelle (3) ou de refuser au jury la communication d'un document produit par une partie (4).

1. Cassation, 7 janvier 1879. Dalloz, 79, I, p. 172.
2. Cassation, 25 mars 1873. Dalloz, 1873, I, p. 180,
3. Cassation, 18 décembre 1861. Dalloz, 62, I, p. 302.
4. Cassation, 7 mars 1877. Dalloz, 77, I, p. 469.

Cependant c'est le magistrat directeur qui prononce la clôture de l'instruction (article 38). Chargé en effet d'en assurer la régularité, il est seul compétent pour reconnaître si toutes les formalités ont été remplies. Les débats ne peuvent être clos sans que les jurés aient pris connaissance des pièces (1) que le magistrat directeur a dû leur remettre au commencement même de la procédure relative à chaque affaire ou au plus tard après la visite des lieux qui aurait précédé les débats (2), ni immédiatement après un transport sur les lieux (3) sans que les parties aient été reçues à présenter de nouvelles observations. Enfin d'après une jurisprudence constante, ils peuvent être rouverts par le magistrat directeur sur la demande des jurés ou des parties pour un supplément d'instruction, mais les parties qui produiraient des pièces après la clôture de l'instruction sans demander la réouverture ne pourraient exiger qu'elles fussent communiquées au jury déjà réuni pour délibérer (4).

## Section III. — *Délibération du jury*

La délibération du jury, au contraire de la procédure d'instruction, est secrète et le magistrat directeur n'y a aucune part. « Les jurés, dit la loi, se retirent immédiatement dans

1. Cassation, 4 février 1884. Sirey, 1884, I, p. 343.
2. Cassation, 12 mai 1880. Dalloz, 81, I, p. 260. Sirey, 80, I, p. 471.
3. Cassation, 8 décembre 1880. Dalloz, 81, V, p. 198.
4. Cassation, 19 juillet 1881. Dalloz, 1882, I, p. 267.

« leur chambre pour délibérer sans désemparer sous la pré-« sidence de l'un d'eux qu'ils désignent à l'instant même » (article 38 § 2).

L'accomplissement de cette formalité doit être constaté au procès-verbal. Il est admis qu'il n'est pas nécessaire que les jurés quittent la salle où les débats ont eu lieu s'il est bien établi qu'ils y sont restés seuls pour délibérer, le magistrat directeur et le greffier en étant sortis ainsi que les parties et le public et les portes ayant été fermées (1). Toute violation du secret de la délibération à partir de ce moment, toute interruption, est interdite (2). Ainsi la présence du magistrat directeur ou d'une autre personne dans la salle où les jurés se trouvent réunis vicierait leur délibération, à la condition toutefois que la partie ait protesté à l'audience (3). Les jurés ne peuvent ni sortir ni communiquer de l'intérieur avec les parties ou le public ni appeler quelqu'un pour lui demander des explications (4). Si l'un d'eux était obligé de s'absenter pour cause d'indisposition, il ne devrait pas concourir ensuite à la délibération (5). Aucune pièce nouvelle ne doit leur être communiquée (6). On ne considérerait pas comme une interruption le fait que le magistrat directeur serait entré dans la salle des jurés simplement pour leur remettre les

1. Cassation, 28 août 1876. Dalloz, 1877, I, p. 23.
2. Cassation, 1er mai 1877. Dalloz, 77, I, p. 472.
3. Cassation, 14 février 1883. Dalloz, 1884, I, p. 191.
4. Cassation, 6 janvier 1874. Dalloz, 1874, I, p. 215.
5. Cassation, 5 mars, 1872. Dalloz, 1873, I, p. 191.
6. Cassation, 1er décembre 1857. Dalloz, 1858, I, p. 82

pièces qu'ils doivent avoir sous les yeux, et notamment le tableau des offres et demandes, s'il était ressorti tout aussitôt; ou qu'un juré serait sorti un instant sans avoir causé avec personne.

Le président du jury pris parmi les jurés est désigné par eux au moment où ils viennent de se retirer dans leur chambre.

Mais son élection a pu avoir lieu avant la clôture de l'instruction (1), notamment à l'occasion d'une première délibération prise pour ordonner un transport sur les lieux (2). Le président a voix prépondérante en cas de partage, la décision étant prise à la majorité des voix.

Le secret de la délibération vis-à-vis des parties et du public n'entraîne pas le secret du vote entre les jurés. Aucune forme ne leur est imposée pour faire connaître leur opinion au président chargé de remettre la décision du jury au magistrat directeur. On reconnait au magistrat le droit de poser des questions au jury pour rendre plus facile sa délibération et pour éviter des erreurs et des omissions, mais il n'y est pas obligé.

La décision du jury contient la fixation des indemnités ordinaires, hypothétiques ou alternatives.

D'après l'article 39 le jury doit prononcer des indemnités distinctes en faveur des parties qui les réclament à des titres

1. Cassation, 5 mars 1845. Dalloz, 45, I, p. 171.
2. Cassation, 5 mars 1845. Dalloz, 45 I, p. 171. Cassation, 4 janvier 1860. Dalloz, 60, I, p. 40.

différents, sauf l'exception faite pour l'usufruit que nous avons déjà examinée. Nous considérons comme réclamant au même titre et par suite ne pouvant exiger la fixation de plusieurs indemnités tous co-propriétaires ou prétendants à la propriété d'un seul et même droit. Cette disposition n'a pas donné lieu en pratique à beaucoup de difficultés. Du reste les contestations qu'elles pourrait soulever entre l'expropriant et les intéressés ne sont pas de la compétence du jury, au regard duquel elles constituent des litiges sur le fond du droit donnant lieu à la fixation d'une indemnité alternative.

Le jury n'est pas obligé en général de prononcer plusieurs indemnités séparées pour le même intéressé à raison de ses différents chefs de demande. Il peut les réunir tous dans une même évaluation (1). Mais la distinction doit être faite toutes les fois que par suite des obligations diverses du bénéficiaire on serait obligé à son défaut de recourir à une ventilation. Ainsi le jury sera tenu d'indiquer séparément de la portion d'indemnité afférente aux dommages accessoires, la valeur vénale attribuée à un immeuble dotal, ou simplement propre de communauté, ou considérablement grevé d'hypothèques etc.

En ce qui concerne le quantum de l'indemnité, une limitation importante a été apportée aux pouvoirs du jury par la loi de 1841, qui décide qu'elle ne peut en aucun cas être infé-

1. Cassation, 17 août 1875. Dalloz, 76, I, p. 120. Cassation, 25 août 1875. Dalloz, 76 I, p. 56, Cassation, 10 juin 1879. Dalloz, 79, I, p. 368. Cassation, 31 janvier 1881. Dalloz, 81, I, p. 384.

rieure aux offres de l'administration ni supérieure à la demande de la partie intéressée (article 39 *in fine*).

Les offres et demandes qui sont ainsi prévues sont celles qui ont été soutenues devant le jury, avec les modifications qui ont pu y être apportées jusqu'au moment de la clôture des débats (1).

S'il n'a été fait aucune offre, la règle reste la même; l'indemnité est hypothétique et n'est pas soumise à un minimum.

Que si l'intéressé n'a pas formulé sa demande, le chiffre même des offres lui sera alloué, alors même qu'il l'aurait contesté. Ce résultat admis par la jurisprudence (2) est certainement très rigoureux, surtout quand il atteint des incapables, mais il s'explique par le but poursuivi par le législateur qui a été d'imposer au jury la règle ordinaire d'après laquelle le juge ne peut statuer *ultra petita*.

En ce qui concerne les incapables, à ce point de vue, il y a une lacune dans la loi qui les protège contre le danger d'une acceptation réfléchie des offres primitives et les expose à ne pas recevoir davantage par suite d'une simple négligence.

Les indemnités fixées par le jury n'ont pas besoin d'être motivées. Les conventions des parties de nature à en modifier

1. Cassation, 15 mars 1869. Dalloz, 69, I, p. 272.
2. Cassation, 15 mai 1866. Dalloz, 66, V, p. 202.
Cassation, 4 février 1874. Dalloz, 74, I, p. 248.
Cassation, 19 juin 1882. Sirey, 83, I, p. 133.
Cassation, 27 février 1883. Sirey, 84, I, p. 86.

l'évaluation étant consignées au procés-verbal, il est inutile de les constater à nouveau.

Mais si un intéressé a produit plusieurs chefs de demande et a déclaré faire des réserves pour le cas où ils ne seraient pas tous admis, à l'effet par exemple de pouvoir en poursuivre plus tard le règlement devant le conseil de préfecture; comment savoir, quand une indemnité unique lui est allouée, si le jury n'a pas repoussé quelques-unes de ses prétentions ?

Il n'y aura pas de difficulté si dans la décision même il lui est donné acte de ses réserves. Mais aucune énonciation de ce genre n'est obligatoire pour le jury (Cassation, 25 novembre 1874. Dalloz, 75, I, p. 306). Toutefois la décision pourra être cassée s'il n'apparaît pas que tous les éléments de la demande ont été pris en considération (Cassation, 6 février 1882. Sirey, 1884, I, p. 438).

Enfin la décision du jury n'est assujettie à aucune forme de rédaction, elle doit être signée des membres qui y ont concouru et remise au magistrat directeur qui la déclare exécutoire aux termes de son ordonnance contenant envoi en possession de l'administration (article 41).

Elle doit en outre être lue publiquement à l'audience (1) soit par le président du jury soit par le magistrat directeur (2) ou le greffier à son défaut (3). Le jury peut rentrer dans la salle

1. Cassation, 11 août 1845. Dalloz, 45, I, p. 360.
Cassation, 11 décembre 1882. Dalloz, 84, I, p. 324.
Cassation, 12 juin 1883. Sirey, 84, I, p. 196.
2. Cassation, 3 juillet 1865. Dalloz, 1865, V, p. 179.
3. Cassation, 17 décembre 1872. Dalloz, 72, V, p. 222.

des délibérations pour rectifier les erreurs matérielles qui y seraient contenues (1), mais il ne peut la modifier par une nouvelle appréciation des faits (2).

1. Cassation, 27 janvier 1869. Dalloz, 69, I, p. 240.
2. Cassation, 1er mai 1877. Dalloz, 77, I, p. 472.

## CHAPITRE XIV

### DES DÉPENS

Le magistrat directeur du jury statue sur les dépens aux termes de la même ordonnance qui déclare exécutoire la décision du jury et envoie l'administration en possession de la propriété (article 41). Il est chargé d'en faire la taxe d'après le tarif fixé par l'ordonnance du 18 septembre 1833, et il ne peut y comprendre que les frais postérieurs aux offres de l'administration, qui doit supporter dans tous les cas la charge de ceux faits auparavant.

La loi de 1841 elle-même indique quelles sont les parties qui doivent être condamnées aux dépens.

Elle en impose la charge en totalité :

1° Aux intéressés pleinement capables qui ont négligé de notifier leurs prétentions dans la quinzaine des offres.

2° Aux parties, quelle que soit leur capacité, qui après les avoir refusées n'ont pas obtenu du jury une indemnité supérieure.

3° A l'administration dans le cas où l'indemnité accordée aux parties est égale à leur demande.

Mais si le chiffre fixé par le jury est à la fois supérieur à l'offre et inférieur à la demande, elle décide que les dépens seront compensés de manière à être supportés par l'administration et les parties dans les proportions de leur offre ou de leur demande avec la décision du jury (article 40).

## CHAPITRE XV

### MODIFICATIONS DE LA PROCÉDURE RÉSULTANT DE DISPOSITIONS SPÉCIALES

La procédure que nous venons d'étudier peut recevoir quelques modifications dans des cas spéciaux prévus par la loi de 1841, en raison soit de conventions intervenues entre les parties, soit de la négligence de l'administration, soit encore dans l'intérêt de certains propriétaires ou pour des motifs d'intérêt public.

§ 1er. *Cession amiable* (article 14 *in fine*).— Il n'y a pas lieu de prononcer un jugement d'expropriation contre les propriétaires qui consentent amiablement à la cession de leurs immeubles, mais si les parties ne se sont pas mises d'accord sur le prix, toute la procédure indiquée par la loi pour la fixation des indemnités reste applicable. Une formalité particulière doit être accomplie par le tribunal pour servir de point de départ à cette procédure. Il donne acte du consentement et désigne le magistrat directeur du jury, sans qu'il soit besoin de s'assurer que les formalités prescrites par le titre II de la loi ont été remplies. A partir de ce moment, le propriétaire, sauf l'effet des conventions accessoires qu'il aurait pu passer avec l'administration, et tous autres ayants-droit se trouvent dans la même situation que si le jugement avait prononcé l'expropriation. Toutefois la validité du jugement ne pourrait être contestée à raison de l'incapacité civile du propriétaire, tandis que la cession amiable n'a pu être consentie que par des personnes maîtresses de leurs droits, ou spécialement autorisées à cet effet par le tribunal du lieu dans les formes que nous avons indiquées pour l'acceptation des offres.

L'innovation de la loi de 1841, qui a autorisé avec cette garantie l'aliénation amiable des biens des incapables, n'empêcherait pas ces derniers d'en demander la rescision au cas où les formalités nécessaires n'auraient pas été observées. Le tribunal, qui donne acte de la cession, lui fait produire des effets particuliers, mais ne la remplace pas. Il en résulte qu'elle doit ètée exécutée entre les parties d'après les règles ordinaires en matière de contrats sur tous les points qu'elle a spécialement prévus.

§ 2. — *Droit des propriétaires de requérir le jugement d'expropriation* (article 14, § 2). — Les propriétaires ne peuvent être tenus de rester indéfiniment sous la menace d'une expropriation, mais ils n'ont pas d'action pour accélérer la marche des opérations administratives. Du reste, tant qu'elles ne sont pas terminées et que l'arrêté de cessibilité n'est pas rendu, les immeubles à acquérir n'étant pas définitivement déterminés, le danger est encore éventuel pour chacun d'eux. L'administration conserve pendant une année, à compter de l'arrêté de cessibilité, le droit de choisir le moment qui lui plaît pour poursuivre l'expropriation. Mais, passé ce délai, tout propriétaire dont les terrains sont compris au dit arrêté peut saisir le tribunal chargé de la prononcer au moyen d'une simple requête. Cette requête est communiquée par le procureur de la République au préfet qui doit, dans le plus bref délai, envoyer les pièces ; le tribunal statue dans les trois jours. Le jugement, une fois rendu, la procédure relative à la fixation des indemnités est poursuivie à la requête de l'expropriant comme dans les cas ordinaires.

§ 3. — *Droit de requérir l'acquisition totale* (art. 50). — Quand un bâtiment se trouve exproprié en partie, le propriétaire a le droit de forcer l'administration à l'acquérir en totalité. Il conserve ce droit en requérant l'acquisition par une déclaration formelle adressée au magistrat directeur du jury dans le même délai de quinzaine ou d'un mois, qui lui est assigné pour répondre aux offres d'indemnité notifiées par l'administration. « Il en sera de même, ajoute la loi, de toute par« celle de terrain qui, par suite du morcellement, se trouvera « réduite au quart de la contenance totale, si toutefois le pro« priétaire ne possède aucun terrain immédiatement contigu « et si la parcelle ainsi réduite est inférieure à dix ares. »

Il n'y a pas de limitation de superficie en ce qui concerne l'acquisition intégrale des bâtiments. Sous l'empire de la loi de 1833, qui appliquait la même règle aux maisons, on pouvait se demander si ce terme comprenait même les propriétés composées de plusieurs corps de bâtiments distincts, et si l'administration pouvait être tenue d'acquérir même ceux qui se trouvaient en dehors de l'expropriation. La question ne se pose plus aujourd'hui de la même façon, mais encore dans bien des cas on aura à se demander si les diverses parties d'un immeuble doivent être ou non considérées comme ne formant qu'un seul bâtiment. Les contestations qui pourraient s'élever à ce sujet entre l'administration et les expropriés, portant sur le fond du droit, sont de la compétence des tribunaux ordinaires et donneraient lieu à la fixation par le jury d'une indemnité alternative, comme tout autre litige relatif au droit de réquisition conféré par l'article 50 au propriétaire (1). Alors même que l'expropriation ne porterait que sur la partie supérieure d'un bâtiment, dans le but par exemple de permettre la manœuvre d'un pont tournant, l'acquisition du surplus et celle du sol pourrait être demandée, la loi n'ayant évidemment fait aucune distinction entre le terrain et les constructions (2). Mais une solution différente est donnée par la jurisprudence quand il s'agit de la séparation du tréfonds et de la superficie (3). L'article 50 n'est pas applicable à ce cas, les bâtiments ne se trouvant pas atteints et la contenance du terrain n'étant pas réduite par l'expropriation du fond.

La réquisition du propriétaire n'est soumise à aucune

1. Cassation, 1er juillet 1863. Dalloz, 1863, I, p. 320. Cassation, 8 novembre 1865. Dalloz, 1865, V, p. 181.

2. Conseil d'Etat, 27 décembre 1860. Dalloz, 61, III, p. 9.

3. Cassation, 1er août 1866. Dalloz, 1866, I, p. 305.

forme, on admet qu'elle pourrait être valablement adressée à l'expropriant aussi bien qu'au magistrat directeur du jury (1), mais l'expiration des délais dans lesquels elle doit être faite emporterait déchéance et l'acquisition intégrale ne serait plus obligatoire pour l'administration (2). Les contestations relatives à sa validité n'étant pas de la compétence du jury ni du magistrat directeur, elle suffit, pour quelque cause qu'elle soit faite, à nécessiter des offres nouvelles de l'expropriant, qui est tenu de laisser un nouveau délai de quinzaine au propriétaire pour y répondre (3).

A l'égard de ce dernier, la cession qu'il fait de la partie non expropriée de son immeuble est une véritable vente volontaire. C'est aussi une vente à l'égard de l'expropriant quoi qu'il soit forcé de l'accepter. De là résultent les conséquences suivantes :

Les incapables ou leurs représentants ne peuvent la consentir sans autorisation du tribunal, mais nous pensons que cette autorisation est suffisante depuis la loi de 1841, qui semble avoir prévu le cas en modifiant la fin du premier paragrapho de l'article 50 de la loi précédente, de façon à bien indiquer que ses dispositions doivent profiter à tous les propriétaires.

Si l'expropriant repousse la réquisition, notamment en con-

1. Cassation, 10 avril 1861. Dalloz, 61, I, p. 282. Cassation, 1er juillet 1863. Dalloz, 63, I, p. 320.
2. Cassation, 28 juillet 1879. Dalloz, 80, I, p. 81.
3. Cassation, 23 avril 1883. Dalloz, 1883, I, p. 424. Cassation, 9 janvier 1883. Sirey, 84, I, p. 295.

testant sa légalité, le contrat de vente ne s'étant pas formé à défaut d'accord entre les parties, le propriétaire ou ses héritiers ne sont tenus envers lui d'aucune obligation (1).

Enfin, les droits des tiers sur la portion d'immeuble non soumise à l'expropriation restent entiers, même après que l'administration en est devenue propriétaire, comme si elle était passée entre les mains d'un acquéreur ordinaire (2).

§ 4. — *Droit des intéressés de poursuivre la fixation de l'indemnité* (article 55). L'administration doit poursuivre le règlement de l'indemnité dans les six mois du jugement d'expropriation, à défaut de quoi les parties sont autorisées à y faire procéder elles-mêmes. Cette faculté est accordée non pas seulement aux propriétaires comme le droit de requérir le jugement d'expropriation ou l'acquisition intégrale des immeubles, mais à tous les intéressés pouvant réclamer une indemnité à fixer par le jury.

Le texte n'indique pas que la procédure doive être conduite autrement par les parties que par l'administration. Elles agiront donc de la même manière autant que possible, sauf à mettre l'expropriant en demeure d'avoir à remplir les formalités pour lesquelles il ne peut-être suppléé et à passer outre à leur défaut. Nous croyons que les poursuivants devraient en premier lieu faire sommation à l'expropriant de notifier ses offres (3), puis lui faire connaître le montant de

1. Cassation, 13 mai 1884. Serey, 84, I, p. 439.
2. Cassation, 14 juillet 1847. Dalloz, 47, I, p. 251.
3. Ordonnance du 18 septembre 1833, art. 1er, 10°.

leurs demandes, et ensuite s'entendre eux-mêmes, si le préfet ne s'en était déjà chargé, avec le magistrat directeur du jury pour convoquer les jurés et les autres parties avec les formes et dans le délai de l'article 31.

§ 5. — *Urgence* (articles 65 à 74). — L'administration peut être autorisée à se mettre en possession de certains immeubles expropriés sans attendre la fixation définitive des indemnités, par un décret qui déclare l'urgence et qui ne peut s'appliquer qu'aux terrains non bâtis. L'urgence à quelque époque qu'elle soit déclarée n'a aucune influence sur la procédure relative au jugement, mais elle donne au tribunal civil une compétence spéciale à l'effet de déterminer le montant d'une somme à consigner pour garantir le paiement postérieur des indemnités, et au président du tribunal à l'effet d'ordonner la prise de possession. La notification du décret se fait en même temps que celle du jugement d'expropriation, non-seulement aux propriétaires, mais encore aux détenteurs des immeubles, chargés de représenter conjointement tous les autres intéressés. Elle contient assignation à trois jours au moins devant le tribunal et indique la somme que l'administration propose de consigner. Au jour indiqué, le tribunal, après avoir entendu les parties assignées si elles ont comparu, fixe le montant de la consignation. S'il n'est pas suffisamment renseigné, il peut ordonner un transport sur les lieux ou commettre un juge pour faire tous actes d'instruction qui devront être terminés dans les cinq jours, et le jugement définitif sera prononcé dans les trois jours suivants. L'administration est tenue de consigner, outre le principal, la somme nécessaire pour assurer pendant deux ans le paiement des intérêts à 5 0/0. La prise de possession est ensuite ordonnée par le président, les parties appelées. Tous les dépens restent à la charge de l'administration. Le ministère des avoués n'est pas interdit pour cette procédure spéciale.

Enfin les intéressés ne sont pas obligés d'attendre le délai de six mois pour poursuivre eux-mêmes la fixation définitive des indemnités devant le jury. Cette faculté leur appartient à compter du jour de la prise de possession.

# CHAPITRE XVI

## RECOURS EN CASSATION CONTRE LE JUGEMENT D'EXPROPRIATION ET LA DÉCISION DU JURY

Le jugement d'expropriation et la décision du jury ne peuvent être attaqués que par la voie du recours en cassation, et seulement le premier pour incompétence, excès de pouvoir ou vices de formes, et la seconde pour violation des dispositions de la loi auxquelles renvoie l'article 42. Toutefois on admet le recours pour violation de lois autres que celles de 1841. Le délai du pourvoi contre le jugement est de trois jours à dater de sa notification ; contre la décision du jury, il est de quinze jours à compter de la date même de cette décision. Il est formé dans les deux cas par déclaration au greffe du Tribunal civil. Cette déclaration peut être valablement faite contre le jugement dès qu'il a été rendu (argument des mots « au plus tard » du deuxième paragraphe de l'article 20).

Les délais ne sont pas augmentés à raison des distances, mais pour qu'ils puissent entraîner la déchéance, il faut que leur point de départ soit régulièrement connu de la partie, ce qui n'aurait pas lieu si le jugement n'était pas notifié conformément à la loi (1), ou si un intéressé n'avait pu assister à la séance dans laquelle la décision du jury a été prononcée, faute d'avoir été convoqué à la première réunion (2). Le pourvoi doit être notifié dans la huitaine de la déclaration, à la partie au domicile élu par elle dans l'arrondissement, ou à l'expropriant. Le défaut de cette notification dans le délai indiqué serait une cause de déchéance. Dans la quinzaine suivante les pièces doivent être adressées à la Chambre civile de la Cour de cassation qui statue dans le mois de leur réception. La Chambre des requêtes n'est pas appelée à donner son avis sur l'admissibilité. Les pourvois de cette nature étant considérés comme urgents peuvent au besoin être portés devant la Chambre des vacations de la Cour de cassation. L'arrêt s'il est rendu par défaut n'est pas susceptible d'opposition. L'amende à consigner est de soixante-quinze francs pour le jugement qui n'est jamais contradictoire, et de cent cinquante francs pour la décision du jury. Les deux amendes devraient être consignées en même temps si on recourait à la fois contre le jugement et la fixation de l'indemnité (3).

Le recours est admis aussi bien contre le jugement qui refuse l'expropriation que contre celui qui la prononce. Au premier cas il est formé par le Préfet et non par le Procureur de la République (4) au nom de l'État ou du département, ou

1. Cassation, 21 février 1882. Sirey, 1884, I, p. 36.
2. Cassation, 2 avril 1849. Dalloz, 49, I, p. 79.
3. Cassation, 12 décembre 1882. Dalloz, 1884, I, p. 164.
4. Cassation, 25 août 1847, Dalloz, 47, I, p. 280.

par les représentants des autres expropriants ; au second cas par les propriétaires des immeubles qui y sont désignés.

Les autres intéressés, bien que le jugement leur soit applicable n'ont pas qualité pour en poursuivre la cassation (1), sauf toutefois s'ils venaient indirectement en vertu de l'article 1166 du Code civil, en qualite de créanciers du propriétaire(2). L'envoi des pièces dans la quinzaine n'est pas prescrit à peine de déchéance (3), mais une fois que la Cour de cassation les a reçues, la partie qui voudrait présenter de nouvelles observations ou conclusions devrait recourir au ministère d'un avocat à la dite Cour. La cassation du jugement attribue compétence pour toute la suite de l'expropriation au Tribunal de renvoi, non-seulement pour la prononcer mais aussi bien pour la refuser, même plusieurs fois de suite s'il est nécessaire, jusqu'à ce que toutes les formalités aient été remplies ; et pour la fixation des indemnités qui sera établie sous la direction d'un magistrat directeur pris dans son sein, par des jurés de son ressort désignés par la Cour ou le Tribunal du chef-lieu judiciaire de son département (4). Un désistement de la partie, postérieur à la cassation, ne pourrait lui enlever cette compétence.

1. Cassation, 18 mai 1868. Dalloz, 1868, I, p. 406 ; Cassation, 26 août 1868 Dalloz, 68, I, p. 407.

2. Cassation, 4 décembre 1866. Dalloz, 66, V, p. 197.

3. Cassation, 19 juillet 1881. Dalloz, 82, I, p. 267 ; Cassation, 7 mars 1883. Dalloz, 84, I, p. 343; Cassation, 12 mai 1883. Sirey, 84, I, p. 132.

4. Cassation, 17 décembre 1860. Dalloz, 1861, I, p. 133 ; Cassation, 3 janvier 1883. Sirey, 84, I, p. 167.

Si c'est la décision du jury qui a été cassée, l'affaire sera en général renvoyée devant un nouveau jury choisi dans le même arrondissement; mais la Cour de cassation pourrait en charger un jury choisi dans un des arrondissements voisins lors même qu'il appartiendrait à un département différent. Le pourvoi peut être formé contre la décision du jury par tout intéressé. Il n'est pas suspensif, mais les caisses publiques ne peuvent payer qu'il n'ait reçu une solution (1). La cassation de la décision du jury entraîne cassation de l'ordonnance du magistrat directeur qui lui est postérieure. Il en résulte que l'administration ne peut plus se mettre en possession ou que si elle y est déjà elle est obligé de restituer (2).

1. Loi des 16 et 19 juillet 1793.
2. Dalloz, Répertoire, V° Expropriation, n° 673.

# POSITIONS

## Droit Romain

I. Les esclaves survivant à la torture, *publicati* en vertu de la loi Julia *de adulteriis* ne sont pas vendus au profit de leur ancien propriétaire.

II. La règle, *bona non intelliguntur nisi deducto ære alieno*, est applicable en cas de confiscation d'une universalité.

III. Les gentils sont les membres d'une famille perpétuellement ingénue de patrons, pouvant être appelés à succéder aux descendants des affranchis et des clients de leurs ancêtres.

IV. La subrogation de l'acquéreur aux droits des créanciers hypothécaires est d'une nature différente selon qu'il verse son prix entre leurs mains ou qu'il se laisse poursuivre comme tiers détenteur.

V. Les contrats innommés formés par une dation, ne comportent pas tous le *jus pœnitendi.*

VI. La stipulation de peine ne produit pas d'effet quand l'obligation principale est devenue impossible à exécuter sans la faute du débiteur; mais si un seul des héritiers du promettant est en faute, le montant total de la peine est dû au créancier.

## Droit Administratif

I. Le véritable propriétaire d'un immeuble exproprié non inscrit sur la matrice des rôles n'a aucun droit contre l'administration s'il ne s'est pas fait connaître dans le délai fixé par l'article 21 de de la loi du 3 mai 1841.

II. La loi du 23 mars 1855 n'a pas modifié les règles spéciales relatives à la purge des hypothèques en matière d'expropriation.

III. L'acceptation provisoire d'un don ou d'un legs faite avant l'autorisation administrative par un établissement public ou d'utilité publique non investi spécialement de ce droit, ne produit pas d'effet.

IV. Les communes ne peuvent attaquer la décision de la commission départementale qui a prononcé le déclassement d'un chemin vicinal non situé sur leur territoire, plus de deux mois après qu'elle a été publiée et affichée dans les communes traversées par ce chemin, sous le prétexte qu'elles n'auraient pas été consultées et que la décision ne leur aurait pas été communiquée.

## Droit Civil

I. Une désignation de parts peut-être faite par le testateur après l'institution de plusieurs légataires universels, sans modifier la qualité de ces légataires.

II. Les grands-parents ne peuvent, par leur testament, grever de substitution les biens qu'ils laissent à leurs petits-enfants.

III. L'héritier pur et simple d'une femme dotale est tenu sur tous ses biens personnels des dettes régulièrement contractées par elle, alors même que la succession ne comprendrait que des biens dotaux.

IV. Les rentes perpétuelles constituées par legs ne peuvent pas être déclarées irrachetables pour plus de dix ans.

## Droit Constitutionnel

Les droits publics ne trouvant pas une garantie suffisante dans l'exercice des droits politiques doivent être spécialement assurés par la constitution à tous les citoyens.

## Droit Coutumier

Le retrait de mi-denier pouvait être exercé dans le cas prévu par l'article 1406 du Code civil.

VU *par*
*le président de la thèse :*
VUATRIN.

VU *par*
*le doyen de la Faculté :*
CH. BEUDANT.

*Vu et permis d'imprimer :*
*Le vice-recteur de l'Académie de Paris :*
GRÉARD.

# TABLE DES MATIÈRES

**Droit romain**

FIN DE LA TABLE DES MATIÈRES.

Paris, — Imprimerie des Écoles, HENRI JOUVE, 23, rue Racine.

www.ingramcontent.com/pod-product-compliance
Ingram Content Group UK Ltd.
Pitfield, Milton Keynes, MK11 3LW, UK
UKHW020128220726
13923UKWH00001B/59